HISTOIRE

DE

L'IMPRIMERIE

ET

DES ARTS ET PROFESSIONS

QUI SE RATTACHENT

A LA TYPOGRAPHIE.

PARIS. — TYPOGRAPHIE PLON FRÈRES,
RUE DE VAUGIRARD, 36.

LE LIVRE D'OR DES MÉTIERS.

HISTOIRE

DE

L'IMPRIMERIE

ET DES

ARTS ET PROFESSIONS QUI SE RATTACHENT A LA TYPOGRAPHIE

(CALLIGRAPHIE, ENLUMINURE, PARCHEMINERIE, LIBRAIRIE, GRAVURE SUR BOIS ET SUR MÉTAL, FONDERIE, PAPETERIE ET RELIURE),

COMPRENANT

L'HISTOIRE DES ANCIENNES CORPORATIONS ET CONFRÉRIES

D'ÉCRIVAINS, D'ENLUMINEURS, DE PARCHEMINIERS, D'IMPRIMEURS, DE LIBRAIRES, DE CARTIERS, DE GRAVEURS SUR BOIS ET SUR MÉTAL, DE FONDEURS DE CARACTÈRES, DE PAPETIERS ET DE RELIEURS DE LA FRANCE,

Depuis leur fondation jusqu'à leur suppression en 1789,

PAR

PAUL LACROIX (BIBLIOPHILE JACOB), ÉDOUARD FOURNIER

ET

FERDINAND SÉRÉ.

« Il y aurait à faire un travail intéressant et des recherches instructives sur les Corporations et leurs Statuts. C'est, on peut le dire, une législation toute particulière, la législation du peuple de cette époque : sous ce rapport, elle est digne des investigations des érudits et de la curiosité des lecteurs. »

(DE PASTORET, membre de l'Institut, Préamb. des *Ordonnances royales*, t. XX.)

« L'esprit de charité, répandu sur la terre par le christianisme, donnait aux anciennes Confréries un caractère moral et sacré... »

(LE ROUX DE LINCY, t. VII de la *Soc. des Antiq. de France*.)

PARIS — 1852

LIBRAIRIE HISTORIQUE, ARCHÉOLOGIQUE ET SCIENTIFIQUE DE SÉRÉ,

5, RUE DU PONT-DE-LODI.

ÉCRIVAINS-ENLUMINEURS,

IMPRIMEURS, LIBRAIRES,

PARCHEMINIERS, PAPETIERS, RELIEURS.

e livre, cette expression vivante et durable de la pensée et de la science humaine, fut de bonne heure l'âme d'une industrie multiple et féconde, la ressource d'un important commerce. En Grèce, d'où l'art du livre devait naturellement nous venir avec la poésie, l'éloquence et l'histoire, dont il est l'enveloppe matérielle et palpable, nous voyons déjà une classe active d'artisans se vouer à sa fabrication. Les uns préparent les peaux de chèvre et de mouton qui doivent, suivant Hérodote, recevoir sur leur surface aplanie la transcription de l'auteur ou de son copiste. D'autres tentent déjà de rendre par le travail les diffé-

1

rentes sortes de toiles accessibles à l'écriture. Mais la classe la plus recommandable, celle dont la main-d'œuvre est le plus chèrement payée, c'est celle des copistes, auxquels Pollux consacre tout un chapitre de son *Onomasticon.* Il fallait pour cette profession, presque littéraire, des hommes habiles et instruits; nous soupçonnons même Démosthène de l'avoir exercée, lorsqu'il avoue lui-même, au dire de Lucien, qu'il doit la netteté si vigoureuse de son style à huit transcriptions successives qu'il avait faites du texte de Thucydide. Le manuscrit, une fois achevé et distribué en autant de rouleaux pivotant sur leur ombilic d'ébène ou d'ivoire qu'il y avait de livres dans l'ouvrage, allait orner l'étalage de quelque *bibliopole* d'Athènes ou de Corinthe. De là, s'il parlait de choses philosophiques et sérieuses, il passait aux mains d'hommes aux études austères; s'il traitait de choses futiles, il faisait les délices des matrones et des courtisanes; et alors sa fortune était bien plus vite faite, sa vogue plus assurée; son succès l'emportait même au delà de la Grèce, voire jusqu'aux colonies du Pont-Euxin, où Xénophon, ramenant les Dix-mille, s'étonna de trouver un roman fraîchement arrivé d'Athènes. S'agissait-il, au contraire, d'un livre grave, comme ce traité de philosophie que Platon fit venir de la grande Grèce, il fallait, pour l'obtenir des libraires étrangers, de longues correspondances, des soins infinis et des sommes énormes. C'est ainsi que Platon, selon Diogène Laërce, ne paya pas moins de cent mines (environ 9,000 francs) les trois petits traités de Philolaüs de Crotone. Quand mourait un savant, la vente de ses livres était déjà une grande affaire pour les amateurs et les libraires. Aristote acheta ainsi la bibliothèque de Zeuxippe. Quoiqu'elle fût peu nombreuse, il la paya trois talents (16,000 livres); et il en grossit sa précieuse collection, qui, après sa mort, échut, comme on sait, à Apellicon de Théos, puis à Sylla, qui la fit porter à Rome. Du temps de Cicéron, les libraires d'Athènes étaient encore très-âpres à l'achat des belles bibliothèques; ce n'est qu'à grand' peine que l'orateur romain put leur arracher celle de son ami Atticus, dont ils convoitaient la vente. Chaque livre, qu'on l'achetât à ces ventes publiques ou dans la boutique des libraires, s'élevait toujours à un prix énorme, et par conséquent impossible pour le plus grand nombre des lecteurs. Que faisait-on alors? on louait le livre. Les œuvres de Platon se popularisèrent ainsi, plutôt par le louage et le prêt, que par la vente. Nous en avons la preuve dans ce passage de la Vie de Zénon par Diogène Laërce : « Antigone de Caryste, dit-il, affirme, dans son ouvrage sur Zénon, qu'après l'édition des œuvres de Platon, ceux qui souhaitaient d'en savoir le contenu payaient pour cela ceux qui les possédaient. » Nous serions même tenté de croire, d'après un autre passage du même biographe, que les librairies, à Athènes, étaient des sortes de cercles littéraires et philosophiques, où les curieux de littérature venaient écouter le libraire lisant à haute voix l'œuvre nouvellement parue.

Le plus souvent, en Grèce, le même homme s'attribuait tous les travaux constituant la fabrication matérielle du livre, et était tout ensemble copiste, relieur et libraire, comme il arrive encore chez nous qu'un même industriel imprime des livres et les vende. A Rome, où tout ce qui tenait aux lettres vint par la tradition directe de la Grèce, il paraît, selon quelques auteurs, qu'il n'en fut pas non plus autrement. C'est du moins l'avis de Vossius dans ses *Commentaires sur Catulle* : « De même, dit-il, que chez les Grecs, l'écrivain (*bibliographus*), le relieur (*bibliopegus*), le marchand (*bibliopola*), n'étaient qu'une seule et même personne ; de même à Rome, ces trois emplois étaient réunis entre les mains de celui qu'on appelait *librarius*. » D'autres, dont nous admettons plus volontiers l'opinion, établissent, au contraire, une distinction très-tranchée entre la profession du *librarius* ou *copiste* (*scriptor librarius*, comme dit Horace) et celle du *bibliopola*, simple vendeur de livres. Les *librarii* étaient pris d'ordinaire parmi ces esclaves lettrés (*servi litterati*) que Rome, si tardivement savante, recrutait en Grèce. Les uns étaient au service de quelque amateur, avide, comme Atticus, de se former une belle bibliothèque, et occupant, comme lui, pour ce seul travail, jusqu'à cent copistes à la fois ; les autres étaient aux gages des auteurs, et surtout des *bibliopoles*, qui leur livraient les ouvrages à transcrire. Afin que les copies d'un ouvrage fussent plus promptement multipliées, il y avait à Rome des espèces d'ateliers de transcription, où de nombreux copistes écrivaient sous la dictée d'un lecteur. Le prix de leur travail s'évaluait par cent lignes ; mais quel était ce salaire, on l'ignore. Le précieux édit de Dioclétien sur le *Maximum* est malheureusement mutilé à l'endroit qui nous eût appris le prix du parchemin et la solde du scribe. Ces copies, hâtivement faites, étaient très-souvent fautives. Nous le savons par les plaintes des poëtes, qui alors ne pardonnaient pas plus un *lapsus* à la plume de l'écrivain, que ceux de nos jours ne pardonnent une *coquille* à la main du compositeur. Écoutez plutôt Horace :

> Ut scriptor si peccat, idem librarius usque
> Quamvis est monitus, venia caret.....

« Comme le copiste qui, après avoir été averti, retombe toujours dans la même faute, il est indigne de pardon, »
Mais écoutez surtout Martial :

> Si qua videbuntur, chartis tibi, lector, in istis
> Sive obscura nimis, sive latina parum ;
> Non meus est error ; nocuit librarius illis
> Dum properat versus annumerare tibi.

« Lecteur, si dans cet écrit, quelques phrases te paraissent obscures ou barbares, rejettes-en la faute non sur moi, mais sur le copiste, qui se hâte trop d'aligner des vers pour toi. »
Les auteurs mettaient tout en œuvre pour faire disparaître ces erreurs de

texte. Un mot fautif s'était glissé dans le Plaidoyer pour Ligarius, Cicéron s'en aperçoit, et vite il écrit à Atticus d'employer trois de ses copistes à effacer le mot malencontreux sur tous les exemplaires. Dans un autre traité, c'est une autre faute qui s'est échappée de la main du copiste, et Cicéron écrit avec le même empressement à son cher Atticus : « Vous lisez mon trai.., et je vous en suis reconnaissant; je le serai encore davantage si, non-seulement dans vos exemplaires, mais dans ceux des autres, vous voulez remplacer le nom d'Eupolis par celui d'Aristophane. » Ces corrections étaient faciles sur les copies demeurées dans la boutique du libraire; mais celles qui étaient déjà vendues et souvent même parties au loin devaient rester marquées de la faute. C'est une des causes de la diversité qu'on trouve dans les différentes copies d'une même édition, « et, dit M. Géraud, c'est de cette diversité qu'ont pris naissance les variantes recueillies par les érudits des temps modernes dans les anciens manuscrits qui nous restent d'un même ouvrage. »

Les bibliopoles, qui ne s'établirent guère à Rome qu'au temps d'Auguste, recevaient le manuscrit plus ou moins correct des mains du copiste et le livraient eux-mêmes au *bibliopegus* (relieur), qui, par les mains de ses *glutinatores* (colleurs), faisait unir à la suite les unes des autres les feuilles de papyrus ou de parchemin, adapter solidement au premier feuillet la peau ou le morceau d'épais papyrus destiné à servir de couverture, et attacher non moins solidement le dernier feuillet au cylindre sur lequel devait s'enrouler le livre, et qui, fait lui-même en buis ou en ébène, était orné à son extrémité d'un bouton (*bulla*) d'ivoire, d'argent, d'or, ou même de diamant, suivant le prix et le luxe du manuscrit. C'est sur cette *bulla*, brillant toujours au centre du rouleau (*volumen*), qu'étaient gravés le titre de l'ouvrage, le nom de l'auteur, quelquefois même celui du copiste ou du libraire, ce qui a amené plus d'une confusion et, comme pour l'ouvrage de Cornelius Nepos, longtemps attribué au libraire Emilius Probus, qui vivait sous Théodose, a souvent fait mettre sur le compte du copiste ce qui appartenait à l'auteur, et *vice versâ*. Ainsi relié (*compactus*), ainsi paré, ainsi prêt à satisfaire l'esprit du vrai lecteur, ou l'œil de l'amateur moins intelligent qui cherchait dans un riche manuscrit moins un aliment de curiosité studieuse qu'un ornement de bibliothèque, *non studiorum instrumenta... sed ædium ornamenta*, comme dit Sénèque en digne précurseur de La Bruyère, le livre allait prendre place dans les cases (*nidi*) de la boutique du bibliopole.

Ces librairies romaines se trouvaient pour la plupart sous les portiques des temples ou des théâtres, mais surtout dans le quartier Argilète, qui s'étendait sur les bords du Tibre depuis le Vélabre jusqu'au Théâtre de Marcellus. C'est dans la rue de Toscane, la plus belle de ce quartier, et tout près des temples de Vertumne et de Janus, que se trouvait la boutique des Sosies, ces fameux libraires vantés par Horace. Le libraire Atrectus tenait aussi dans l'Argilète, au temps de Domitien, son étalage tout bariolé d'affiches. L'épigramme de Martial, en réponse à Lupercus qui lui demandait son livre à emprunter, nous décrit complétement cette boutique d'Atrectus, et nous donne par là une idée de ce que devaient être toutes celles des libraires de Rome :

> .... Quod quæris, propiùs petas licebit.
> Argi nempe soles subire letum :
> Contra Cæsaris est forum taberna
> Scriptis postibus hinc et inde totis,
> Omnes ut cito perlegas poetas :
> Illinc me pete ; nec roges Atrectum
> (Hoc nomen dominus gerit tabernæ) :
> De primo dabit alterove nido
> Rasum pumice, purpuraque cultum
> Denariis tibi quinque Martialem.
> Tanti non es, ais ? — Sapis, Luperco.

« ... Ce que tu me demandes est à deux pas d'ici ; tu vas souvent dans le quartier d'Argilète. Près du marché de César est une boutique dont les portes placardées et bigarrées de titres de livres t'offriront au premier coup d'œil les noms de tous les poëtes. C'est là que tu peux me demander, sans même t'adresser à Atrectus (c'est le nom du libraire). Pour cinq deniers, il te tirera du premier ou du second rayon de sa boutique un Martial bien conditionné, poli à la pierre ponce et coloré en pourpre. — Tu ne vaux pas tant, me diras-tu. — Ma foi, tu as raison, Lupercus. »

Les libraires ne se bornaient point à vendre leurs livres dans Rome ; comme ceux d'aujourd'hui, ils en expédiaient des exemplaires dans les provinces les plus reculées de l'empire, même jusqu'en Afrique. Mais il paraît que ce dernier pays ne recevait guère que les livres de rebut, et était, par conséquent, assez mal noté près des auteurs. Le sort le plus dur qu'Horace puisse prédire aux exemplaires du premier livre de ses Épîtres, c'est de s'en aller à Utique liés et garrottés en ballots. Martial est moins difficile ; il ne fait point fi de l'admiration des Gètes et des Bretons, chez qui ses épigrammes sont parvenues. Il est vrai qu'il est plus fier d'apprendre qu'on les lit dans l'Espagne tarragonaise, à Biblis, sa ville natale, et surtout dans les Gaules, à Vienne et à Toulouse. Il a même quelques vers de remercîments pour un certain Antonius qui lui avait écrit de cette dernière ville une lettre d'éloge. Pline le jeune n'avait pas en moins haute estime l'admiration des lecteurs gaulois, et il augurait d'autant mieux de ses œuvres, qu'on les vendait bien et qu'on les lisait à Lyon : « Je ne savais pas, écrit-il à Geminius, qu'il y eût des libraires à Lyon, et je suis fort heureux d'apprendre qu'on y vend mes petits livres. Il est flatteur pour moi que ces écrits conservent dans les pays éloignés la faveur qu'ils ont obtenue ici. »

D'après ce que nous avons déjà dit de l'aspect de ces livres, dont Rome et les provinces se disputaient les exemplaires, on a pu juger du soin toujours délicat, souvent somptueux, qui présidait à leur fabrication. Nous ajouterons quelques détails, d'autant plus volontiers que les procédés mis en usage à Rome sont, à peu d'exception près, les mêmes que la tradition perpétua chez nous pendant tout le moyen âge. Pour les livres de prix, l'épaisse pièce de parchemin ou de papyrus enveloppant le volume était teinte en pourpre; chaque feuillet, soigneusement poncé, était frotté d'huile de cèdre qui lui donnait la propriété d'être incorruptible; les titres, par un luxe d'ornementation qu'on aurait cru plus moderne, étaient formés de lettres enluminées, comme on le voit par ce vers de Tibulle :

Indicet ut nomen littera picta tuum.

Les têtes de chapitre et les initiales se distinguaient par cette encre rouge, *minium* ou *cinabre,* dont l'usage passa des manuscrits romains à ceux du Bas-Empire et du moyen âge; puis de ceux-ci aux livres imprimés, d'où il ne disparut que fort tard, laissant dans notre langue le mot de *rubrique* qui l'avait consacré. On s'est longtemps demandé si, à ces premiers ornements de livres, les anciens ajoutaient encore ceux du dessin et des images enluminées. Après de patientes recherches, les érudits ont résolu affirmativement cette question. Ils ont, en effet, retrouvé dans Pline la preuve que les médecins Métrodore, Cretevas et Dionysius avaient joint à leur livre « quoique sans beaucoup d'art » le dessin des plantes qui y étaient décrites; et dans la Vie d'Atticus, par Cornelius Nepos, la mention d'une sorte d'*Iconographie romaine,* dont chaque portrait avait, en guise d'inscription, quelques vers résumant la vie du personnage représenté. Selon Pline, Varron avait aussi fait un livre semblable, et bien plus, au dire de Fabricius, il avait écrit sur l'art de faire de pareilles séries iconographiques un traité portant ce titre : *Hebdomas sive de imaginibus libri.* Il n'en faut pas davantage pour prouver que l'art de l'*illustration* a été connu des anciens, et qu'il ne faut pas chercher ailleurs que dans les riches manuscrits de la Rome impériale un précédent aux précieuses enluminures des livres du moyen âge. Il nous reste d'ailleurs, d'une époque assez rapprochée de celle qui vit les dernières splendeurs littéraires de Rome, quelques manuscrits ornés de dessins. Ainsi, le calendrier du quatrième siècle, portant à chaque mois des images que Lambescius a fait copier; ainsi, le Virgile de la Vaticane, que le même siècle nous a légué, et qui, en outre de ses belles capitales, se recommande par des figures d'un assez bon style.

Les empereurs byzantins renchérirent sur ce luxe des livres par des raffinements qui de Constantinople ne tardèrent pas à s'introduire dans les bibliothèques des princes carlovingiens. Déjà, vers le commencement du troisième siècle, on avait introduit à Rome le luxe des manuscrits à lettres d'or sur vélin pourpre. Julius Capitolinus, dans la Vie de Maximin le jeune, nous parle d'un

exemplaire des œuvres d'Homère ainsi somptueusement copié, et que ce prince
avait reçu en présent de sa mère. Les empereurs grecs rendirent communs ces
riches manuscrits, si bien que les scribes en lettres d'or firent bientôt une classe à part à Constantinople; quelques-uns passèrent en Occident. De là vient que, dès le neuvième siècle, nous retrouvons le luxe bibliographique dont ils étaient les habiles artisans, dans l'admirable Bible de Charles-le-Chauve, et aussi dans ce beau manuscrit du Nouveau Testament dont Théodulphe fit présent à la cathédrale du Puy, qui le conserve encore. Une partie est écrite sur des feuilles de vélin ordinaire, avec des lettres noires et rouges et quelques lettres d'or; l'autre partie se compose de feuillets de vélin teints en pourpre, avec lettres d'or et d'argent, sur lesquelles on remarque des ornements d'un grand style, visible-

CHARLES-LE-CHAUVE, miniature tirée de la Bible de ce nom. (Bibl. Nation. de Paris.)

ment byzantin. L'usage de teindre ainsi en pourpre le vélin des manuscrits venait aussi de Constantinople. Mais là il n'était réservé qu'aux apographes de la Bible, aux livres saints ou à ceux qui traitaient de l'histoire des princes. La couleur pourpre y était même si exclusivement la couleur impériale, que les empereurs avaient seuls le droit de signer avec de l'encre rouge. L'éclatante teinture du vélin, la richesse de ces lettres d'or, qui, quelquefois, comme pour les œuvres complètes d'Homère, formaient tout le texte d'un manuscrit, n'étaient pas le seul luxe des livres étalés dans les bibliothèques de Constantinople. On raconte qu'on y voyait une copie des Évangiles reliée en plaques d'or du poids de quinze livres, et toute parsemée de pierreries.

Pour entretenir de manuscrits cette précieuse bibliothèque, les empereurs avaient des copistes à leurs gages. Le code théodosien en compte sept soumis aux ordres du bibliothécaire principal. En 730, ce nombre avait été porté à douze, lorsque l'empereur Léon l'Isaurien, n'ayant pu résoudre par ses promesses ni par ses menaces le bibliothécaire Lœcuménique à se déclarer contre le culte des images, fit mettre le feu à la bibliothèque, et brûla tout ensemble les livres, le bibliothécaire et les douze copistes.

Ces persécutions iconoclastes, souvent répétées avec les mêmes rigueurs insensées, furent fatales à l'art byzantin, mais favorables d'un autre côté au perfectionnement de la science des manuscrits dans l'Europe chrétienne : « Les arts, chassés de Grèce, dit avec raison Jansen, se réfugièrent dans nos cloîtres...» On en trouve la preuve dans la ressemblance qu'il y a entre les miniatures des livres d'église et les manuscrits grecs et latins.

Sous Charlemagne, les monastères d'Occident avaient déjà des copistes nombreux et habiles. La protection de cet empereur, qu'Alcuin éclairait de ses lumières et secondait de son zèle, avait beaucoup fait pour cette propagation et ces progrès de la science de l'écriture. Plus d'un article spécial des *Capitulaires* ordonne à chaque abbé, à chaque évêque, à chaque comte, d'avoir à son service un notaire ou secrétaire, uniquement chargé d'écrire correctement, et seulement en lettres latines ; ce qui n'était pas une prescription oiseuse, ces lettres étant depuis longtemps abandonnées pour les caractères mérovingiens, ou abâtardies par l'invasion et le mélange des formes lombardes et saxonnes. Ces ordonnances sur l'écriture ont surtout trait à la transcription des livres saints, les *Évangiles,* le *Psautier* et le *Missel.* Charlemagne veut que la copie n'en soit confiée qu'à des mains habiles, à des hommes mûrs. Il veut, avant tout, qu'on y emploie, mieux encore que pour les actes juridiques, le grand et petit caractère romain, à l'exclusion de tout autre ; et, en effet, on le retrouve avec presque toute sa pureté première dans quelques manuscrits de ce temps, notamment dans ceux d'Hardouin et d'Ovon, moines de Fontenelle. L'ardeur pour la copie et la révision sévère des manuscrits était sans égale. C'est Alcuin lui-même qui y présidait. Sitôt qu'une transcription était achevée et avait été revue par lui, on l'envoyait à l'une des principales églises ou abbayes de l'empire. Là, des copies nouvelles

CHARLEMAGNE,
revêtu des insignes impériaux ; extrait d'un ouvrage publié à Nuremberg, en 1790.

2

en étaient faites, revues elles-mêmes et propagées. Une vaste salle était destinée aux copistes dans le palais de Charlemagne. C'était ce qu'Alcuin appelait son *scriptorium;* au-dessus de la porte, il avait fait écrire ces vers, que Canisius nous a transmis :

> Hic sedeant sacræ scribentes flamina legis
>   Nec non sanctorum dicta sacrata patrum.
> Hic interserere caveant sua frivola verbis,
>   Frivola nec propter erret et ipsa manus ;
> Correctosque sibi quærant studiose libellos
>   Tramite quo recto penna volantis eat.
> Est decus egregium sacrorum scribere libros
>   Nec mercede sua scriptor et ipse caret.

Alcuin, pour mieux encourager ses scribes, donnait lui-même l'exemple, et, de sa main épiscopale, copiait des manuscrits. Baluze lui attribue celui si fameux de la Bible de la Valliscellane, qu'on a cru longtemps être l'ouvrage du moine Ambroise Autpert. Il en trouve la preuve dans quelques vers qui lui servent de souscription, et surtout dans ces deux-ci, où Alcuin s'est nommé :

> Pro me quisque legas versus orare memento
> Alchuin dicor ego...

Toutefois, ce n'est que par accident qu'Alcuin doit être compté parmi les copistes de son temps. Ceux qu'il faut citer de préférence, c'est le calligraphe franc, Dagulfe, le même qui écrivit ce magnifique Psautier, offert, en 772, par Charlemagne au pape Adrien Ier; c'est Ingobert, à qui est dû le beau *Codex bibliorum,* qui fut présenté à Charlemagne lors de son passage à Pavie; c'est Eribert, le calligraphe le plus renommé de la cour de Louis-le-Débonnaire; Sintrame et Modestus, aussi tous deux moines de Saint-Gall, et tous deux fameux écrivains, Sintrame surtout,

ALCUIN, précepteur de Charlemagne, tiré de la *Cosmographie universelle,* 1575, in-folio, d'André Thevet. (Bibl. Nat. de Paris, Cabinet des Estampes.)

qui copia pour Salomon, son abbé, un Évangile en lettres onciales, d'un mérite

INFINEMPROPULO
QUIASANCTISLONGE
FACTUSESTDAUIDINTI

Extrait du *Psautier de Saint-Germain-des-Prés*, ms. du sixième siècle, écrit en lettres d'argent sur vélin pourpre. (Bibl. Nat. de Paris)

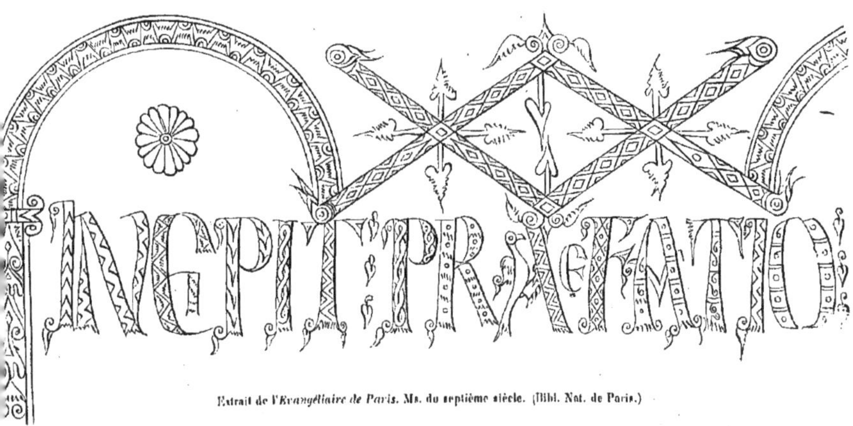

Extrait de l'*Evangéliaire de Paris*. Ms. du septième siècle. (Bibl. Nat. de Paris.)

INILLOTEPR·
ERATHOMO expharisnichodem
nomine·princepsiudeorum
Hic uenit adihm nocte·etdixit eu

Extrait de la *Bible latine*. Ms. du neuvième siècle, écrit en lettres d'or sur vélin pourpre. (Bibl. Nat. de Paris. — Suppl. lat. 687.)

sans pareil : « *Nulla alia comparabilis videretur,* » comme dit Mabillon. Il ne faut pas non plus oublier le scribe, malheureusement inconnu, qui écrivit en lettres d'or, sur vélin pourpre, le beau manuscrit carolingien, qui se trouve aujourd'hui à la bibliothèque d'Abbeville, par une provenance du monastère de Saint-Riquier. Selon la tradition transmise par dom Martenne, c'est le même manuscrit que Charlemagne aurait donné à son cher Angilbert, retiré dans cette abbaye. Béringar et Luithard, qui exécutèrent l'admirable *Codex Evangeliorum* de Ratisbonne, ou plutôt de Saint-Denis en France, où il était jadis, doivent aussi être comptés parmi les copistes les plus renommés du neuvième siècle.

Dès cette époque, la riche matière employée pour les lettres, le choix des parchemins, l'éclatante teinture dont on les recouvre, ne sont pas le seul faste des livres ; pour rehausser encore le splendide aspect de leurs pages, on recourt à l'art d'enluminer et d'historier les initiales. Jusqu'alors, dans chaque *scriptorium* monastique, dans celui de Césaire à Arles, de Cassiodore à Viviers, dans ceux de saint Vincent à Lerins, on avait simplement tracé l'initiale au niveau des autres lettres, et sans plus d'ornements ; de telle sorte que, comme le texte était d'ordinaire écrit en capitales, cette première lettre ne ressortait en aucune façon. Pour la distinguer, on la coloria d'abord, mais simplement de cinabre, platement et sans aucun éclat. Au sixième siècle, on fit plus : l'initiale s'agrandit, s'enjoliva ; au septième, elle faisait déjà déborder ses ornements jusque sur les marges. En ceci, comme en tout ce qui touche à l'art du copiste, l'art byzantin donna l'exemple et produisit des modèles souvent étranges, toujours brillants que les enlumineurs occidentaux se contentèrent longtemps de copier. Le patronage de Charlemagne et de Charles-le-Chauve fut aussi d'une puissante action dans les progrès de l'enluminure et dans cette richesse des initiales. C'est à eux qu'on doit la supériorité de ces sortes de détails dans les manuscrits de leur temps. On pense qu'ils y employaient, de préférence, des artistes italiens et allemands qui suivaient l'école grecque, et dont le chef-d'œuvre, tout rayonnant de je ne sais quel reflet des peintures byzantines, est sans contredit la Bible de Charlemagne, conservée à Saint-Paul de Rome.

Il serait curieux de suivre cette enluminure des lettres dans ses brillants détails et dans ses bizarreries, enfin dans toutes les splendeurs et tous les excès de son ornementation. Au sixième siècle, comme nous l'avons dit, quand l'art commence, les lettres sont parées de simples broderies coloriées. Cent ans après, la main du copiste-enlumineur s'émancipe, les rend plus fréquentes et leur donne de telles proportions, qu'une seule lettre tient toute une page. Elles sont découpées en treillis, faites de mailles entrelacées, de chaînettes tressées ; puis, quand vient le neuvième siècle, d'arabesques historiées déroulant leurs gracieuses volutes de la base au faîte de la lettre. Ensuite viennent ces *lettres en marqueterie,* comme les appellent les Bénédictins, où les couleurs se contrastent et sont disposées par carreaux, et qu'on trouve surtout en Italie sur les manuscrits de l'école lombardique. Souvent de longues figures d'animaux, dressées sur leurs pattes, servent de jambages; car, en ce temps, comme le remarquent encore les savants moines : « Il n'est rien dans la nature dont les lettres n'aient emprunté la forme. » Montfaucon a donné tout un alphabet fantastique extrait des manuscrits du neuvième siècle, dont les lettres ne sont ainsi formées que

de figures d'hommes, d'oiseaux, de serpents, de poissons, de fleurs. Le H est fait de deux hommes ayant chacun un pied sur un autel enflammé. Le T est représenté par un renard debout sur ses pattes de derrière et tenant horizontalement dans sa gueule un bâton à chaque bout duquel pend un coq. Souvent la lettre est la vignette

raisonnée, l'*illustration* intelligente du texte. Ainsi, le manuscrit de la trente-quatrième Homélie de saint Chrysostome, dont les premiers mots signifient « hier nous revînmes du combat, » a pour initiale un E formé d'un homme armé de sa lance. De même pour le *Traité sur les peines de l'enfer*, l'initiale K représente un énorme dragon dévorant un homme. Vous voyez que, pour ces sortes de lettres, l'enlumineur avait à mettre en œuvre tout ensemble son pinceau et son imaginative. Plus tard, du treizième au quatorzième siècle, les formes ne sont plus ingénieuses, mais extravagantes : ce ne sont que lettres grises avec nez monstrueux, barbes, gerbes, cheveux bouclés, « extensions postiches, » comme disent les Bénédictins ; échappements de lettres en interminables volutes et en longues antennes. A la fin du quatorzième siècle, cette exubérance de détails se tempère ; ces filigranes luxuriantes ramenées sur elles-mêmes ne servent plus qu'à encadrer des vignettes, des rinceaux d'où jaillissent fruits et fleurs ; des fraises surtout, le fruit dont les fraîches couleurs éclosent le mieux sous la main des enlumineurs ; puis, les vignettes et les peintures se détachent tout à fait des lettres, et forment des ornements isolés. Les figures s'animent et prennent de la réalité ; leurs groupes se dramatisent, grandissent jusqu'aux proportions d'un vrai tableau autour duquel la vignette serpente en légère bordure. Alors la grande enluminure naît réellement et devient l'une des branches les plus brillantes de l'art du peintre.

Ce qui l'avait tenue stationnaire, c'est que trop longtemps elle n'avait été qu'une sorte de corollaire et de complément du métier de copiste, elle n'avait pas eu ses artistes spéciaux. D'où nous vinrent, en effet, pendant plusieurs siècles, les manuscrits historiés? Seulement des monastères, où le même religieux était tout ensemble copiste et peintre de lettres. Que sont tous les enlumineurs cités jusqu'au douzième siècle : Eribert de Vérone, saint Dunstan, qui reporta en

Angleterre l'art dont les moines de Fleury-sur-Loire lui avaient appris le secret; le Saxon Endfrith; l'Ardennais Foulques, que la Chronique de son abbaye nous dit si fameux dans l'art de peindre les initiales « *in illuminationibus capitalium litterarum;* » et Helfwulf qui, en admiration devant les travaux dont il fut un des plus habiles artisans, s'écrie que les plus saintes joies sont pour celui qui peut orner un livre de peintures précieuses et de notes savantes (*Comptis qui potuit notis ornare libellos*)? Tous sont des scribes monastiques, à qui le zèle ne manque jamais, mais à qui le talent et le goût font trop souvent défaut. A cette époque de barbarie, les œuvres, même grossières, du pinceau des moines étaient prises pour des merveilles. Quand on voyait ces moines, de la même main qui avait tenu la plume du copiste, armorier si richement les capitales, exécuter en or moulu ces grandes lettres *tourneures* dont chacune contenait une strophe des Psaumes, comme celles du manuscrit des Chartreux de Grenoble; ou bien, ce qu'on appelait *babuinare* dans les cloîtres, tracer ou peindre les monstrueuses figures (*baboues*) qui s'étalaient sur les marges; c'était une admiration universelle, et l'on s'écriait partout, selon les auteurs de l'*Histoire littéraire : Hodie scriptores non sunt scriptores, sed pictores.* Les quatre Évangiles en lettres d'or, qui furent achevés en moins d'une année, de 1212 à 1213, à l'abbaye de Hautvilliers, par les soins de l'abbé Pierre Guy; la Bible exécutée vers 1239 à l'abbaye du Parc, et qui servit depuis aux Pères du concile de Trente; enfin, le magnifique *Passionnaire,* ou recueil de cent trente Vies de Saints, qui fut écrit à Hautvilliers en 1282 sous l'abbé Thomas de Moremont, excitèrent surtout cette admiration enthousiaste. Les religieux Mendiants, ces Cyniques de la vie monacale, s'émurent de ces magnificences tant admirées, et les blâmèrent. Les Dominicains firent de même : « Ils défendirent, disent les Bénédictins de l'*Histoire littéraire,* aux copistes de leur ordre de faire des livres dorés, et leur ordonnèrent de s'appliquer plutôt à former des caractères plus lisibles. » L'art du simple scribe n'encourut jamais de tels blâmes, de telles lois somptuaires; loin de là, on fit toujours de ses travaux un devoir monastique : plutôt que de les restreindre, à chaque siècle nouveau, on leur imprimait un nouvel élan.

Déjà au quatrième siècle, l'évêque de Nole, saint Paulin, défend à ses moines l'art du peintre, mais leur conseille, au contraire, comme œuvre pieuse celui de l'écrivain.

> Exercere artem prohibet, conceditur unum
> Scribendi studium, quod mentem, oculosque manusque
> Occupet atque uno teneat simul omnia puncto :
> Aspectu visum, cor sensibus, ordine dextram.

Guignes, cinquième prieur de la grande Chartreuse, place au premier rang des devoirs monastiques « la copie des bons livres, » art qu'il exalte à chaque phrase de ses Statuts, et dans lequel il excellait lui-même. « Nous apprenons à lire, dit-il, à tous ceux que nous recevons parmi nous. Nous voulons conserver les livres comme étant l'éternelle nourriture de nos âmes. » Osberne, abbé de Saint-Evroul, pousse l'humilité et le zèle jusqu'à fabriquer lui-même des écritoires pour les jeunes copistes; Arnaud, abbé de Sainte-Colombe de Sens, passe sa vie à faire transcrire des ouvrages historiques; et Robert, abbé du Mont-Saint-Michel, ne fait pas copier moins de cent quarante volumes. Théodoric, abbé d'Ouche, le même dont Orderic Vital raconte la vie, exalte les saints travaux, écrivait lui-même le livre des *Collectes*, le *Graduel* et l'*Antiphonaire*, et, donnant ainsi l'exemple, faisait transcrire l'*Eptateuque* et le *Missel* par son neveu Radulphe; par Hugues, son compagnon, l'*Exposition sur Ezéchiel*, le *Décalogue* et la première partie des *Livres moraux;* par le prêtre Roger, les *Paralipomènes* et les *Livres de Salomon*. Orderic Vital nomme les principaux scribes qui sont sortis de cette laborieuse école. « Ce sont Bérenger, qui depuis devint archevêque de Venosa, Goscelin et Radulphe, Bernard, Turquetit, Richard et plusieurs autres qui remplirent la bibliothèque de Saint-Evroul des traités de Jérôme et d'Augustin, d'Ambroise et d'Isidore, d'Eusèbe et d'Orose, et de divers docteurs; leurs bons exemples aussi encouragèrent les jeunes gens à les imiter dans un pareil travail. » L'*homme de Dieu*, comme Vital appelle Théodoric, répétait sans relâche à ses moines : « Ecrivez! une lettre tracée dans ce monde vous sauve un péché dans le ciel. » Et à l'appui de ces consolantes paroles, il leur racontait cette ingénieuse légende que nous reproduisons d'après le même historien : « Un certain frère demeurait dans un monastère; il était coupable de nombreuses infractions aux règles monastiques; mais il était écrivain : il s'appliqua à l'écriture, et il copia volontairement un volume considérable de la divine loi. Après sa mort, son âme fut conduite pour être examinée devant le tribunal du juge équitable. Comme les mauvais esprits portaient contre elle de vives accusations et faisaient l'exposé de ses péchés innombrables, de saints anges, de leur côté, présentaient le livre que le frère avait copié dans la maison de Dieu, et comptaient, lettre par lettre, l'énorme volume, pour les compenser par autant de péchés. Enfin, une seule lettre en dépassa le nombre, et tous les efforts des démons ne purent lui opposer aucun péché. C'est pourquoi la clémence du Juge suprême pardonna au frère, ordonna à son âme de retourner à son corps, et lui accorda avec bonté le temps de corriger sa vie. »

En d'autres abbayes, on avait fait une prière pour glorifier et sanctifier le travail des copistes; on la disait, avant de se mettre à l'œuvre, comme le bénédicité avant de commencer le repas :

« *Benedicere, digneris, Domine, hoc scriptorium famulorum tuorum et omnes habitantes in eo, ut quidquid divinarum Scripturarum ab eis lectum vel scriptum fuerit sensu capiant, opere perficiant, per Dominum,* » etc.

Sous cette ardeur de la foi qui réchauffait celle de la science, que de beaux manuscrits devaient éclore! Et dans tous ces cloîtres, que d'existences laborieusement passées, n'ayant pour horizon quotidien qu'une page de blanc parchemin à remplir ; pour avenir pendant plusieurs années, qu'un in-folio à achever ! Et ces moines patients dont la main éternisait les chefs-d'œuvre, par qui tant d'admirables ouvrages ont recommencé une immortalité éteinte à jamais sans ce réveil ; quel souvenir ont-ils laissé pourtant ? Aucun, pas même leur nom pour la plupart. Ce nom, d'ailleurs, quand il est écrit, ne dit, ne rappelle rien. C'est la seule lettre morte du manuscrit dont il est la signature. Qui s'enquerra jamais avec intérêt, par exemple, de ces religieux modestes dont les noms se retrouvent au bas de quelques manuscrits grecs de la Bibliothèque Nationale : *Helias, presbyter et monachus ; Abraham, monachus*, au dixième siècle ; *Arsenius, monachus*, et *Methodius, presbyter*, au douzième ; *Basilius, hiera-monachus*, au quatorzième ? La vie de ces moines était si recueillie dans cette œuvre du copiste, si pieusement concentrée dans les soins qu'elle réclame, si modestement enchaînée à son labeur manuel, qu'il semble qu'ils ont dû vivre moins en hommes qu'en automates. Chez eux, le travail de la main tuait celui de la pensée.

Par ce que nous avons dit déjà, on a pu juger de la sévère régularité du travail dans chaque *scriptorium* monastique ; ce que nous allons ajouter, d'après un cénobite de l'abbaye de Saint-Victor à Paris, en donnera une idée plus complète encore : « Il y a dans notre monastère, écrit-il, des moines à qui l'abbé a confié le soin de transcrire des livres. Le bibliothécaire est chargé de leur donner des ouvrages à copier et de leur fournir tout ce qui est nécessaire. Les copistes ne peuvent rien transcrire sans son consentement.... Une salle particulière leur est destinée, afin qu'ils soient plus tranquilles et qu'ils puissent se livrer à leur travail loin du trouble et du bruit. Là, les copistes sont assis et doivent garder le plus grand silence. Il leur est défendu de quitter leur place pour se promener dans la chambre. Personne ne peut aller les visiter, excepté l'abbé, le bibliothécaire et le sous-prieur. » Il est vrai que dans aucune ville on ne savait mieux qu'à Paris observer et mettre à profit, pour d'admirables travaux, cette austère discipline imposée aux copistes des cloîtres. Les livres qui en sortaient faisaient l'étonnement des étrangers par l'art soigneux qui avait présidé à leur confection, par leur richesse et même par leur dimension parfois exagérée. Un voyageur anglais, qui vint à Paris alors, s'extasie des livres énormes qu'on lui fit voir, et qui, en dépit de leur taille gigantesque, n'en étaient pas moins tout entiers écrits en lettres d'or, de la première à la dernière page : *Descriptos codices importabiles aureis litteris*. Un autre voyageur, l'illustre Richard de Bury, évêque de Durham et chancelier d'Angleterre, qui vint à Paris au quatorzième siècle, moins en ambassadeur qu'en bibliophile, éprouva, à la vue des travaux de nos copistes et des bibliothèques qu'ils avaient enrichies déjà, un étonnement non moins vif, mais plus intelligent : « Oh ! s'écrie-t-il dans son latin scolastique qu'échauffe et relève l'enthousiasme le mieux senti, ô Dieu des dieux de Sion, quel torrent de plaisirs a réjoui notre cœur toutes les fois que nous avons visité Paris, le paradis

du monde! C'est là que nous aurions désiré demeurer toujours, à cause de la
grandeur de notre amour pour cette belle ville, où il nous semblait que les journées fussent trop courtes ou trop peu nombreuses. Dans cette cité est la serre
chaude de l'esprit; là sont des bibliothèques dans des cellules embaumées d'aro-
mates intellectuels; là fleurissent toutes sortes de volumes; là de beaux gazons
académiques invitent les péripatéticiens à les fouler aux pieds; là sont les pro-
montoires du Parnasse et les portiques du stoïcisme. C'est là qu'en vérité, ou-
vrant notre trésor et déliant les cordons de notre bourse, nous avons répandu
l'argent d'un cœur joyeux, pour racheter et arracher à la poussière et à la fange
des livres inestimables. » Les Anglais, qui avaient d'abord eu d'excellents copistes, en étaient réduits alors, quand ils avaient le goût des livres, à venir les
acheter en France, comme le fait ici Richard de Bury. Le temps était passé pour
eux de cette belle école irlandaise ou hiberno-saxonne, de laquelle Alcuin était
sorti, et dont les chefs-d'œuvre, marqués à l'empreinte de ce style sévère et primitif, emprunté sans doute aux Romains, sont : le célèbre livre de Durham, daté
du huitième siècle, et les Évangiles, que Giraldus Cambrensis admira à Kildare.
Ce manuscrit resplendissait d'ornements si délicats et si brillants; ses majuscules, entourées d'une auréole de lignes rouges, fines et pointillées, étaient si
sveltes et si gracieuses, que, suivant une légende, l'enlumineur avait exécuté
ce bel ouvrage sur les modèles dessinés et fournis par un ange, à l'intercession
de sainte Brigitte. Mais, nous le répétons, cet âge d'or de l'enluminure en Angleterre était passé depuis longtemps. Déjà, à la fin du treizième siècle, l'indifférence
pour les livres était si grande dans ce pays, qu'un de ses plus riches couvents,
l'abbaye de Bolton, n'acheta que trois volumes en quarante ans. Encore le meilleur des trois, le *Liber sententiarum*, de P. Lombard, n'avait-il pas été fourni
par l'Angleterre : c'est en France qu'on était venu l'acheter moyennant une somme
de 960 livres. Nous ne connaissons, à cette époque, qu'un enlumineur anglais
digne de quelque estime, c'est Lydgate, à qui l'on doit les vignettes du livre de
saint Edmond, peintes sur fond couleur d'or, avec la plus correcte délicatesse
et une remarquable puissance de tons. Les ouvrages des autres copistes et enlumineurs d'Angleterre ne sont que des imitations serviles des manuscrits français
et italiens. M. Paulin Paris le dit positivement à propos de la *Bible historiale* traduite par Guyart Des Moulins, qu'il croit être l'ouvrage de deux scribes normands
et d'un imagier breton ou anglais. « Ces derniers, écrit-il, qui n'ont jamais eu
de style particulier dans les arts, se modelaient, au quatorzième siècle surtout,
sur les enlumineurs italiens, et nous en trouvons d'autres exemples. » Cela est si
vrai que lorsqu'il s'agissait d'un livre de haut prix, d'un manuscrit de luxe, pour
lequel n'aurait pu suffire le maigre talent de ces imagiers imitateurs, on recourait à la touche brillante des enlumineurs français. L'auteur anglais d'une curieuse
notice sur l'enluminure des manuscrits, publiée par l'*Antiquarian Researches*,
fait lui-même l'aveu de cette infériorité de l'art britannique et de ses emprunts

3

à la France. Après avoir parlé de la collection des poëmes de Christine Pisan, qui se trouve à la Bibliothèque Harleienne, du célèbre Missel de Bedford, aujourd'hui en la possession de sir John Tobin; du précieux recueil de Romans, présenté par le comte de Shrewsbury à Marguerite d'Anjou, et qui fait partie des manuscrits royaux, il ajoute : « Tous ces ouvrages ont été exécutés par des artistes français dont l'habileté était alors généralement reconnue, et la décadence de l'art en Angleterre date même du règne de Henri V, époque où les rapports divers établis entre la France et les Pays-Bas firent donner la préférence aux artistes étrangers. » Dans les Pays-Bas, comme il est dit ici, en Allemagne et surtout dans les cloîtres des rives du Rhin, l'art du copiste et de l'enlumineur avait aussi marché. Nous trouvons même dans quelques monastères de ces contrées, dans celui de Spanhein, par exemple, les travaux relatifs à l'art des manuscrits organisés dans leurs moindres détails avec une régularité et une sorte de discipline plus stricte encore et plus intelligente que celles qui les dirigeaient en France. Là, point de moines cumulant deux tâches, celle, par exemple, du copiste et celle du relieur; chacun a la sienne et doit s'y tenir sans empiéter sur le travail de son voisin : « Que l'un, dit Thritème, abbé de ce monastère au quinzième siècle, que l'un corrige le livre que l'autre a écrit; qu'un troisième fasse les ornements à l'encre rouge; que celui-ci se charge de la ponctuation, un autre des peintures; que celui-là colle les feuilles et relie les livres avec des tablettes de bois. Vous, préparez ces tablettes; vous, apprêtez le cuir; vous, les lames de métal qui doivent orner la reliure. Que l'un de vous taille les feuilles de parchemin; qu'un autre les polisse, qu'un troisième y trace au crayon les lignes qui doivent guider l'écrivain; enfin, qu'un autre prépare l'encre, et un autre les plumes. » Voilà dans un seul monastère toute une corporation, n'ayant qu'une chose pour but de ses travaux : le livre; une corporation complète comme celle que nous allons voir tout à l'heure s'organiser à Paris sous les auspices de l'Université, et qui même se partage en éléments plus multiples, en spécialités plus minutieuses que celles des corporations ordinaires.

En Italie c'est, comme en Angleterre, l'imitation française qui l'emporte chez les copistes et chez les enlumineurs. Les copistes nous empruntent nos *lettres de forme,* que nous avions nous-mêmes imitées et perfectionnées de l'écriture gothique; et ils les appellent lettres à la française (*lettere francese*). Les manuscrits les mieux calligraphiés des bibliothèques de l'Italie au moyen âge ne sont même pas

Écriture italienne (XIIIᵉ siècle). Fragment d'une pièce de vers du Dante (Bibl. Nat. de Paris).

dus, pour la plupart, à des plumes italiennes. On en a la preuve par le catalogue des livres que le cardinal Guala légua, en 1227, au monastère de Saint-
André, à Vecelli, et dans lequel sont décrites de préférence toutes les variétés

P Ape fathan pape fathan aleppe
cominao pluto co la boce chioccia
quel fauio gentile che tutto feppe
Diffe p. confortarme no ti noccia
la tua paura chel poter chell abia
nonci terra lofcender defta roccia
Poi firiuolfe a quella efiata labia
ediffe tace mala deo lupo
cofuma dentro te cola tua rabia
N one fenca cafcion landate alcupo
vuolfe cufi cela doue michele
fe la uendca del fupbo ftrupo.
Quale daluento le gonfiate uele
caggio no anolte poi che lalbor fiacca
tal cadde ateïa La fiera crudele.

Écriture italienne (xiv° siècle). Fragment de la Divine Comédie *du Dante (Bibl. Nat. de Paris).*

d'écritures et d'ornements qui distinguaient alors l'école française. Les bons
juges en fait d'art, au moyen âge, sont tous d'accord pour critiquer et mettre
au rang des œuvres grossières la plupart des miniatures des manuscrits italiens;
ainsi, M. Du Sommerard, qui dit à propos d'un poëme sur la comtesse Mathilde :
« Rien, majuscules, ornements, accessoires, application d'or, n'y compense la
grossièreté de la figuration; » ainsi M. Paulin Paris, écrivant au sujet d'un
manuscrit du fonds Lancelot, qu'il attribue aux copistes italiens : « Il est facile
de le reconnaître à la forme des lettres, à la force du vélin, et surtout aux
couleurs employées pour les miniatures; ces dernières sont d'un art très-gros-
sier; l'or des vignettes est bruni fortement en relief. » M. le comte Orloff, dans
son *Histoire de la Peinture en Italie,* n'est ni moins sévère ni moins juste. Il
n'a point de termes assez forts pour qualifier la difformité et la barbarie des
figures d'un *Pontifical romain* conservé à la bibliothèque de la Minerve, à
Rome, et d'une Bible qui est à l'église Saint-Paul : « Il est rare, dit-il, de
trouver dans les figures des traits humains. C'est en vain que les noms des principaux personnages sont écrits, on ne peut pas les reconnaître. On y voit des chevaux qui ressemblent plutôt à des hippogriffes qu'à ces nobles animaux. » Une
autre preuve que l'enluminure italienne avait été subordonnée à l'art français

pour ses progrès, même pour son nom, c'est que Dante, au chant XI de son *Purgatoire*, s'adressant à un miniaturiste italien, emploie une périphrase pour lui nommer sa profession ; cette périphrase tend à lui dire que son art est ce qu'on appelle *enluminure* à Paris :

> .... Di quell' arte
> Che alluminare e chiamata in Parisi.

« Par là on voit, dit Millin, que les Italiens n'avaient point de terme dans leur langue pour le désigner, ce qui prouve invinciblement qu'il ne leur appartenait pas. » M. de Santarem soutient la même opinion et en tire la preuve qu'au quatorzième siècle l'enluminure était peu connue ou mal cultivée en Italie. Pour y retrouver des artistes dignes rivaux des nôtres, il faut attendre le siècle de Silvestro degli Angeli, de Francesco Veronese, de Girolamo dai Libri, qui devaient laisser dans les miniatures des *Graduels* du Vatican le plus magnifique spécimen de leurs talents unis ; il faut attendre surtout le temps de Julio Clivio, que personne ne devait surpasser dans l'enluminure des Missels, comme le prouvent ceux qu'il peignit pour Côme de Médicis, pour les cardinaux Grimani et Farnese, et même pour Philippe II ; car l'Espagne même, au seizième siècle, n'avait pas de miniaturistes assez habiles pour dispenser ses princes de recourir aux artistes étrangers. Le Portugal avait été plus heureux ; mais si, dès le treizième siècle, il avait quelques miniaturistes de talent, il le devait, lui aussi, à l'imitation des artistes français. De l'aveu de M. de Santarem lui-même, Alphonse III ne fonda à Lisbonne, en 1248, une école pour la peinture des manuscrits, qu'afin de se conformer à ce qu'il avait vu pratiquer en France pendant le long séjour qu'il y avait fait.

Ce qui avait contribué surtout à établir cette supériorité des copistes et des enlumineurs français, ce qui avait donné l'élan à leurs progrès, c'est l'espèce d'émancipation de leur art au treizième siècle, alors que, s'échappant des cloîtres, il cessa d'être le monopole exclusif des religieux, et que, se sécularisant, il passa aux mains des calligraphes et des miniaturistes laïques.

Cette sécularisation de l'art du copiste fut une conséquence heureuse de la fondation des Universités. Chacun de ces grands corps enseignants devait, par la force même et pour le besoin de son institution, se rattacher tout ce qui tenait à la science, tout ce qui tenait au Livre. Les fondateurs le comprirent, et considérant, en effet, le Livre comme la chose essentielle, l'élément vital, l'arche sainte de l'organisation enseignante qu'ils créaient, ils admirent à marcher avec eux, sous la bannière universitaire, tous ceux qui faisaient, de sa fabrication, de sa vente, l'objet de leur industrie ou de leur commerce. Et en cela, il n'y eut pas de distinction dédaigneuse ; tous, aussi bien le parcheminier qui fournissait la matière brute du manuscrit, aussi bien le calligraphe qui l'exécutait, que le relieur qui l'habillait et le libraire qui le vendait, tous furent déclarés suppôts de l'Université. Ils eurent droit de prendre ce titre de *clerc*, perpétué surtout chez les copistes, puisqu'il est vrai que sous Louis XVI les secrétaires du roi le por-

Calligraphe (xvᵉ siècle). Fac-similé d'une miniature du ms. d'*Othea* (Bibl. roy. de Bruxelles).

taient encore. Ainsi, vous le voyez, aux yeux de ces premiers et intelligents universitaires, il suffisait d'une part à la fabrication matérielle du manuscrit, il suffisait presque de son contact, pour qu'un artisan devînt leur égal. Cette mesure n'était pas seulement noble et dignement démocratique, elle était encore pleine de sens et éminemment prudente. Ainsi, le Livre ne sortait pas de son vrai domaine, la science et l'enseignement; il se trouvait sous la sauvegarde directe et constante des hommes les plus intéressés à sa moralité et, ce qui était une raison plus puissante en ce temps-là, à son orthodoxie. L'Université, se faisant la patronne des libraires et les déclarant ses suppôts, devenait, pour ainsi dire, le seul éditeur responsable de tous les livres qui se propageaient par leurs mains. Entre elle et les *clercs en librairie*, comme on les appelait, il y avait une sorte de solidarité qu'il lui importait de ne pas laisser tourner contre sa dignité. Aussi, par de fréquents statuts, dont les plus anciens sont de 1275, de 1316 et de 1323, l'Université de Paris avait pris ses sûretés à leur égard, en même temps qu'elle avait garanti les intérêts de l'auteur à qui les libraires achetaient le livre, et ceux de l'amateur à qui ils le vendaient. Auprès de ces deux parties, le libraire, surtout quand il n'était pas *stationnaire*, c'est-à-dire lorsqu'il n'avait ni boutique, ni étalage, le libraire, dis-je, n'était réellement qu'un courtier de l'Université, assermenté par elle, n'achetant et ne vendant que d'après sa permission. Ce fait ressortira encore mieux de quelques passages des règlements déjà indiqués plus haut.

En 1275, l'Université de Paris, « qui, dit Chevillier, avait jusque-là gouverné la Librairie sans lui donner aucun règlement par écrit, » formula, le 8 décembre, son premier statut; mais il était fait plutôt pour le *stationnaire* ou étalagiste que pour les clercs en Librairie. On y lit, entre autres articles : *Statuimus ordinando ut stationarii qui vulgò librarii appellantur, annis singulis, vel de biennio in biennium, aut aliàs quando ab Universitate fuerint requisiti, corporale præbeant juramentum quod libros recipiendo venales, custodiendo, exponendo, vendendo... fideliter et legitime se habebunt.* « Nous ordonnons que les *stationnaires*, appelés vulgairement libraires, prêtent chaque année, ou de deux ans en deux ans, ou quand ils seront requis par l'Université, le serment de se conduire fidèlement et honnêtement, soit qu'ils achètent, gardent, exposent ou vendent les livres. »

En 1323, parut un règlement plus étendu que le premier, sur lequel furent apposées les signatures de vingt-six libraires jurés qui se trouvaient alors établis à Paris, et de deux femmes qui faisaient partie de la corporation. Il était dit que les libraires, en outre du serment qu'ils devaient prêter

Sceau de l'Université de Paris (xive siècle),
d'après l'une des matrices, au Cabinet des médailles de la Bibl. nat. de Paris.

à l'Université, seraient tenus de lui fournir cautionnement de cent francs pour la sûreté des livres à eux confiés; qu'ils payeraient une taxe pour chaque ouvrage; et que, de plus, ils devraient remettre à quatre d'entre eux le soin de veiller spécialement à l'exécution fidèle des règlements. Tous s'y engagèrent en signant et en prêtant serment, la main étendue vers un crucifix, *manibus omnium et singularem ad Crucem extensis*. Il paraît que ce serment fut mal tenu par les libraires, car un autre statut, qui confirmait et complétait les premiers, et qui, en outre, admonestait les contrevenants pour leurs fautes passées, fut rendu le 6 octobre 1342. Nous le citerons dans toute sa teneur, à cause de sa portée historique, et parce qu'il est le Code le plus complet qui ait longtemps régi la Librairie.

« Universis præsentes litteras inspecturis Universitas magistrorum et scholarium Parisiùs studentium, salutem in Domino. Gravi querimonia aures nostras sæpius propulsante super eo quòd per fraudem et dolum stationariorum et librariorum, quamvis contra eorum juramenta, contingebat magistros et scholares quàm plurimùm defraudari, præfatos librarios et stationarios prout ad nos pertinet, coram deputatis a nobis fecimus convocari : ut juxta verbum Salvatoris sic dicentis : Descendam et videbo utrum clamorem qui venit ad me opere compleverint, viderent si prædicta veritate niterentur. Coram quibus deputatis comparentes, et eis diligenter expositis articulis eorum officia tangentibus, super quibus aliàs præstiterant juramenta, reperti fuerunt quidam eorum errasse, et peccasse tàm ex statutorum ignorantiâ, ut decebant, quàm interpretatione quorumdam statutorum per eos factâ contra mentem et conscientiam statuentis. Et quià anno quolibet, vel quoties nobis placuerit, tenentur, ut ipsis recens sit memoria, revocare juramenta, quatuor principales per nos eligi debent, vel aliàs electi confirmari ad taxandum libros : ita quod nulli alii liceat libros taxare Parisiùs, nisi talibus quatuor duntaxàt, secundùm quòd hoc in statutis aliàs per nos super hoc factis latiùs continetur. Hinc est quod nos super prædictis salubre remedium adhibere cupientes, prædictos librarios et stationarios ad nostram congregationem generalem celebratam more solito apud S. Mathurinum anno Domini 1342, die 6 octobris, fecimus convocari, et cuilibet ipsorum, prout suo incumbit officio, tactis sacrosanctis Evangeliis, fecimus jurare juramenta quæ sequuntur : primo videlicet quòd fideliter et legitimè habebunt libros venales, recipiendo, custodiendo, exponendo, et vendendo eosdem. — *Item* quòd libros venales non supprimeant neque celabunt, sed ipsos semper loco et tempore exponent quandò petentur. — *Item* quòd si a venditoribus vel venditore super venditione libri vel librorum vocati fuerint, vel requisiti æstimabunt, et dicent bonâ fide, mediante salario, quantùm credunt librum vel libros ad vendendum oblatum vel oblatos justo et legitimo pretio posse vendi ut pro eis emere vellent si facultas se offerret. — *Item* quòd pretium libri venalis, et nomen illius, cujus est liber, in aliquâ parte libri patente intuenti ponent, si velit venditor. — *Item* quòd cum libros vendiderint, eos non assignabunt ex toto nec transferrent in emptores, nec pretium recipient pro eisdem, donec denuntiaverint venditori, vel mandato suo quòd pretium veniat recepturus si velit, et ejus copia commode possit haberi. — *Item* quòd de pretio pro libro vel libris oblato puram et simplicem sine

« A tous ceux qui ces présentes lettres liront, l'Université des maîtres et des écoliers étudiant à Paris, salut au nom du Seigneur. Des plaintes graves ayant plus d'une fois frappé nos oreilles au sujet des fraudes dont les libraires et les stationnaires, en dépit de leurs serments, rendent trop souvent victimes les maîtres et les écoliers, nous avons, comme c'est notre droit, fait convoquer lesdits libraires devant nos délégués, afin que, suivant la parole du Sauveur qui dit : « Je descendrai et je verrai si le bruit qui est venu jusqu'à moi n'est pas mensonge, » ils s'assurent eux-mêmes si ce qu'on avance s'appuie sur la vérité. Lorsqu'ils eurent comparu devant ces délégués, et qu'on leur eut exposé sans retard les articles concernant leur office, et sur lesquels, en d'autres temps, ils avaient prêté serment, il se trouva que plus d'un d'entre eux avait péché, soit par ignorance, comme ils disaient, soit par une interprétation fausse et contraire à la pensée de celui qui avait fait le statut. Et comme chaque année, ou quand il nous plaît, afin que le souvenir leur en soit plus présent, ils sont tenus de renouveler leur serment, et que nous devons nous-mêmes choisir à nouveau ou confirmer dans leur emploi les quatre principaux d'entre eux qui taxent les livres, et qui veillent ainsi à ce que nul autre à Paris ne taxe un livre au delà de quatre deniers, comme il a été statué plus au long dans nos précédents règlements, nous avons pris de là occasion, pour apporter un remède aux choses ci-dessus énoncées, de convoquer lesdits libraires et stationnaires devant notre assemblée générale, qui se tient solennellement et selon l'usage le jour de Saint-Mathurin, le sixième jour d'octobre de l'an du Seigneur 1342. Là, nous avons fait jurer à chacun d'eux, la main sur les saints Évangiles, d'observer ce qui suit, en tant que cela se rapporte à son office. Premièrement, les libraires devront recevoir, garder, exposer et vendre fidèlement les livres destinés à la vente. — *Item* ils ne supprimeront pas et ne cacheront pas les livres à vendre, mais les exhiberont toujours en temps et lieu convenables, quand on les leur demandera. — *Item* lorsqu'ils en seront priés ou requis par un vendeur, ils devront, moyennant salaire, estimer le livre qui leur sera présenté, et dire loyalement combien ils pensent que ce livre pourrait être vendu, comme s'ils voulaient l'acheter eux-mêmes. — *Item* sur la demande du vendeur, ils mettront dans un endroit patent du livre à vendre le prix de ce livre et le nom de son auteur. — *Item* quand ils auront vendu les livres, ils ne les livreront pas complétement à l'acheteur, et n'en recevront pas le prix, avant d'en avoir averti le vendeur et d'avoir

fraude et mendacio dicent veritatem. — *Item* quòd nullus librarius librum venalem expositum ab alio librario, magistro vel scholari Parisiensi emat, nisi primitùs fuerit portatus publicè per quatuor dies in Sermonibus apud Fratres (prædicatores) et venditioni expositus, et ostensus petentibus, omni fraude amotâ; ita tamen quod si scholaris vel magister compulsus necessitate propter recessum, vel aliàs non possent tantùm expectare, de consensu rectoris Universitatis, qui pro tempore erit, magister vel scholaris poterunt vendere libros, factâ fide de consensu rectoris per signetum, librarii poterunt emere libros sine hoc quòd in Sermonibus asportentur. — *Item* quòd nullus intromittet se de taxatione librorum quoquo modo, nisi vocatus per aliquem de principalibus juratis. — *Item* quòd ratione libri vel librorum a venditore magistro, vel scholari nihil exigent, nec ab emptore acta studente Parisiùs, ultra quatuor denarios de librâ, et ab extraneis sex denarios. — *Item* quòd nullum pactum facient per se, vel per alium, directe, vel indirecte de vino recipient, ultra illud quod áb Universitate est taxatum, nec occasione majoris vel minoris pretii pro eorum librorum vino venditio differatur quoquo modo. — *Item* de stationariis, quòd exempla quæ habent sunt vera et correcta pro posse. — *Item* quòd pro exemplaribus ultra id quod ab Universitate taxatum est non exigent à magistris vel scholaribus. — *Item* quòd pro exemplaribus ab Universitate non taxatis ultra justum et moderatum salarium non exigent. — *Item* quòd non attentabunt aliquid doli vel fraudis circa officium suum, unde possit studentibus aliquod detrimentum evenire. — *Item* quòd quilibet habeat tabulam de pergameno, scriptam in bonâ litterâ et patente positâ ad fenestram in quâ scripta sint omnia exemplaria quibus utitur, et quæ ipse habet cum pretio taxationis eorum. — *Item* si habeant aliqua exemplaria non taxata, ea non communicabunt, donec dictæ Universitati oblata fuerint vel taxata. — *Item* quòd ipsi librorum utilium pro studio cujuscunque Facultatis exemplaria prout meliùs et citiùs poterunt, procurabunt ad commodum studentium, et stationariorum utilitatem. — *Item* quòd si contingat quod habeant exemplaria nova, ea non communicabunt nec pro se ipsis, nec pro aliis, donec fuerint approbata per Universitatem, correcta et taxata. — *Item* quòd non vendent seu alienabunt exemplaria sua sine consensu Universitatis. Si vero stationarii contra prænominatos articulos, vel aliquem eorum aliquid attentare præsumpserint, seu contravenerint, a suo officio sit ille, qui hoc fecerit alienus penitùs, et privatus usque ad satisfactionem condignam, et revocationem Universitatis. Nomina vero librariorum et stationariorum qui juraverunt hæc, sunt : Thomas de Senonis, Nicolaüs de Branchiis, Joannes Vachet, Joannes Parvi Anglicus, Guillelmus de Aurelianis, Robertus Scoti, Joannes dictus *prestre Jean*, Joannes Ponitou, Nicolaus Tuel, Gauffridus le Cauchois, Henricus de Cornubiâ, Henricus de Nennane, Joannes Magni, Conrardus Alemannus, Gilbertus de Hollandiâ, Joannes de Fonte, Thomas Anglicus, Ricardus de Montbaston, Ebertus. dictus du Martray; Ivo Graal, Guillelmus, dictus le Bourguignon; Matthæus le Vavassor, Guillelmus de Caprosiâ, Ivo, dictus le Breton; Simon, dictus l'Escholier; Joannes, dictus le Normant; Michaël de Vacqueriâ, et Guillelmus Herberti. Et pro

obtenu son consentement, pour qu'il puisse venir toucher ce prix, s'il lui plaît, et prendre copie du livre à sa fantaisie. — *Item* touchant le prix offert pour le livre, ils diront la vérité pure et simple, sans fraude ni mensonge. — *Item* aucun libraire n'achètera un livre à vendre, soit à un autre libraire, soit à un maître, soit à un écolier de Paris, avant de l'avoir porté préalablement dans la salle des Sermons des Frères (*prêcheurs*) et de l'y avoir laissé exposé quatre jours aux yeux de tous, et cela sans fraude. Si toutefois le maître ou l'écolier, pressé par les exigences d'un départ ou autrement, ne pouvaient attendre si longtemps, ils pourront, par le consentement signé du recteur de l'Université, vendre leur livre, et le libraire l'acheter sans qu'il ait été exposé à la salle des Sermons. — *Item* personne ne se permettra de taxer un livre, s'il n'y a été autorisé par l'un des principaux libraires jurés. — *Item* ils ne devront pas, pour la vente des livres, exiger du vendeur et de l'acheteur, s'ils sont maîtres ou écoliers à Paris, plus de quatre deniers par livre, et si ce sont des étrangers, plus de six deniers. — *Item* ils ne feront par eux-mêmes, ou par tout autre, aucune convention pour des pots-de-vin au delà de ce qui a été fixé par l'Université, et ce pot-de-vin ne sera pour rien dans le prix moindre ou plus élevé du livre. — *Item* les *stationnaires* ne tiendront que des exemplaires aussi corrects que possible. — *Item* ils n'exigeront des maîtres et des écoliers rien au delà de la taxe fixée par l'Université. — *Item* ils ne tenteront rien dans leur office qui sente le dol ou la fraude et soit dommageable aux écoliers. — *Item* chacun d'eux placera à sa fenêtre une tablette de parchemin écrite en caractères nets et lisibles, sur laquelle seront indiqués tous les exemplaires qu'il possède, avec le prix de la taxe pour chacun. — *Item* s'ils ont quelques exemplaires non taxés, ils ne les communiqueront à personne sans les avoir offerts à l'Université, ou les avoir fait taxer. — *Item* ils se procureront le plus promptement et au meilleur marché possible, pour l'usage des écoliers et la commodité des *stationnaires*, les exemplaires des livres nécessaires aux classes de chaque Faculté. — *Item* s'il arrivait qu'ils eussent des exemplaires nouveaux, ils ne les mettraient en usage ni pour eux, ni pour les autres, avant que l'Université ne les ait approuvés, corrigés et taxés. — *Item* ils ne vendront ni n'aliéneront aucun de leurs exemplaires sans le consentement de l'Université. — Si pourtant quelqu'un des stationnaires faisait quelque chose qui fût contraire au présent statut ou à quelques-uns de ses articles, il serait privé complétement de son office jusqu'à ce qu'il eût donné juste satisfaction et qu'il eût été relevé de son interdiction par l'Université. Les libraires et les *stationnaires* qui ont juré d'observer ce règlement sont : Thomas de Sens, Nicolas des Branches, Jean Vachet, Jean du Petit l'Anglois, Guillaume d'Orléans, Robert Scot, Jean, dit *prestre Jean*; Jean Poniton, Nicolas Tuel, Geoffroi le Cauchois, Henri de Cornouille, Henri de Nennane, Jean Magni, Conrard l'Allemand, Gilbert de Hollande, Jean de la Fontaine, Thomas l'Anglois, Richard de Montbaston, Ebert, dit du Martray; Ivon Graal, Guillaume, dit le Bourguignon; Matthieu Levavasseur, Guillaume de Capri, Ivon, dit le Breton; Simon, dit l'Écolier; Jean, dit le Normand; Michel de la Vacherie, et

isto anno præsenti elegimus in quatuor principales librarios taxatores librorum : Joann. de Fonte, Ivonem dictum Greal, Joann. Vachet, et Alanum Britonem. Ità quòd istis quatuor duntaxat liceat libros taxare, vel saltem duobus ipsorum præsentibus, et taxantibus, etc. Et etiam isti quatuor deputati inquirant, si aliquis non juratus utatur officio librarii, vel stationarii, et habeant potestatem capiendi pignora non juratorum utentium officiis prædictis, et ea præsentare in primâ congregatione generali, coram Universitate, etc. Et non liceat aliis librariis non principalibus taxare libros quoquò modo, nobis potestatem reservantes de aliis quatuor pro annis pro anno futuro eligendis si nobis placuerit. Quibus sic actis, nos omnes et singulos juratos nostros benignè admisimus ad officia prædicta exercenda, volentes ipsos, et eorum quemlibet tanquam fideles nostros nostris gaudere privilegiis, libertatibus et immunitatibus, sic et prout decet ipsos in futurum sub protectione nostrâ per præsentes reponendo. In cujus rei testimonium his præsentibus litteris sigillum Universitatis est appensum. Datum anno Domini 1342, die 6 octobris. »

Guillaume Hébert. Et pour cette présente année, nous avons choisi pour libraires principaux et taxateurs des livres : Jean de la Fontaine, Ivon dit Gréal, Jean Vachet et Alain le Breton, auxquels seuls nous donnons le droit de taxer les livres, en permettant même que deux d'entre eux suffisent pour établir cette taxe. Ces quatre libraires sont encore délégués par nous à l'effet de s'enquérir si quelqu'un, n'étant pas juré, exerce la profession de libraire ou de *stationnaire*, et nous leur donnons le droit de prélever sur ces libraires non jurés des gages qu'ils présenteront à la première assemblée générale de l'Université. Tout libraire, autre que les quatre principaux, n'aura en aucune façon le droit de taxer les livres, et nous nous réservons la faculté d'en élire quatre nouveaux chaque année si cela nous convient. Cela étant ainsi réglé, nous avons admis tous les libraires jurés à l'exercice de leur profession avec jouissance entière de nos priviléges, libertés et immunités, sous notre protection garantie par les présentes. En foi de quoi nous avons apposé sur les présentes lettres le cachet de l'Université. Donné l'an du Seigneur 1342, le 6 octobre. »

Ce règlement, où l'Université se montre si hautement en possession du droit de créer seule les libraires et de les administrer souverainement, fut confirmé par des lettres de Charles VI, le 20 juin 1411. Il y est dit expressément :

« De la partie de notre très chère et très amée fille de l'Université de Paris, nous a été exposé en complaignant, que jaçoit que (*quoique*) par les privilèges par nos predecesseurs et nous à notredite fille donnez et octroyez, et autrement düement à icelle notredite fille, et non à autre, compète et appartient de mettre et instituer tous les libraires vendans et achetans livres soit en françois ou en latin, en notre dite ville de Paris, et d'iceux libraires recevoir le serment en tel cas accoutumé, et après ledit serment ainsi reçu, iceux libraires ainsi jurez, examinez et approuvez, et non autres, peuvent acheter tous livres tant en françois qu'en latin et les vendre......... Pour ce est-il, que nous mandons et étroitement enjoignons..... que nul ne soit si osé ni si hardi que dudit fait de librairie, ne de vendre, ne acheter pour revendre livres aucuns, soit en françois ou en latin, ne aucun d'eux, se entremette aucunement doresnavant, sur peine d'amende volontaire à nous et de perdre lesdits livres qui trouvez seront en leur puissance, senon premièrement et avant tout œuvre, ils aient été ou soient duement examinés par notredite fille l'Université de Paris et jurez en icelle, et que, de ce faire, ils aient de notre dite fille lettre de congé et licence. »

Dans le statut de l'Université, et dans ces lettres royales qui le sanctionnent, rien n'est omis de ce qui touche à l'organisation de la Librairie au moyen âge; mais ce qui en ressort le mieux, c'est la preuve de la haute police exercée par l'Université sur les libraires, de la censure sévère qu'elle se réservait sur les livres. Par combien d'examens, d'approbations, d'expositions, de corrections doit passer un manuscrit avant de pouvoir circuler! Il faut que l'Université en corps lui donne le droit de vivre, et cette formalité remplie, chacun des universitaires en particulier peut encore, pendant qu'il est exposé, comme au pilori, dans la salle des Frères prêcheurs, venir le censurer et lui retirer le droit de paraître. Cette exposition était-elle faite, comme on l'a prétendu, afin de livrer mieux un manuscrit au choix des maîtres et des élèves, avant que la vente publique commençât ? Nous ne le croyons pas : nous y voyons plutôt un dernier mode, un dernier raffinement de censure scolastique. Aussi, tous les livres ne s'échappaient-ils pas sains et saufs de cette inquisition persévérante ; plus d'un n'y laissa que ses cendres. On emprisonnait l'auteur et on brûlait le livre ; ce qui était moins rigoureux encore que la loi romaine, qui condamnait à mort non-seulement l'auteur et l'acheteur, mais celui qui trouvait le livre par hasard, et ne le brûlait pas. « En 1328, dit

Recteur et *Docteur* de l'Université de Paris. Fac-simile d'une miniature de la *Cité de Dieu*, ms. de la Bibl. Nat. de Paris.

la Chronique Messine, furent condamnés du pape Jean XXII, deux clercs qui avaient composé ung livre plain de mauvaises erreurs en huit livres. Ils s'efforçoient de prouver que l'empereur pouvoit corrigiere, mettre et deposer le pape selon sa volonté, et que les biens de l'Eglise sont à la voulenté de l'empereur du tout. » Souvent le parlement intervenait et confirmait par un arrêt les censures de l'Université. Le 17 juillet 1406, il supprima ainsi un libelle publié sous le titre de *Lettres de l'Université de Toulouse;* et le 29 juillet 1413, il condamna de même au feu un écrit du cordelier Jean Petit. Ces quelques exemples suffisent pour prouver que la censure est plus vieille que l'Imprimerie, et que M. Leber a eu raison d'écrire : « Non-seulement la presse n'a jamais été libre en France, dans l'acception actuelle de cette épithète, mais les conditions d'ordre public mises à la liberté d'écrire et de répandre la pensée ont précédé son existence de plusieurs siècles. »

Après la censure universitaire venait la taxe, autre sauvegarde de l'Université, mais seulement contre les libraires, et juste pour cela même, le monopole que l'Université leur accordait devant être restreint, et l'acheteur devant être garanti par un tarif légal contre les exagérations des prix arbitraires. Chevillier nous a donné, d'après le 75e feuillet du *Livre rectoral*, une liste curieuse de quelques ouvrages taxés par les quatre libraires, choisis chaque année, à cet effet, par l'Université. Nous reproduisons le titre de quelques-uns de ces livres avec le chiffre de leur taxation :

Le livre des *Homélies* de saint Grégoire, 28 feuillets, taxé 18 deniers.

Le livre des *Sacrements*, de Hugues de Saint-Victor, 240 feuillets, 3 sols.

Le livre des *Confessions* d'Augustin, 21 feuillets, 4 deniers.

Le livre des *Homélies* d'Augustin, sur la pénitence, 9 feuillets, 6 deniers.

La *Somme*, de Thomas d'Aquin, sur la théologie, premier livre, 56 feuillets, 3 sols.

L'*Apparat des décrets*, 6 sols.

La *Somme de Hugues*, 8 sols.

Le *Texte d'Infortiat*, 4 sols.

Comme compensation de la dépendance sous laquelle l'Université tenait ainsi les libraires, sans même leur laisser la faculté de fixer à leur gré le prix de leurs livres, ils avaient obtenu, ainsi que le Règlement le mentionne, tous les titres et qualités des suppôts de l'Université, tous les droits des officiers de ce corps savant. Ils avaient pour seul juge, pour conservateur de leurs priviléges, le prévôt de Paris. Le grand scel de la prévôté était même apposé en cire rouge sur le parchemin de leur *caution*. Ils étaient exempts de tous péages, aides et impositions; ils avaient même été dispensés du *guet* ou *garde assise*, par l'ordonnance du 5 novembre 1368. Enfin, quand venaient les grandes fêtes de l'Université présidées par le recteur lui-même, ils étaient convoqués dans l'église des Mathurins, et là appelés à haute voix pour prendre rang dans la procession générale avec tous les autres ordres du corps universitaire. Ils y marchaient en compagnie des écrivains, des relieurs, des parcheminiers, sous la bannière de saint Jean-Porte-Latine; car c'était là le patron de leur choix, sans doute à cause de la dernière partie de son nom qui avait flatté ces vendeurs de livres latins. Des arrêts royaux confirmèrent ce choix. Une ordonnance de 1572 et une autre de 1618 enjoignirent même aux libraires de ne point ouvrir leur boutique le jour de la fête de leur patron, « à peine de confiscation de ce qui se trouvera, et d'amende arbitraire. »

Les libraires, pour être mieux à proximité des écoles qui faisaient leur plus ordinaire clientèle, habitaient presque tous, au moyen âge, la Cité, ou bien le quartier Saint-Jacques, où nous voyons encore aujourd'hui la plupart des librairies classiques. Sur huit libraires que nous trouvons nommés, avec l'indication de leur demeure, dans le *Livre de la Taille* de 1292, sept habitent ces quartiers.

Nous en trouvons trois dans la rue neuve Notre-Dame, sans doute à cause du voisinage du cloître et de l'école cathédrale ; ce sont : Agnien *le libraire*, Jehan Blondel, et Poncet. Tout près, dans la rue de la Lanterne, était Pierre Le Normant, *marchéant de livres*. Dans la rue Froid-Mantel, tout près du cimetière Saint-Benoît, c'était Gefroy *le libraire ;* dans la rue de la Boucherie, Aigne ; enfin, encore tout près de Notre-Dame, dans la ruelle aux Coulons, aujourd'hui disparue, Guérin l'Englois, *vendeur de livres*.

Le *Livre de la Taille* de 1313, où il y a aussi plusieurs libraires nommés, nous les montre dans les mêmes rues. On y trouve, de plus que dans la Taille de 1292, l'indication de ceux qui étaient *taverniers*, c'est-à-dire qui tenaient boutique (*taberna*) : ainsi, Thomas de Sens, le même qui comparaît dans le statut de 1342, *libraire et tavernier ;* et dans la rue Froid-Mantel, Nicolas l'Anglois, *libriaire* (sic) *et tavernier*. Ces vendeurs de livres en boutique sont, sans aucun doute, ceux que le Règlement universitaire appelle *stationnaires*, c'est-à-dire ayant étalage de livres et tenant cette sorte d'entrepôt que les Latins appelaient *statio*, selon Crevier. Les bouquinistes anglais en ont gardé le nom de *stationners*. Les autres libraires, dont le nom n'est pas suivi de la qualification de *taverniers*, étaient, ainsi que nous l'avons dit déjà, de simples courtiers de librairie, s'entremettant entre le vendeur et l'acheteur, et prélevant leur prix de courtage suivant le tarif fixé par le Règlement. Or, ce prix était bien minime, quatre deniers pour les étudiants, et six pour les étrangers ; restait, il est vrai, le pot-de-vin que le statut n'a garde d'oublier, sans toutefois le restreindre. Mais c'était un bénéfice éventuel, que les libraires ne trouvaient sans doute que dans la vente de livres importants, de manuscrits historiés, et non pas dans celle de ces livrets usuels qui faisaient presque tout leur achalandage.

Écriture française (XIVᵉ siècle), fragment d'une traduction de l'*Histoire romaine* de Valère Maxime (Bibl. Nat. de Paris).

Ces livrets, nous l'avons déjà fait voir, étaient d'un prix assez modique ; pour que l'acquisition en fût accessible à tous, on les faisait d'une taille microscopique. Monteil parle de psautiers, petits comme la paume de la main, et qui, grâce à leur dimension, ne se vendaient pas plus d'un sou. Les plus usuels, tels que les traités de logique de Boëce, d'après Aristote, contenant les *Catégories*, le livre *Peri Ermenias*, les *Analytica priora* et *posteriora*, les *Topiques*, les *de Sophisticis elenchis*, étaient, par un contre-sens physique dont s'accommodait mal la vue du maître et de l'étudiant, ceux qu'on faisait copier avec l'écriture la plus fine et la plus abrégée : c'est de la sténographie microscopique. Le bon marché à atteindre était la seule cause de ce singulier procédé, qui se perpétua dans les livres même après l'invention de l'Imprimerie. Jansen en donne une preuve curieuse : « Dans une chronique imprimée à Lubeck en 1475, sous le titre de *Rudimentum novitiorum*, dit-il, il est écrit qu'on y a adopté les abréviations afin de pouvoir réduire tout l'ouvrage en un seul volume et en rendre par là l'acquisition plus facile. »

Ce n'était pas, nous le répétons, sur des livres si économiquement fabriqués, que le libraire pouvait faire de gros profits ; il se retirait mieux, pour parler la langue commerciale, sur les livres surchargés de peintures et d'ornements, même sur les volumes moins somptueux, tenant le milieu entre les simples manuels et les manuscrits à miniature, et dont le prix, selon M. Daunou, pouvait équivaloir à celui des choses qui coûteraient aujourd'hui quatre à cinq cents francs.

Quand un libraire vendait de tels livres, il se mettait en frais de garanties pour l'acheteur, il allait jusqu'à hypothéquer ses biens, et jusqu'à donner pour caution sa propre personne. Ainsi, en 1332, Geoffroy de Saint-Léger, l'un des clercs libraires, et qualifié tel, « confesse avoir vendu et transporté, sous l'hypothèque de tous ses biens et garantie de son corps même, un livre intitulé *Speculum historiale in consuetudine parisiense*, divisé et relié en quatre tomes, couvert de cuir rouge, à noble homme messire Gérard de Montagu, avocat du roi au parlement, la somme de 400 livres parisis, dont ledit libraire se tient pour content et bien payé. »

Nous joindrons ici deux autres pièces pour montrer mieux comment et avec quelles formalités se vendaient les livres de cette valeur. La première est une quittance du libraire Jehan Bonhomme au trésorier de Pierre de Bourbon, mari d'Anne de Beaujeu, pour sûreté de la vente d'un exemplaire de la *Cité de Dieu*, par Raoul de Presles, 2 vol. in-fol. maximo ; l'autre est un ordre de Louis d'Orléans, du 9 septembre 1394, pour qu'il soit payé par son trésorier, à Olivier de Lempire, aussi libraire, le prix de plusieurs volumes dont la pièce donne le détail :

« Je, Jehan Bonhomme, libraire de l'Université de Paris, confesse avoir vendu à honorable homme et saige Jehan Cueillette, conseiller de Mons. de Beaujeu, ce présent livre de la *Cité de Dieu*, contenant deux volumes, et la lui promets garantir envers tous et contre tous, témoing mon saing manuel, cy mis le premier jour de mars mil iiiie iiii^{xx} et sept. — BONHOMME. »

« Loys, fils de roy de France, duc d'Orléans, conte de Valoiz et de Beaumont, à notre amé et féal trésorier Jehan Poulain, salutz et délection. Nous voulons et nous mandons que des deniers de nos finances, vous paiez à maistre Olivier de Lempire, libraire, demeurant à Paris, la somme de deux cent quarante escutz d'or, en quoy nous lui sommes tenuz. C'est assavoir pour une *Bible en latin*, couverte de cuir rouge à quatre fermaux doréz esmailléz, et un aultre livre, couvert semblablement de rouge, auquel sont les *romans de Boesce de Conso-lation*, le *Jeu des Eschès* et autres romans, lesquels nous avons achatez ensemble de lui, le prix et somme de iie escus. Et pour un *Bréviaire à l'usage de Paris*, que nous avons semblablement achatez de lui xl escuz, lesquels livres nous avons euz et receuz dudit maistre Olivier, et yceulx retenuz et mis par devers nous pour en faire notre plaisir et volonté, et par rapportant ces présentes tant seulement avec lettre de recongnoissance sinée; ladite somme sera allouée en vos comptes, etc., etc., le ix jour de septembre l'an mil ccc iiii^{xx} et quatorze. Par Mons. le duc, HUNIGANT. »

Le louage des livres était encore une des branches du commerce de la Librairie, et ce ne devait pas être la moins importante. Il se trouvait alors, vu le prix des manuscrits, plus de lecteurs que d'acheteurs, plus de gens en état de dépenser de longues heures pour lire et copier un livre, que de riches amateurs prêts à en donner le prix. Quand on aimait les livres à cette époque, et qu'on n'avait point une fortune suffisante pour satisfaire sa passion, une ressource restait, on louait le manuscrit désiré et on le copiait; plus d'un savant ne se fit pas autre-ment une bibliothèque. Un poëte allemand du quatorzième siècle, Hugo de Tim-berg, avait satisfait de cette façon sa bibliomanie : « Je suis, dit-il, possesseur d'une bibliothèque de deux cents volumes, dont douze écrits de ma main, cinq en latin, sept en allemand. »

Ce louage et cette copie des manuscrits loués était chose licite; l'Université l'avait autorisé par son statut de 1323 : « Aucun libraire, y est-il dit, ne refu-sera les exemplaires d'un livre à quelqu'un qui voudra le transcrire, moyennant honnête rétribution et satisfaction aux règlements de l'Université. Aucun libraire ne louera ses livres plus cher qu'il n'aura été fixé par l'Université; aucun libraire ne louera un livre, avant qu'il n'ait été corrigé et taxé par l'Université. »

Le gain que les libraires retiraient de la vente et du louage des livres ne semble pourtant pas avoir été considérable; il paraît même qu'il n'était pas suffi-sant pour les faire vivre; car le plus grand nombre étaient obligés d'ajouter à ce commerce une autre industrie. On se faisait libraire pour jouir des immunités attachées à ce titre; mais, pour vivre, on prenait un autre métier. L'Université s'opposa de toutes ses forces à ce cumul; le 19 juin 1456, elle se réunit en assemblée générale pour le défendre : « On y admonesta, dit le procès-verbal de cette réunion, les libraires qui ne tenaient pas dignement leur office, et surtout ceux qui se mêlaient de métiers vils (*ministeriis vilibus*). » Une déclaration du mois d'avril 1485 fut plus indulgente. Elle permet que les 24 libraires de l'Université, *ne trouvant point d'ouvrouer à vendre livres,* cumulent avec leur commerce les fonctions de praticiens, notaires, ou divers autres états, « ce qui n'empêche pas de les tenir francs et quittes de taille. »

Mais le plus souvent ils ne s'élevaient pas jusqu'à la haute fonction de notaire; quoiqu'ils fussent de toute nécessité quelque peu lettrés et *congrus en langue latine,* ils s'abaissaient à des professions manuelles : les uns étaient *ferrons,* merciers, pelletiers, comme l'édit de 1411 cité plus haut leur en fait vertement reproche; les autres tenaient librairie, pendant que leur femme, au même ouvroir sans doute, vendait de la friperie. Ainsi, nous voyons, suivant le livre de la Taille de 1313, figurer sur le Petit-Pont, Thomas de Mante, *libraire, et sa femme, fripière.* Jacques Jehan, qui vendit en 1396, au duc Louis d'Orléans de si admirables livres moyennant « soixante escus deux livres, » était épicier et bourgeois de Paris. Quelques-uns pourtant ne cherchaient point leur vivre si loin de leur vrai métier; ils se faisaient *vendoyeurs de parchemin, copistes* et surtout *relieurs,* comme ce Simon Millon, qui, prêtant serment au recteur le 3 septembre 1388, jura qu'il était vrai libraire et relieur, du nombre des jurés de l'Université : « *Verus librarius et librorum ligator juratus et de numero juratorum Universitatis.* »

Prendre comme métiers accessoires ceux de relieur, de parchemineur ou d'écrivain, ce n'était pas, pour un libraire, sortir de la corporation dont, comme nous l'avons dit, le Livre était l'objet exclusif; c'était rester dans la légalité universitaire.

La profession de relieur, qui était celle que les libraires adjoignaient assez volontiers à leur commerce, comme on en a une preuve par l'acte de réception du libraire Simon Millon le 3 septembre 1388, fut utilement cultivée pendant tout le moyen âge.

1. La Communauté des Maîtres Écrivains d'Autun, réunie à celle des Maîtres d'École de la même ville.
« D'azur à trois fasces d'argent. »

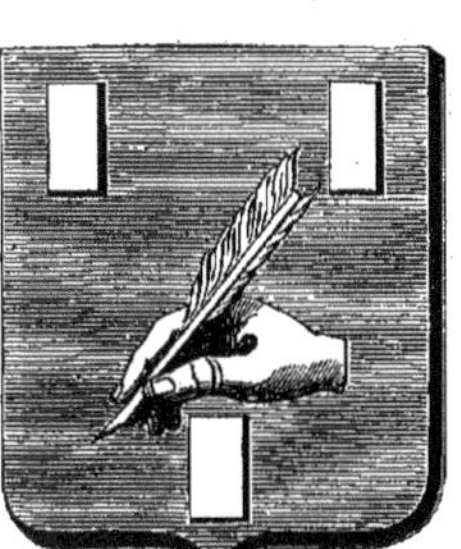

2. La Communauté des Écrivains de Bordeaux.
« D'azur à une main de carnation tenant dans ses doigts une plume à écrire d'argent accompagnée de trois billettes de même, deux en chef et une en pointe. »

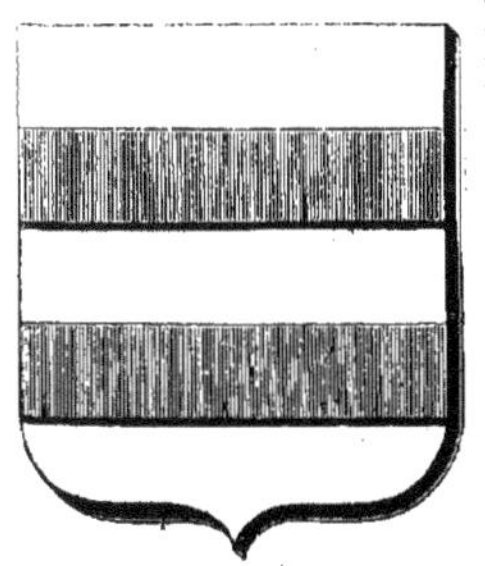

3. La Communauté des Écrivains de Châlons, réunie à celle des Maîtres d'École de la même vill .
« D'argent à deux fasces de gueules. »

Le Livre était chose trop précieuse alors pour qu'on ne l'entourât pas de tous les moyens de conservation, et la reliure est une de ses meilleures garanties de durée. Celle qu'on façonnait alors était d'une solidité plus impérissable que les nôtres. Des ais de bois recouverts d'un cuir épais en étaient la base ordinaire; encore, les bardait-on le plus souvent de bandes de métal et les garnissait-on de fermoirs, en or pour les livres précieux, en laiton pour ceux d'un prix moins élevé. Ce qu'il fut employé de peaux de daim et de bœuf au moyen âge pour la seule reliure des livres, est incalculable. Geoffroy Martel, comte d'Anjou, au neuvième siècle, avait ordonné qu'on consacrât à ce seul usage, et au profit de la bibliothèque du monastère qu'il avait fondé à Saintes, la dîme de peaux de biche que lui devait l'île d'Oléron. Charlemagne n'avait accordé à l'abbé de Saint-Bertin un diplôme de chasse très-étendu, qu'à la condition que les peaux du gibier tué seraient employées à la reliure des livres de son abbaye; et le comte de Nevers, après avoir visité les Chartreux de Grenoble, leur envoya des cuirs de bœuf et des parchemins pour leurs livres, pensant, selon Guibert de Nogent, que c'était le présent le plus agréable qu'on pût leur faire.

C'est le cuir blanc ou vermeil qu'on employait de préférence pour les livres de prix. On trouvait dans la bibliothèque du duc d'Orléans, dont M. Leroux de Lincy a donné le catalogue, « le livre de Végèce de Chevalerie, en françois, lettre de forme, sans histoire, *couvert de cuir rouge marqueté*, à deux petits fermoirs de cuivre; » et dans l'inventaire de la succession du duc de Berry, il est parlé de livres revêtus en *chamois coloré*. Pour les livres d'un plus haut prix encore, pour les manuscrits de luxe, les relieurs employaient le velours, *veluel* ou *veluyau*, et les *draps* de soie, de satin et de damas teints le plus souvent de couleurs vermeilles, semés de fleurs, brodés en or, ou bien enrichis de perles. Dans les bibliothèques princières, telles que celle du duc de Berry, on trouvait des livres dont chaque battant était une lame d'ivoire sculpté, ou même d'argent ou d'or ciselé et rehaussé de diamants. Pour consolider ces

4. *La Communauté des Écrivains de Chartres, réunie à celle des Libraires de la même ville.*

« Tiercé en fasce d'argent, de sinople et de vair. »

5. *La Communauté des Écrivains de Dijon, réunie à celle des Maîtres d'École de la même ville.*

« D'or à quatre fasces de sinople. »

6. *La Communauté des Écrivains de Soissons, réunie à celle des Libraires de la même ville.*

« D'or à un livre ouvert d'argent, accompagné en pointe de trois plumes coupées à écrire de même, posées en barres, deux en chef et une en pointe. »

reliures, on les garnissait de larges clous de cuivre ou d'or, suivant le prix du livre. Nous trouvons, dans le Compte des dépenses de l'hôtel de Charles VI pour l'année 1404, l'article suivant : « Pour avoir relié le livre de la chapelle du roy, appelé le *Livre des Veritez*, et avoir couvert ycelui de cuir de cerf et mis dix clous larges de laiton... XXXVI s. p. » Mais les fermoirs, qu'on appelait indifféremment *fermoyes, fermaux, fermouers,* étaient surtout un accessoire ordinaire et indispensable. Ils étaient en or, en vermeil, en argent, en cuivre et même en fer, et leur nombre pour un livre variait depuis un jusqu'à quatre. Ils étaient généralement émaillés et *armoriés aux armes* du seigneur à qui le livre appartenait ; quelquefois même, ils étaient ornés de figures. Dans l'Inventaire de la bibliothèque des ducs de Bourgogne, fait en 1405, il est fait mention d'un livre « où y a à chascun fermouer ung prophète esmaillé. » Pour des volumes moindres de prix et de format, on se contentait de *mordans* (agrafes) qui se joignaient aux *pipes* (boutons de métal) placés sur la couverture. Quand un livre devait recevoir l'ornement de ces riches fermoirs, c'est l'orfévre, et non le relieur, qui y mettait la dernière main. Une quittance conservée à la Bibliothèque du Louvre prouve, par des détails curieux, cette participation de l'orfévre dans la reliure des livres à fermoirs : « Josset d'Esture, orfévre, demourant à Paris, confesse avoir eu et receu de Denis Mariete, argentier de monseigneur le duc d'Orléans, la somme de quatre vins trois francs quinze sols quatre deniers tournois, qui dus lui estoient pour vint paires de *fermouers d'argent dorez et esmaillez aux armes de mondit seigneur,* qu'il a faites et delivrez pour vint des livres de la librayrie de mondit seigneur, pesans en somme six marcs une once dix esterlins d'argent et six frans quinze sols tournois, le marc valent quarante-un frans quinze sols quatre deniers tournois ; pour la façon d'iceulx, pour dorer et esmaillér, trente huit frans dix sols tournois, et pour tissus de soye pour yceulx fermouers, trois frans dix sols tournois : lesquelles parties font ladite somme de

7. *La Communauté des Écrivains de Pont-Audemer.*
« De sable à trois mains de carnation, tenant chacune une plume à écrire d'argent, posées deux et une. »

8. *La Communauté des Écrivains de Rouen.*
« De gueules semé de billettes d'argent, à une main destre de carnation, tenant une plume à écrire d'argent. »

9. *La Communauté des Parcheminiers d'Alençon, réunie à celles des Mégissiers, des Tanneurs et des Corroyeurs de la même ville.*
« De sable à deux couteaux de tanneur d'argent emmanchés d'or passés en sautoir, accompagnés en chef d'une toison d'argent, et en pointe d'un fer de parcheminier de même emmanché d'or. »

5

quatre vins trois frans quinze sols quatre deniers tournois, de laquelle, etc.

10. *La Communauté des Parcheminiers d'Argentan, réunie à celles des Corroyeurs et des Pelletiers de la même ville.*
« D'azur à deux couteaux d'argent emmanchés d'or et passés en sautoir. »

11. *La Communauté des Parcheminiers de Bordeaux, réunie à celle des Tanneurs de la même ville.*
« De sable à deux couteaux de tanneur d'argent emmanchés d'or et passés en sautoir. »

12. *La Communauté des Parcheminiers de Bourges, réunie à celles des Corroyeurs, des Pelletiers et des Tanneurs de la même ville.*
« D'azur à deux couteaux à revers d'argent emmanchés d'or et passés en sautoir, accompagnés en chef et en pointe de deux lunettes de même, et aux flancs de deux mouchetures d'hermine d'argent. »

Fait l'an mil ccc iiij^{xx} et dix sept, le mardi, dixiesme jour de juillet. » L'aspect d'un livre, ainsi ornementé de fermoirs, était des plus somptueux. On en jugera par la description poétique que Skelton, poëte anglais du seizième siècle, a laissée d'un de ceux qui l'avaient le plus émerveillé : « Les fermoirs brillaient ; la marge était toute sillonnée de filets d'or et peinte de diverses manières ; on y avait représenté des guêpes, des papillons, des plantes, des fleurs. Un homme malade aurait recouvré la santé en voyant cette belle reliûre, ce beau livre couvert d'or et de soie : ces fermoirs d'argent fin valaient mille livres ; la vignette était éclatante de pierres précieuses et d'escarboucles, et chaque autre ligne d'*aurum mosaïcum*. » De riches étuis, qu'on appelait *tirouers*, et qui étaient eux-mêmes faits d'étoffe de soie ou de cuir ouvré, ornés de broderies et de perles, recevaient ces beaux livres et les protégeaient ; puis, non content de les préserver ainsi contre toute dégradation, on les renfermait dans des coffres de cuir ou de bois de senteur. Si le manuscrit, une fois relié, devait, pour les besoins des études ou des offices, être d'un usage constant, et par conséquent rester toujours en vue sur le pupitre, on l'y rendait inamovible à l'aide d'une chaîne, dont l'extrémité passait dans un anneau de fer fixé au milieu de la couverture. Le serrurier avait ainsi, comme l'orfévre, quelque chose à faire dans ces solides reliures. Les livres *enchaînés* étaient, d'ordinaire, des livres de dévotion. On lit dans l'Inventaire de l'église de Saint-Waast d'Arras, écrit en 1328 : « *Libri pertinentes ad dictam ecclesiam. Primo, de libris catenatis : unum Martyrologium coopertum de albo corio ; unum Graduale.* » Et, par un passage de l'*Histoire ecclésiastique* de Fleury, qui nous raconte comment, au cinquième siècle, un manuscrit contenant l'ancien et le nouveau Testament, et valant 18 sous d'or, avait été dérobé de l'église à laquelle l'abbé Gélase l'avait donné ; on voit quel était le haut prix des livres ainsi exposés dans les églises, et le motif pour lequel on les enchaînait.

Quand un livre était d'un prix modique, on ne prenait pas tant de soins pour le vêtir et le préserver; on se contentait d'unir ensemble les feuilles du manuscrit et de les envelopper d'une couverture de parchemin. C'était ce que nous nommons *brocher*, et ce qu'on appelait alors *lier* un livre. Le *liéeur* était l'artisan à qui revenait ce soin; il *liait*, comme son nom l'indique; puis revêtait le livre d'une couverture volante, mais il n'allait pas, que nous sachions, jusqu'à l'ornementer, *l'empreindre de fers*, le garnir de clous, de fermoirs et de *chappitules de soie aux deux bouts*, etc. Il le *liait*, enfin, et ne le reliait pas. Une quittance citée par M. Géraud à la fin du rôle de la Taille de 1313, et qui se trouve parmi les dépenses portées au chapitre intitulé « *Ce sont les mises de la recepte des morz*, » n'est point faite pour nous démentir en cela. On y lit : « Trente sous parizis payés à Allain de Vitré, *liéeur de livres*, pour avoir fait lier et couvrir trois livres. » Ce prix de trente sous pour trois volumes ne fait pas supposer une reliure plus somptueuse que celles dont, selon nous, les *liéeurs* pouvaient se charger. Pour un seul livre relié avec le soin que comportait alors une bonne reliure, il en coûtait presque le double. On va le voir par une quittance qui faisait partie de la collection des *Archives Joursanvault*. « Je, Jacques Richier, confesse avoir eu et receu de honorable homme et saige maistre Pierre Poquet, receveur des finances de madame d'Orléans, XLVIII s. p. pour avoir relié un grand livre en françois faisant mencion du roy Arthus, et garny de III ays nuefs et couvert d'un cuir vermeil et empraint de plusieurs fers, garny de X clous et de IIII fermoirs et chapitule de plusieurs soyes aux deux bous. » Ce Jacques Richier, qui n'est pas qualifié dans cette quittance, devait être un de ces *libraires-relieurs* dont nous avons déjà parlé et qui nous semblent avoir eu, au moyen âge, non-seulement le monopole des beaux livres, mais celui des belles reliures.

« En 1386, lit-on dans l'Inventaire des ducs de Bourgogne, le duc (Philippe-le-Hardi) paya à Martin Lhuillier, libraire, 16 francs

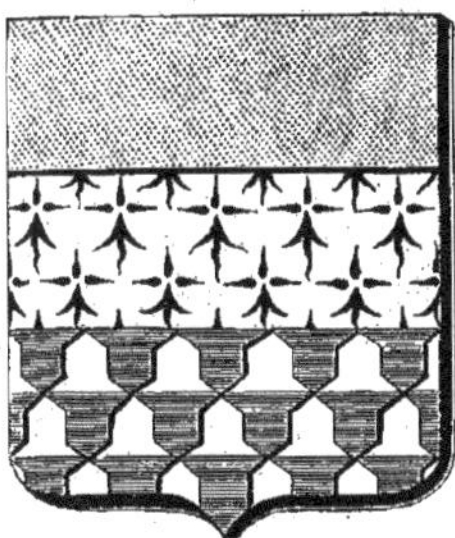

13. *La Communauté des Parcheminiers de Chartres, réunie à celles des Mégissiers, des Peigneurs et des Cardeurs de la même ville:*
« Tiercé en fasce d'or, d'hermine et de vair. »

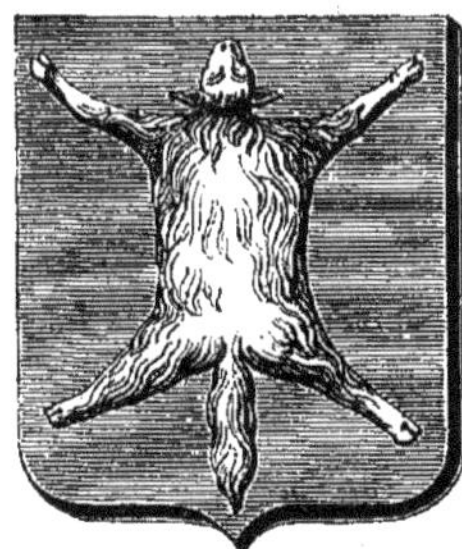

14. *La Communauté des Parcheminiers de Coutances, réunie à celle des Cordiers de la même ville.*
« D'azur à une tierce d'argent, parti de sable à une redorte de trois pièces d'or. »

15. *La Communauté des Parcheminiers de Crépy, réunie à celle des Mégissiers de la même ville.*
« D'azur à une toison d'argent étendue en fasce. »

pour couvrir viiij livres tous romans et bibles et autres livres, dont vj seront couverts de cuirs en grains. » Quelquefois, le riche amateur achetait lui-même les matières nécessaires à la reliure et les livrait au libraire; on le voit par un article du même Inventaire : « 1398. Achat de parchemin, veelin, chevrotin, froncine, 40 frans; fermeilles de cuivre, bourdons, cloux de Rouen, cloux de laton et de cuire, soye de plusieurs couleurs, pour faire chappiteaux, et cuyr de vaches pour faire tirouer, pour convertir en façon de livres, 50 fr. 2 s. » Les *liéeurs* étaient de trop pauvres hères pour faire de pareilles fournitures, et c'est ce qui nous donne à penser qu'ils en mettaient rarement en œuvre de semblables. D'après le livre de la Taille de 1292, le plus riche d'entre eux, Jehan le Flamenc, qui logeait dans la *ruele aux Coulons*, ne payait que cinq sols de taxe. Des huit autres nommés dans le même rôle, la plupart ne payaient que trois sols, deux sols, ou même seulement douze deniers, comme Denise le liéeur, que nous trouvons voisin de Jehan le Flamenc, dans la *ruele aux Coulons*. Cette petite rue, désignée en 1254 par le nom de *ruelle au chevet de sainte Geneviève la petite*, est appelée en 1300 *rue à Coulons* par Guillot, et *rue du Coulon* en 1434. Elle aboutissait à la rue Saint-Christophe et à la rue Neuve-Notre-Dame, où nous avons vu plusieurs libraires, et dans laquelle logeait aussi Nicolas *le liéeur*. Les autres gens de ce métier étaient disséminés dans d'autres quartiers plus éloignés de ce centre de la librairie : Raoul et Richard l'Englois demeuraient *rue d'Erembourze de Brie;* Guillaume, *rue de la Boucherie, près Saint-Germain-des-Prés;* Macy, *près Saint-Gervais;* et nous trouvons, *du bout de la rue Sainte-Catherine à la Hiaumerie,* Pierre le Forestier, Gambe de Coc, Robin l'Englois.

Ce dernier quartier de la rue Sainte-Catherine et de la Heaumerie, qui nous rapproche de Saint-Jacques-la-Boucherie, était habité par une classe plus opulente que celle des *liéeurs,* par les parche-miniers, qui appartiennent, eux aussi, à la grande corporation dont la fabrication

16. *La Communauté des Parcheminiers de Dijon, réunie à celle des Mégissiers de la même ville.*
« D'azur à une Sainte-Trinité d'or. »

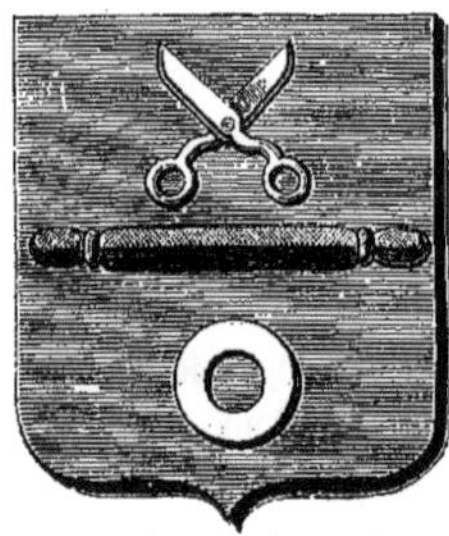

17. *La Communauté des Parcheminiers d'Issoudun, réunie à celles des Mégissiers et des Guntiers de la même ville.*
« D'azur à un couteau à revers d'or posé en fasce, accompagné en chef d'une paire de ciseaux ouverts d'argent, et en pointe d'une lunette de même. »

18. *La Communauté des Parcheminiers de Josselin, réunie à celle des Manconniers de la même ville.*
« D'azur à deux fers de parcheminier d'argent emmanchés d'or posés en pals. »

et le commerce du Livre sont l'âme et l'industrie. Une rue de ce quartier leur était particulièrement affectée, c'est celle qui commence rue des Arcis, passe par la place Saint-Jacques, finit rue de la Vieille-Monnaie, et que nous appelons *rue des Écrivains*, nom qu'elle portait déjà en 1292, mais qu'elle perdit un demi-siècle après pour prendre momentanément celui de *rue des Parcheminiers*. D'abord les libraires, les écrivains, les *vendoyeurs de parchemins*, s'en étaient partagé les maisons; et ne sachant, dans cette confusion de noms de métiers, lequel choisir pour la désigner, on lui avait donné l'appellation collective de *rue Commune*. Mais au treizième siècle, les écrivains s'y étant multipliés sans doute plus que les autres, elle prit leur nom, pour le quitter, comme nous l'avons déjà dit, vers 1340, et adopter celui des parcheminiers, dont le nombre s'y trouvait alors en majorité. En 1292, en effet, nous les trouvons en nombre dans cette rue. Sur dix-neuf qui sont consignés dans la Taille de cette année, huit l'habitaient. Ce sont : Henri le Breton, Nicolas, sire Henry, Simon, Huet, Hervi, Jacques, Mahiet.

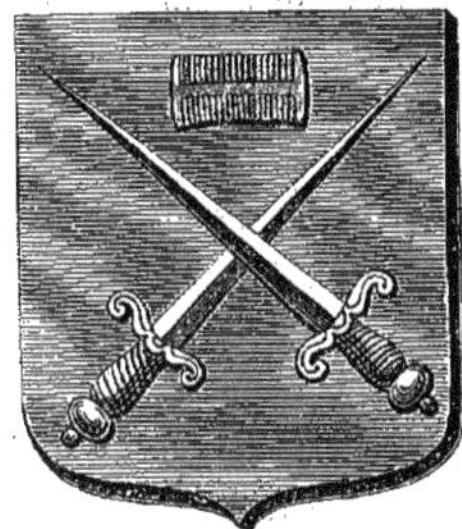

19. *La Communauté des Parcheminiers de Poitiers, réunie à celles des Fourbisseurs et des Peigneurs de la même ville.*

« D'azur à deux épées d'argent passées en sautoir, surmontées d'un peigne d'or. »

20. *La Communauté des Parcheminiers de Vierzon, réunie à celles des Chapeliers, des Gnétriers et des Tailleurs de la même ville.*

« D'or à une Notre-Dame de carnation, vêtue d'azur, couverte d'un manteau de gueules, et tenant sur son bras senestre l'Enfant-Jésus de carnation. »

Quelques autres parcheminiers s'étaient établis entre la rue Vieille-du-Temple et la rue Sainte-Avoye, dans cette rue qui porta longtemps, à cause d'eux, le nom de la *Petite* ou de la *Vieille Parcheminerie*, concurremment avec celui des *Blancs-Manteaux*, qu'elle a gardé, et qu'elle devait aux religieux serfs de Sainte-Marie depuis 1258. Entre autres parcheminiers, nous y trouvons, en 1292, Nicolas et Guillaume. Enfin, une autre rue, et celle-ci a gardé son nom, s'appelait encore indifféremment rue de la *Parcheminerie* ou des *Parcheminiers*. Elle joint, comme on sait, la rue Saint-Jacques à la rue de la Harpe.

Ces parcheminiers, qui marquaient ainsi du nom de leur industrie trois rues de Paris, étaient des gens fort considérables dans le commerce de cette époque. Pour en être convaincu, il suffit de voir la somme élevée pour laquelle ils sont cotés la plupart sur le rôle de la Taille de 1292. Sire Henri, que cette qualité nobiliaire place déjà hors ligne parmi les gens de métier, ne payait pas moins de 58 sols, impôt énorme pour le temps; et Hervi, le parcheminier de la rue Neuve-Notre-Dame, en payait 48. Pour deux autres que nous avons déjà nommés, Henri le Breton et Nicolas, la taxe était de 20 et de 18 sols.

C'est que le parchemin dont ils faisaient négoce était une marchandise précieuse et privilégiée qui demandait, de la part de celui qui le vendait, une *grande avance de fonds*, pour nous servir d'une locution de notre vocabulaire commercial. Le meilleur *vélin* ou *parchemin* se fabriquait en Orient, et nos parcheminiers de Paris n'étaient le plus souvent que des entrepositaires. Or, à partir du septième siècle, les troubles de l'Empire grec avaient gêné cette fabrication et rendu les arrivages plus coûteux et plus difficiles. Ce n'était qu'à prix d'or que les parcheminiers pouvaient se fournir de marchandises. Dans certaines contrées de l'Europe, le vélin était même introuvable. Ainsi, en 1120, selon Timperley, le moine Martin Hugues, que le couvent de Saint-Edmond's-Bury avait chargé de faire une copie de la Bible, n'avait pu trouver dans toute l'Angleterre le parchemin qui lui était nécessaire. D'un autre côté, le papyrus, qui aurait pu suppléer à cette disette du vélin, n'était pas moins rare à cause de l'envahissement de l'Égypte par les Arabes, qui rendaient son exportation impossible.

Dans cette pénurie des matières propres aux manuscrits, l'Université avait cru devoir se prémunir. C'est à son usage exclusif qu'avait été réservé le parchemin à vendre. Personne n'en pouvait acheter que lorsque l'approvisionnement des universitaires était fait. Cette mesure prudente était consacrée par un arrêté de 1291, dans lequel il est dit : que le parchemin doit être vendu seulement à la foire du Landit ou dans la salle des Mathurins ; que là il doit être marqué du sceau du recteur, lequel prélèvera sur chaque botte un droit de 16 deniers parisis ; enfin, que les marchands parcheminiers n'en pourront acheter qu'après délai de vingt-quatre heures lorsque les membres de l'Université auront choisi tout ce qui peut leur convenir. La vente du parchemin au Landit se faisait de la façon la plus solennelle, en présence de l'Université, qui, tout entière, son recteur en tête, s'y rendait processionnellement : « Et, dit Pasquier, parlant du recteur, ce qui est le comble de sa grandeur, c'est que le Lendy tenu en la ville de Saint-Denys, composé d'une infinité de marchands forains, ne s'ouvre, qu'il n'ait été bény par le recteur le lendemain du jour et feste de sainct Barnabé. Ouvrage vrayement d'un évesque, auquel lieu il s'achemine en parade, suivy des quatre procureurs et d'une infinité de maistres-es-arts, tous de cheval ; et après avoir fourny à son devoir, il est gratifié par les marchands d'un honoraire de cent escus. » Après ce passage de l'Université et cet accaparement solennel du parchemin, le peu qui restait de la précieuse marchandise ne pouvait suffire aux transcriptions de manuscrits qui se faisaient chez quelques particuliers, et surtout dans les monastères. La disette de vélin y restait la même, et c'est alors que, pour y remédier, on recourait au procédé barbare qui consistait à altérer les anciens manuscrits à l'aide de lotions corrosives, pour en faire disparaître le texte primitif, et y substituer une écriture nouvelle. On sait tout ce que ce funeste usage nous a ravi de richesses littéraires en faisant passer à l'état de *palimpsestes* tant de précieux manuscrits de l'antiquité. Mais on n'ignore pas non plus comment, par un miracle de patience et d'investigation savante, l'œil d'un illustre bibliothécaire, Angelo Maï, est parvenu à lire plus d'un texte inestimable, sous le latin barbare dont un moine l'avait couvert.

Mais si la disette du vélin et du papyrus, au moyen âge, eut pour résultat déplorable la destruction de textes précieux, elle eut aussi pour conséquence d'une utilité inestimable la découverte du papier. L'époque certaine où le papier de chiffon commença à être en usage n'est pas encore connue. On hésite entre le onzième et le douzième siècle, ne sachant auquel des deux en faire honneur avec certitude. Les uns invoquent en faveur du premier le témoignage de Muratori, et de plus une charte en papier de *chiffe* portant la date de 1075 et cité par *l'Art de vérifier les dates,* à l'article de Hugues II; mais pour ceux qui plaident en faveur du douzième siècle, les preuves sont plus nombreuses et moins récusables. On a d'abord ce précieux passage du traité contre les Juifs, écrit vers 1120 par Pierre le Vénérable : « Les livres que nous lisons tous les jours sont faits de peau de bélier ou de bouc, ou de veau, ou de plantes orientales, ou enfin de chiffon, *ex rasuris veterum pannorum;* » puis, la charte de 1189, par laquelle Raymond-Guillaume, évêque de Lodève, accorda, moyennant un cens annuel, le droit de construire plusieurs moulins à papier sur l'Hérault. Mais les plus anciens spécimens de ce papier primitif, que l'on possède encore, ne remontent pas plus haut que le milieu du treizième siècle. C'est d'abord une charte de 1243, écrite sur papier de linge, et que M. Schwandner, de Vienne, a trouvé, dit-on, dans la Bibliothèque impériale; puis, une lettre de Joinville à Louis X, découverte d'abord et citée par Mabillon, égarée ensuite, et retrouvée enfin dernièrement par M. Lacabane. Cette lettre est visiblement de papier de chiffe et non de papier de coton (*carta, cuttunea, damascena*), qui est plus épais, plus lisse, laissant paraître sur la tranche des parcelles cotonneuses.

Mais ce sont là des raretés qui prouvent l'existence du papier, non pas son usage continu. Quand devint-il plus usuel, quand entra-t-il, pour ainsi parler, en concurrence réglée avec le parchemin? C'est encore là un point resté douteux. S'il faut en croire Hallam, ce serait plus d'un siècle après l'apparition des spécimens dont nous venons de parler : « Il paraît toujours constant, dit-il, que le papier était très-rare en Europe, avant la dernière partie du quatorzième siècle. » Encore, son usage ne se propagea-t-il pas partout dans les mêmes proportions. Il fut, par exemple, plus rare en France que dans les États du duc de Bourgogne; ce que l'on sait sur la nature et la condition matérielle des livres conservés dans les bibliothèques de ces deux États, nous en est une preuve : « Dans la librairie de la Tour du Louvre, dit M. Barrois, les livres de papier sont à ceux sur parchemin comme 1 à 28, tandis que dans celle de Bourgogne, un cinquième se trouve sur papier. » Cet emploi du papier pour les livres des ducs de Bourgogne montre toutefois en quelle estime il était déjà auprès des plus riches et des plus intelligents amateurs de livres, aux quatorzième et quinzième siècles.

Les ducs de Bourgogne sont, comme on sait, au premier rang, aussi bien Jean-sans-Peur que son père Philippe le-Hardi, et que son fils Philippe-le-Bon.

En effet, dans le temps même où nous voyons le duc Louis d'Orléans tenir à ses gages les « escripvains et enlumineurs qui escripvent et enluminent pour mondit seigneur la grant Bible glosée, les chroniques de Burgues, les Lamentations de saint Bernart, le livre de l'empereur Celestiel, et autres livres, » nous trouvons le duc de Bourgogne, Philippe-le-Hardi, entouré d'un semblable personnel d'enlumineurs et de copistes attachés à son seul service. On lit dans l'Inventaire de la bibliothèque des ducs de Bourgogne, sous la date de 1401 : « A Polequin Manuel et Janequin Manuel, enlumineurs, lesquels Monseigneur le duc retint pour faire les ystoires d'une belle et très notable bible, qu'il avoit depuis peu fait commencer. Yceux Polequin et Janequin ne pouvoient se louer à aultre qu'à mondict seigneur, mais entendre et besogner seulement en l'ouvrage d'icelle; et affin que ledict ouvrage fust faict et achevé le mieulx et le plus tost possible, Monseigneur taxa aux dicts Manuel, tant pour leur peine et vivre comme pour avoir leurs autres nécessités, la somme de vingt sols parisis (environ 9 francs) pour eux deux par chascun jour ouvrable et non ouvrable jusques à quatre ans prochains. » Marché des plus curieux qui nous montre comment on s'attachait ces copistes à gages, et à quel taux on fixait « par chascun jour » leur précieux travail. Ce que ces écrivains et enlumineurs à son service pouvaient copier et *historier* de livres, ne suffisait pas à l'ardeur du duc de Bourgogne pour les beaux manuscrits; il achetait encore aux libraires de Paris les plus magnifiques qu'ils eussent dans leurs boutiques. « En 1399, Jacques Raponde, marchant à Paris, vend au duc pour 500 escus d'or (7,500 francs) ung livre appelé la *Légende dorée* escripte en françoys, de lettre de *fourme*, etc.

» Le duc paye au même 300 liv. (2,124 francs) pour iii livres appelés la *Fleur des istoires de la terre l'Orient*, escripts en lettres de fourme istoriées, couvert de veluiau..... »

« 1382, le duc paye à Henriot Garnier Breton 72 fr. (511 fr. 30 cent.) pour ung livre appelé *les Chroniques des rois de France*. »

Jean-sans-Peur eut le même goût des beaux livres, si naturel dans une famille issue de Charles V. « 1409, le duc achepte de Pierre Linfol, libraire de l'Université de Paris, pour 150 escus d'or (2,250 francs) ung livre en françoys, nommé *Valère-le-Grand*. »

Mais c'est Philippe-le-Bon qui fut le mieux possédé de cette intelligente passion, et qui, pour la satisfaire, fit les plus magnifiques dépenses, mit en œuvre le talent des plus habiles artistes, copistes, enlumineurs, relieurs. Sa bibliothèque, ou plutôt sa *librairie*, pour nous servir du mot en usage alors, est vantée dans toutes les chroniques bourguignonnes. Olivier de la Marche nous la représente comme « moulte grande et moulte bien estoffée; » et David Aubert, dans la préface de l'Histoire abrégée des Empereurs, s'étendant davantage sur cette fastueuse bibliomanie du prince, sur les soins et les trésors qu'il y employait, dit : « Très renommé et très vertueux prince Philippe, duc de Bourgogne, a très-longtemps accoutumé de journellement faire devant lui lire les anciennes histoires ; et pour être garni d'une librairie non pareille à toutes autres, il a, dès son jeune eaige, eu à ses geiges plusieurs translateurs grands clercs, experts orateurs, historiens et escripvains, et en diverses contrées, en gros nombre, diligemment labourans. » Cette dernière phrase, qui nous montre Philippe-le-Bon s'adressant pour ses livres aux artistes de toutes les contrées, trouve sa preuve dans les diverses ventes qui lui furent faites, à lui comme à son aïeul et à son père, par les libraires de Paris, et mieux encore dans cet article de l'*Inventaire* déjà cité, qui nous nomme un des artistes parisiens, dont il avait acheté le talent : « Le duc paye à Pierre Donnedieu, escripvain demourant à Paris, pour l'escriture de deux grands *antiphoniers* par lui escriptz et notez pour l'église de Champmol, 60 fr. (428 fr.), et pour enluminer et florir d'azur et de vermillon, traare et relier iceulx, 80 fr. (570 fr.)... » Philippe-le-Hardi, lui aussi, ne s'était pas contenté du travail des enlumineurs de sa province, des *histoires* d'Amiot Belin, par exemple, qui, en 1373, escript et enlumine un *Sept seaumes,* pour la duchesse, pour 3 francs (28 fr. 45 c.). Il avait eu déjà recours, même pour des ouvrages sans importance, à des copistes parisiens : « 1377. Le duc paye à maistre Robert, faiseur de cadrans à Paris, 4 fr. (36 fr. 45 c.) pour un almanach qu'il avait fait pour li , pour ceste année commençant le 1er janvier. »

C'est que, si l'art des manuscrits ne s'éleva à son apogée dans les États de Bourgogne qu'au temps de Charles-le-Téméraire et du seigneur de la Gruthuyse, dès le règne de Charles VI il avait vu son âge d'or en France.

De Philippe-le-Bel à Charles V, les progrès avaient été lents et incertains ; le style était resté défectueux, peu correct, les figures étaient allongées et disgracieuses ; les couleurs, seulement gouachées, s'accusaient mal, comme on le voit dans la *Légende dorée de Jacques de Voragine, traduite par Jean Belet,* que l'on conserve à la Bibliothèque nationale, nº 6845. Sous Charles V, l'amélioration est partout visible. La plupart des manuscrits de ce règne, qui ont pour première marque distinctive une bande tricolore serpentant autour de chaque miniature, se recommandent par une bonne et nette écriture et par des ornements déjà assez élégants. Les figures sont parfois d'un grand style et annoncent une école savante ; le coloris, par malheur, reste encore défectueux. Mais pendant l'âge qui suit, sous ce règne de Charles VI, que l'ardente protection des ducs d'Anjou, de Bourgogne et de Berry rendirent fortuné pour les seuls artistes, comme l'a si bien dit M. Paulin Paris, tout ce qui tient à cet art se perfectionne et grandit. Alors le dessin prend de la correction et de l'ampleur, le coloris devient splendide, étincelant, et ce qui devra surtout grandement surprendre, comme le remarque M. Paris, c'est que le faire de cette école accuse une science avancée dans la disposition des draperies, les effets de lumières et d'ombres. Toutes les figures, même celle des chevaux, si longtemps négligées, commencent à être irréprochables de lignes et de pose. Il y a plus d'entente des costumes, moins d'anachronismes dans les attributs antiques ; enfin, c'est sans nul doute des manuscrits de cette époque que Visconti veut parler, quand, reconnaissant une valeur iconographique aux figures laissées par les enlumineurs, il dit : « Les miniatures de manuscrits peuvent être comptées parmi les monuments qui nous ont transmis quelques portraits anciens avec des caractères très-probables d'authenticité. »

Au quinzième siècle aussi, mais vers sa seconde moitié, ne se contentant plus, pour orner les manuscrits, de ces gouaches aux teintes fades, où les chairs sont légèrement nuancées de rose, les costumes toujours blancs, les auréoles d'or mat et les régions célestes uniformément figurées par une bande d'azur, on chercha d'autres procédés d'enluminure. C'est alors qu'on commença à voir poindre celui, si fin, si délicat, du camaïeu gris, qui fit faire tant de progrès aux artistes dans la distribution de la lumière et de l'ombre. Le livre qui semble être la merveille de ce genre de peinture, est le volume contenant les Miracles de la Vierge, exécuté autrefois pour le duc Charles de Bourgogne, et possédé aujourd'hui par un amateur belge. Tout ce que la miniature offre de plus brillant et de plus chaud de ton, produit moins d'effet que les admirables grisailles de ce manuscrit. Après ce magnifique livre, on ne peut guère citer comme véritable modèle en ce genre que le beau camaïeu dont M. Sylvestre a donné le fac-simile d'après la Vie de sainte Catherine, translatée du latin par Miélot.

Mais les riches enluminures n'étaient pas seules à donner du prix à ces beaux ouvrages. Ils se recommandaient encore par d'autres mérites, qu'ils devaient, par exemple, aux soins du parcheminier, à l'art de plus en plus parfait du copiste. Examinez les volumes qui ont survécu à la bibliothèque des ducs de Bourgogne, étudiez bien la finesse et la beauté du vélin, l'élégance et la netteté de l'écriture, la richesse et la variété des lettrines, et alors, moins ébloui par l'azur de l'outremer, par l'or des auréoles étincelant sur les

Scribe ou copiste, miniature extraite des Chroniques du Hainaut, ms. du XVᵉ siècle (Bibl. des ducs de Bourgogne. — Bruxelles).

miniatures, vous accorderez certainement une part de votre admiration au labeur merveilleux de l'écrivain.

C'est quand on a longtemps admiré ces manuscrits d'un travail et d'un prix inestimables ; c'est surtout quand on a nombré dans son esprit tous ceux que l'art du quinzième siècle a dû produire, et cela en prenant pour base la quantité encore recommandable de ceux qui ont survécu ; c'est, disons-nous, quand on a fait la somme du labeur des artistes de ce siècle, qu'on reste comme épouvanté. « On s'étonne, dit M. Delpierre, que des copistes, des enlumineurs, aient pu produire cette immensité de manuscrits, lorsqu'on considère que souvent il a fallu plusieurs années, et même la vie d'un copiste, pour en faire un seul. » On comprend, après cela, que devant une telle masse de travail on ait quelquefois évalué avec exagération le nombre des ouvriers qui l'ont accompli ; que Jansen, par exemple, je ne sais sur quelles preuves, ait porté à vingt mille le nombre des copistes pour les seules villes de Paris et d'Orléans. Sans ajouter foi à ce chiffre exorbitant, nous avions cru nous-mêmes à l'existence d'une véritable multitude d'écrivains et d'enlumineurs en activité dans Paris. Mais, inspection faite des Tailles de 1292 et de 1313, nous avons bien rabattu de notre pensée première, et le calcul de H. Geraud, si modeste et si restreint pourtant à côté de celui de Jansen, nous a paru lui-même excessif : « En portant, dit-il, à cinq cents le nombre des écrivains, tant religieux que laïques, existant à Paris à la fin du treizième siècle, cette institution, quelle que fût son importance, ne pourrait, pour le nombre des travailleurs seulement, sans parler des moyens d'action pour lesquels toute comparaison deviendrait ridicule, être mise en parallèle avec l'Imprimerie moderne. »

La vérité est que, dans le *Livre de la Taille* de 1292, nous ne trouvons nommés que vingt-quatre écrivains pour tout Paris. Ils ne sont pas groupés, comme on pourrait le croire, autour de la tour de Saint-Jacques-la-Boucherie, dans cette rue qui avait déjà porté leur nom et qui devait le reprendre ; ils étaient épars dans les quartiers de Paris les plus divers. Gautier, par exemple, logeait *rue Richeboure*, près la rue Saint-Honoré, lieu peu propice à ce qu'il paraît ; car le pauvre scribe n'était taxé qu'au minimum de la taille, à 12 deniers. Nous en trouvons trois, *rue du Bon-Puits* : sire Nicole le Normant, Rogier, Pierre d'Eude ; deux, rue Saint-Victor : Thomas le Normant, Gefroy le Breton. Quant aux autres, ils sont chacun dans une rue différente : Mahi est *rue de Gaslande* ; Jehan, *au cimetière Saint-Jean* ; Jourdain, *rue Froimentel* ; Pierre, *rue des Escouffes* ; Gefroy, *en la grant rue de la méson mestre Jehan de Meun*. Un seul, c'est Nicolas, demeure dans cette rue des *Escrivains*, où nous avons trouvé presque tout le corps des parcheminiers. Ces écrivains, à en juger par le taux de la taille qu'ils acquittent, sont d'assez pauvres hères ; il en est trois qui payent 12 deniers, comme Gautier, dont nous parlions tout à l'heure ; pour les autres, cette contribution est de 2 à 3 sols ; deux seulement payent une somme beaucoup plus forte, c'est Gefroy d'abord, qui paye 14 sols, puis Jehan du cimetière Saint-Jean, qui en paye 24.

D'ordinaire, le talent de copier mis à part, ces écrivains étaient des gens de petite éducation, sans aucune teinture des lettres, même de l'orthographe, altérant, sans dire gare, les plus beaux passages de l'auteur qu'ils copiaient, par des additions barbares et surtout des suppressions de toutes sortes; mais le pis, c'est que parfois, quand il s'agissait d'un texte français, ils substituaient le patois de leur province au style de l'auteur qu'ils transcrivaient.

C'étaient, du reste, s'il faut en juger par les souscriptions qu'ils étaient accoutumés de mettre à la fin des manuscrits achevés, des gens de mœurs assez relâchées, adonnés surtout au vin et aux femmes. C'est de cela du moins qu'il est presque toujours question dans les vœux que ces souscriptions formulent.

Le copiste du manuscrit *De rerum proprietatibus,* de la Bibliothèque Nationale, termine sa tâche par ce vers :

> Detur pro pena pos, hanaps, vignea vina.

Un autre écrit à la fin d'un *Infortiat :*

> Explicit expliceat, bibere scriptor eat.

Celui-ci fait cette demande assez peu pudique :

> Detur pro pena scriptori pulcra puella.

Mais la plus curieuse de ces souscriptions, celle qui nous instruit le mieux sur la vie menée par les copistes, ce sont les vers dont Raoul Tingui, habile écrivain de la première moitié du quinzième siècle, fit suivre une copie de Valère Maxime qu'il venait de finir. Ils peuvent donner à croire, comme l'a fait remarquer M. P. Paris, que Tengui appartenait à quelque corporation demi-permise, telle que celle dont le poëte Villon se plaisait à chanter les exploits et à reproduire l'argot :

> Ci finent les trois décades
> De Titus qui sont moult sades,
> Escriptes par Raoult Taingui
> Qui n'est pas formont amaigri,
> A Champlot où il a esté,
> Et à Paris tout cest esté
> Aux despens de Monseigneur;
> Tandis riant du meilleur,
> Sans faire noise ne riot,
> Dont me rapport à Petiot,
> Fort aux pians et aux crupaux
> Comme frères et catervaux.
> Si prie Dieu, le roy Jhesus
> Qui a fait Thetis et Bacchus
> Et qui est creator omnium rerum

Qu'il doint a Monseigneur regnum cœlorum,
                Amen.
        Catervaument
        Non-Tuffaument.
                A. R. TAINGUY, M.

Ce n'était certainement pas par de telles impiétés, que le religieux Flamel devait
clore les manuscrits qu'on lui donnait à transcrire. Par malheur, il nous est
impossible d'en juger : aucun de ceux qu'il copia, pendant les heures que lui laissait l'alchimie, ne nous est parvenu. Les seuls manuscrits qui sont signés Flamel sont d'un Jehan Flamel, copiste aux gages du duc de Berry, qui n'a aucun rapport de parenté ni même de temps avec le mari de Pétrenelle. La mystérieuse existence de Flamel, le doute conservé sur l'état qu'il exerçait, sur les trésors qu'il sut amasser, n'ont pas encore été éclaircis par la découverte d'un seul manuscrit de sa main. Nous en sommes à nous demander si Gabriel Naudé lui-même n'était pas dupe d'une erreur quand il a écrit : « Ce Flamel étoit véritablement

écrivain. J'ai veu à Rome, dans la bibliothèque du cardinal Bagny, un roman
de la Roze écrit de sa main. »

Quand le copiste avait mis la dernière main à son travail, quand il l'avait fait suivre d'une de ces souscriptions plus ou moins bizarres dont nous avons donné des exemples, et que parfois même, mais c'est plus rare, il y avait mis son adresse, comme fit, à la suite d'une copie de l'Histoire universelle, *le Poitevin Mathias Du Rivau, demeurant dans la rue Neuve de Notre Dame à Paris,* le manuscrit passait aux mains de l'enlumineur. Celui-ci se chargeait de remplir avec ses miniatures les espaces laissés blancs par le copiste ; aussi bien les endroits réservés aux lettres ornées, que ceux destinés aux plus grandes figures. Mais quelquefois le pinceau du miniaturiste était tardif et ne se mettait à l'œuvre que plusieurs années après l'achèvement de la copie. De là, selon M. Barrois, une différence fréquente entre l'âge de la lettre et celui des miniatures.

Le travail des initiales, nous venons de le dire, était réservé aux enlumineurs. Le copiste n'en traçait même pas le dessin, il laissait leur place vide. Quelques manuscrits destinés à l'enluminure, mais qui nous sont parvenus tels qu'ils étaient en sortant des mains de l'écrivain, sont ainsi privés de leurs grandes lettres. Le manuscrit *De casu nobilium virorum et feminarum,* de la Bibliothèque Nationale (n° 6886) est dans ce cas. Les initiales manquent, et pourtant le copiste croyait bien son travail achevé, car il écrit à la fin en lettres rouges : *Laus sit Cristo, benedicamus Domino, Deo gratias.* » Dessiner et enluminer ces lettres historiées, c'était ce qu'on appelait plus spécialement *babuinare,* mot qui vient sans doute de la *babou,* figure monstrueuse ou grotesque dont Panurge contrefait quelque part la grimace, et qui pouvait, en effet, ressembler assez à celles qui, par les enroulements de leurs queues énormes, leurs gueules béantes, leurs antennes en spirales, formaient ces bizarres majuscules. Odofrid de Bologne, mort en 1265, attribue positivement au mot *babuinare* le sens que nous lui donnons ici, quand, dans son commentaire sur le code Justinien, parlant d'un écolier qui allait étudier à Paris, il dit : « *Et fecit libros babuinare de litteris aureis.* » Dans quelques manuscrits, le nombre des blancs laissés par le copiste est considérable, et ne fait que mieux regretter les miniatures absentes. Dans les *Éthiques d'Aristote, traduction de Nicolas Oresme,* manuscrit du quinzième siècle, conservé à la Bibliothèque Nationale sous le n° 6863, on en compte jusqu'à deux cent quatre, et c'est là, en effet, le nombre des miniatures qu'il devait contenir d'après le vœu de celui qui le faisait exécuter ; car on lit à la fin : « En ce livre de Ethiques a IIC, IIIIXX, XI fuelles et histoires IIC et IIII. » *Histoires,* comme on sait, s'entendait alors pour *miniatures.*

Toutes ces diverses mains-d'œuvre, employées dans un manuscrit, se payaient séparément. Les attributions de chaque ouvrier étaient même si bien tranchées, que souvent on payait à l'un le dessin, à l'autre l'enluminure. Dans ce cas, l'enlumineur n'était plus un peintre, mais un simple coloriste. Nous allons donner, d'après l'*Histoire de la cathédrale d'Amiens,* par M. Gilbert, un compte où se trouve cette distinction, et qui de plus détaille fort curieusement toutes les dépenses requises pour la fabrication, la reliure, la présentation d'un manuscrit. Il s'agit du livre des *Chants royaux,* volume in-folio maximo du commencement du seizième siècle (Biliothèque Nationale, n° 6811) :

Jacques Plastel, qui a peint en grisaille, c'est-à-dire dessiné au crayon, comme le pense M. Paulin Paris, les quarante-huit tableaux, reçoit 45 livres.

Jehan Pichon, enlumineur et historien (faisant des livres historiés) à Paris, pour l'application des couleurs, 80 livres. De plus, on donne pour les ouvriers de Jehan Pichon, 50 sols, et pour le vin du marché avec l'enlumineur, 24 sols.

Quant à Jean de Béguines, prêtre, pour avoir écrit les ballades, il reçoit 12 livres.

Guy-le-Flamenc, pour avoir enluminé les grandes lettres, a droit à 13 livres III sols.

Somme totale, y compris le prix du vélin, 3 livres 12 sols; celui de la reliure, les frais de présentation à Louise de Savoie, et ceux d'un voyage à Amboise, où elle se trouvait, 68 livres 8 sols, le manuscrit tout présenté revient à 366 livres.

Les livres étant alors un objet du plus haut prix, et d'une valeur seulement appréciable pour les gens de la classe la plus élevée par l'éducation ou par le rang, il ne faut pas s'étonner si très-souvent on les offrait en don et si les présentations de manuscrits à de grands personnages, dont nous venons de voir un exemple, étaient assez communes. Quelquefois le manuscrit, par une miniature représentant l'auteur qui offre et le personnage qui reçoit, témoigne lui-même de la manière dont il était parvenu à son noble possesseur. Citons pour preuves le *Tite-Live traduit par Pierre Berceure* (Bibliothèque Nationale, n° 6900) en tête duquel une miniature d'un bon style nous montre Pierre Berceure à genoux présentant son livre au roi Jean; puis le manuscrit de la seconde traduction que Laurent de Premier-Fait donna du livre de Boccace *De casu nobilium virorum et feminarum,* dont la miniature de présentation nous fait voir en deux figures, portant chacune tous les caractères d'un véritable portrait, le *translateur* Laurent de Premier-Fait aux pieds du duc de Berry.

Il n'était pas besoin, du reste, qu'un manuscrit eût été offert en don à un prince pour porter son portrait ou ses armoiries, il suffisait qu'il eût été exécuté à ses frais pour que l'enlumineur y mît ces brillants titres de propriété. Le blason que le fer du relieur frappe et incruste maintenant sur le plat des livres était alors gracieusement dessiné, colorié et placé à l'intérieur du manuscrit. Tous ceux du sire de la Gruthuyse portent cette marque. Quelques-uns même ont à chaque feuillet cette peinture des armes de Louis de Bruges. Quand Louis XII acheta la riche collection de ce seigneur, et voulut la réunir à celle de son père, qu'il faisait garder à Blois, il fit effacer ces armoiries pour leur substituer les siennes, ce qui n'empêcha pas M. Van Praët de reconnaître cent quatre volumes de cette précieuse provenance, soit aux armes de Louis de Bruges mal recou-

EXTRAIT DES POÉSIES ESPAGNOLES DE JUAN ALFONSO DE BAENA (ms. de la Bibl. Nat. de Paris). — XVe siècle.

FRAGMENT DE LA GÉNÉALOGIE DES ROIS DE FRANCE ET D'ANGLETERRE (Bibl. Nat. de Paris). — XVe siècle.

EXTRAIT D'UN LIVRE D'HOMÉLIES IRLANDAISES (Bibl. Nat. de Paris). — XVe siècle.

vertes par celles de France, soit surtout au mérite des artistes qui, copistes ou
enlumineurs, avaient travaillé à ces manuscrits, et les avaient marqués au cachet
d'une perfection bien rare alors.

Ces habiles artistes ne sont pas tous connus, et c'est fort regrettable; l'histoire
de l'art en Belgique gagnerait ainsi quelques beaux noms de plus. On sait qu'Hem-
meling, qui travailla aussi aux miniatures du duc de Bourgogne, et dont le
mérite principal consistait, selon Van Praët, à bien grouper et disposer ses
sujets et ses figures, et dans la dégradation sensible des couleurs, enlumina
plus d'un manuscrit pour le sire de la Gruthuyse; mais on ignore à quel pinceau
habile sont dus quelques-uns des plus précieux : celui de Boëce, par exemple
(Bibliothèque Nationale, n° 6810), et les six volumes de Josèphe (qui, dans la
même collection, vont du n° 6706 à 6711). « Je n'ai pas encore retrouvé son nom,
dit M. Paulin Paris, cherchant comme nous quel pouvait être cet excellent enlumineur; mais le Josèphe, du moins, donne le droit de penser que Bruges était
sa patrie. »

Quant aux calligraphes qui mirent leur plume brillante aux ordres de Louis
de Bruges, ils ne sont guère moins inconnus. Ne se considérant que comme des
artisans attachés à un service et gagnant un salaire, ils voyaient dans la transcription d'un manuscrit une tâche à remplir avec plus ou moins de soin et d'art,
bien plutôt qu'une œuvre dont pût s'illustrer leur nom. Le plus souvent
donc, ils ne les signaient pas. Jean Paradis est presque le seul des copistes de
la Gruthuyse, qui se soit passé cette vanité. Voici comme est signée la copie de
Jean de Courcy, faite aussi pour Louis de Bruges (Bibliothèque Nationale,
n° 6741-6742, in-fol. maximo) : « Par moi Jehan Paradis, son indigne escri-
vain, l'an mil quatre cent soixante-treize. » Pour la *Somme rurale* de Jehan
Bouteiller (Bibliothèque Nationale, n° 6857-6858), Jehan Paradis, en copiste
lettré, consacre tout un paragraphe à prouver l'utilité de cette transcription
qu'il entreprenait pour la troisième fois : « Tous princes ou seigneurs, écrit-il
en tête du texte, qui par leurs vertuz sont enclins aux fais anciens avoir richement descriptz et aornez en très sumptueulx livres, ne se doivent deporter que,
entre maints autres volumes, ils n'aient le double de ce très recommandé livre:
par le commandement et ordonnance de mon très redoubté et honnouré seigneur, monseigneur de Gruthuyse, prince d'Estenhuze, a esté grossi et mis en
deux volumes, comme en cestui et au second enssievent appert, par Jean Paradis,
son indigne escripvain, l'an de grace mil cccc soixante et onze. »

Jean Paradis, engageant ainsi à faire inscrire en doubles copies les *très
recommandés livres*, fait bien son métier de copiste et de libraire, car il était
l'un et l'autre tout ensemble. Il trouvait dans un même livre double gain, double
intérêt. D'après les recherches de Van Praët, il avait été reçu en 1470 dans
la communauté des libraires de Bruges. Ainsi, dans la Flandre comme chez
nous, malgré la susceptibilité jalouse qui traçait une démarcation entre les métiers,

la profession de copiste semblait donc si bien compatible avec celle de libraire, qu'on en permettait le cumul. Mais ces métiers, qui par leurs produits avaient une action si décisive sur l'intelligence et l'éducation, n'y relevaient pas, comme en France, de la grande administration enseignante. Ils ne rayonnaient pas autour du grand centre universitaire, comme autant d'éléments indispensables aux progrès de l'instruction. Longtemps, ce furent des professions éparses, qui, ne recevant pas l'impulsion dirigeante d'une volonté supérieure, restaient sans unité, sans simultanéité dans leur action. Enfin, au quatorzième siècle, elles prirent un point de ralliement. Les enlumineurs miniaturistes de Florence venaient de se constituer en communauté, sous le nom de Corporation de Saint-Luc; ceux de Bruges et d'Anvers suivirent cet exemple, mais en étendant aux copistes, aux libraires, aux relieurs, plus tard même aux cartiers, aux doreurs de livres et aux imprimeurs, à tous ceux enfin qui vivaient du Livre, le bénéfice de cette association artistique et industrielle.

En 1477, nous voyons dans cette grande compagnie bibliographique le groupe des copistes (*boec-scrivere*) ayant en tête Jean Casyns. En 1492, malgré les envahissements de l'Imprimerie, il est encore au complet, et nous y distinguons Adrian le *boecke-scrivere* (*sic*); puis, ce sont les libraires, puis les relieurs (*boecke-binder*); en 1492, Gheesen (*boecke-binder*); en 1535, Henry Dries; en 1547, Jean; en 1557, Jean Cardon, Antoine Cardy; en 1559, Jean Molyn. En 1605, le métier d'enlumineur, qu'on pourrait croire perdu, y fait encore figure : c'est Jean Van Duren, le *boec-scildere* (enlumineur de livres), qui le représente.

Nous avions aussi en France notre Compagnie de Saint-Luc, établie par Charles V et réorganisée en 1391, par ordonnance de Charles VI. Mais *les pain-tres et tailleres ymagiers* y étaient seuls admis; et ni les copistes, ni les libraires, ni les relieurs, ni les enlumineurs même n'en faisaient partie. Ces derniers pourtant, les seuls vrais peintres du treizième au quinzième siècle (chaque manuscrit historié par eux étant une galerie de tableaux), y avaient bien leur place marquée. Mais l'Université les avait accaparés, et comme tous les autres artisans du Livre, les avait mis sous le patronage de ses priviléges. Ils s'y étaient tous docilement rangés, et nous les voyons, en 1292, se serrer, comme les autres membres de la corporation universitaire, comme les libraires, les copistes, les relieurs, autour du quartier de l'enseignement. C'est tout près du collége, alors nouveau, de Robert Sorbon, dans cette rue d'*Erembourg de Brie*, à qui nous donnons aujourd'hui le nom si altéré de *Boutebrie*, et qui s'appela quelque temps, selon La Tynna, *rue des enlumineurs*, que nous les trouvons établis pour la plupart, à la fin du treizième siècle.

Nous allons nommer tous ceux qui y habitaient en 1292, et indiquer la somme que chacun d'eux payait pour la taille :

Bernar, *l'enlumineur*, 8 sols.

Baudouin,   *id.*,   12 deniers.
Nicolas, *l'enlumineur, et sa mère*, 5 sols.
Guiot, *l'enlumineur*, 12 deniers.
Houvré,   *id.*,   10 sols.
Sire Jehan, *id.*,   12 deniers.
Sireudes,   *id.*,   2 sols.
Clément,   *id.*,   5 sols.

Ceux qui n'habitaient pas la rue d'Erembourg de Brie se tenaient dans les rues voisines : Jean l'Englois *l'enlumineur*, qui paye 12 deniers de taille, demeure *rue aux Porées;* Grégoire, rue Saint-Victor; Coussart, dans le *clos Burnel* (clos Bruneau); Thomas, *en la Foulerie.* Aucun ne s'éloigne de ce quartier, pour se rapprocher de la rue Saint-Denis, où les peintres avaient leur impasse, leur chapelle même, leur vrai centre. Or, cet éloignement serait une nouvelle preuve que les enlumineurs n'avaient aucun rapport avec la Compagnie de Saint-Luc, et ne faisaient aucune société avec la corporation des peintres et imagiers.

Plus tard, quand ils eurent marché davantage vers la perfection, les deux métiers qui, à vrai dire, n'étaient qu'un même art, se rapprochèrent, ayant un progrès commun pour point de contact, et se donnèrent la main. Jehan Foucquet, cet habile peintre, dont la renommée, trop longtemps dédaignée, commence à refleurir, s'appliqua aux enluminures de manuscrits, aussi bien qu'aux travaux de peinture religieuse et de *pourtraicture* à fresque ou à l'huile. On le vit, lui qui devait les secrets de son art aux mêmes traditions savantes que le Pérugin, lui qui

Calligraphe (xvᵉ siècle). Fac-simile d'une miniature du tome III (fol. 1) des *Chroniques de Hainaut*, ms. de la Bibl. des ducs de Bourgogne, à Bruxelles.

en 1437 avait peint à Rome le portrait du pape Eugène IV, œuvre jugée digne d'être placée dans l'église de la Minerve, on le vit s'adonner tout entier, dès son retour en France, à l'ornementation des manuscrits. M. de Bastard en fournit

la preuve par là quittance de quatre écus d'or, valant cent dix sous tournois, que
Marie de Clèves, duchesse d'Orléans et de Milan, belle-fille de Valentine, « fit
bailler à Foucquet, peintre de Tours, le 20 juillet 1472, pour sa peine et salaire
d'être venu, au mandement d'icelle dame, de Tours à Blois, devers elle, pour lui
declarer et ordonner faire certaines histoires, tourneure et enlumineure d'or et
d'azur, en unes Heures, et autre service pour ladite dame, etc. »

Foucquet travailla pour Louis XI, et prit le titre de *bon painctre et enlumineur du roy Louis XI*, qui lui est donné en toutes lettres, de la main de Jean
Robertet, secrétaire du duc de Bourbon, à la fin de l'admirable manuscrit des
Antiquités des Juifs, par Josèphe (Bibliothèque nationale, n° 6891). Un premier
enlumineur, attaché au duc Jean de Berry, avait, près d'un demi-siècle auparavant, commencé l'ornementation de ce beau livre, et en avait même fait trois
miniatures. Jean Foucquet, sur l'invitation du duc Jacques de Nemours, le reprit
et l'acheva. Si bien que dans ce même livre se trouvent en présence deux styles
de miniatures, et par la comparaison de l'une et de l'autre, la preuve des progrès
immenses que cet art avait dû faire pendant tout le quinzième siècle pour arriver
à cette perfection, dont la manière de Jean Foucquet est l'expression la plus
brillante et la plus complète. « En ce livre a douze ystoires, écrit Robertet, les
trois premières de l'enlumineur du duc Jehan de Berry, et les neuf de la main
du bon paintre et enlumineur du roy Louis XI°, Jehan Foucquet, natif de Tours. »
Cette mention si curieuse ne semble toutefois pas fort exacte à M. de Bastard et
à M. Paulin Paris. Selon eux, ce ne serait pas neuf, mais bien onze miniatures
que Jean Foucquet aurait exécutées pour ce manuscrit, ce qui en augmenterait singulièrement la valeur. Le catalogue des livres du duc de Berry, déposés plus tard
à Fontainebleau, fait ainsi la description de ce chef-d'œuvre de Foucquet :
« Un gros livre sur vélin des Anciennetés des Juifs, selon la sentence de Josèphe,
à douze ystoires, les trois premières de l'enlumineur du duc Jehan et les neuf
de la main du bon paintre du roy; escrit en prose françoise à deux coulonnes. »

Nous ne décrirons pas les merveilles de cet admirable manuscrit; pour résu-
mer en quelques lignes tous les éloges qu'il mérite et laisser mieux apprécier,
d'après cette preuve brillante, le talent dépensé par Foucquet dans tous les manuscrits dont il exécuta les miniatures, nous laisserons parler la Lettre écrite par M. le
comte de Bastard à M. Paulin Paris au sujet de ce beau livre : « Quoique le faire
de Foucquet le rapproche de l'école flamande, le style plus élevé de ses ouvrages
et le goût de l'architecture qui s'y rencontre prouvent qu'il a vu l'Italie et qu'il a
fait de ses monuments une étude attentive. Sa manière d'ajuster est large et
vraie; ses compositions sont ingénieuses et bien ordonnées; il a plus de perspective aérienne et linéaire, qu'aucun de ses devanciers, que pas un de ses contemporains et que beaucoup de ceux qui l'ont suivi; enfin, l'entente du clair-obscur
ne lui est pas inconnue, et l'on se croirait, avec lui, au temps de Léon X et de
François I", s'il n'avait conservé cette précieuse naïveté qui caractérise le moyen

âge et qui donne parfois du charme à l'ignorance même. Chez lui, tout marche
à l'action, sans effort, sans manière; les ajustements sont saisis d'après nature;
rien dans les plis ne contrarie la forme et le mouvement. Les têtes, fines et
vraies d'expression, sont d'une étonnante variété.

» Parmi les onze peintures qui, dans ce manuscrit, sont dues au pinceau de
Foucquet, vous aurez plus spécialement remarqué la Captivité des tribus d'Israël,
la Prise de Jéricho, la Construction du temple de Salomon, la Douleur de David
à la vue du diadème et du bracelet de Saül, et surtout la Clémence de Cyrus
envers les Juifs captifs à Babylone...

» La Clémence de Cyrus est le chef-d'œuvre de notre illustre compatriote : ce
tableau est supérieur à tout ce qui nous reste de l'école française de cette époque,
ainsi qu'aux grandes miniatures du Tite-Live de Rochechouart-Chandenier (ancienne
Bibliothèque de Sorbonne), quoique ce magnifique manuscrit ait été peint sous la
direction de Foucquet, qui en a fourni les compositions et qui même en a
exécuté quelques-unes de sa main. Le roi des Perses, placé sous un dais soutenu
par quatre colonnes d'ordre composite, occupe le gradin le plus élevé du trône;
à ses côtés sont assis ses deux principaux ministres; sur le devant, des Juifs à
genoux adressent des actions de grâce au prince qui leur rend une patrie : la
composition est relevée au milieu par un groupe de courtisans debout, et la
multitude qui occupe le fond du tableau se perd sous une porte ou arc de
triomphe de style antique... Ici tout frappe d'admiration : invention du sujet,
adresse d'ajustements, dignité des personnages, variété des physionomies,
noblesse de costume, perspective, détails d'architecture, l'artiste a tout compris,
tout exécuté avec la même hardiesse et le même talent. Digne précurseur de
Léonard de Vinci, d'Albert Durer, d'Holbein et de Raphaël, Foucquet prend
un vol si élevé, qu'on doit lui donner place parmi ces grands maîtres et le nommer désormais avec eux. Et si l'on observe qu'au moment où le peintre de
Louis XI nous apparaît ainsi dans toute la hauteur de son génie, Léonard de
Vinci, le plus ancien des quatre que je viens de citer, n'était pas encore né pour
les arts, puisqu'il n'avait pas vingt ans, on ne peut s'expliquer comment le nom
de cet homme prodigieux, une des gloires du quinzième siècle, le chef d'une
école célèbre, ne se montre ni dans les ouvrages consacrés à l'histoire de la
peinture, ni dans aucun de ces nombreux recueils qui conservent inutilement le
souvenir de tant de gens obscurs et de talents médiocres.....

« Somme toute, le manuscrit des Antiquités judaïques est l'un des plus riches
joyaux de votre inestimable trésor. Sans ce précieux volume; nous n'aurions
peut-être jamais connu le nom de l'un des peintres qui font le plus d'honneur à
l'école française; et, sans les miniatures qu'il renferme, les documents nécessaires pour constater les progrès de la renaissance dans nos contrées, antérieurs
aux expéditions de Charles VIII et de Louis XII, seraient demeurés incomplets.
La publication de l'*Œuvre de Jean Foucquet*, en même temps qu'elle assignera

à ce maître le rang qui lui est dû, achèvera de détruire les vieux préjugés qui nous restent encore sur la prétendue ignorance de nos pères en ce qui touche les arts du dessin, et contribuera à montrer par analogie la direction que ces arts eussent suivie, si vers la fin du quinzième siècle, au moment de leur dévelop-

FEMME AUTEUR (XVᵉ siècle). Fac-simile d'une miniature du ms. d'Othea (fol. 30). Bibl. des ducs de Bourgogne, à Bruxelles.

pement dans chaque pays de l'Europe occidentale, l'imitation du style italien n'était venue substituer presque partout à leur physionomie indigène, une physionomie étrangère. Sous ce rapport, le manuscrit qui nous occupe en ce moment, le premier volume du Tite-Live de la Sorbonne et le charmant Tite-Live de Versailles, dont vous avez judicieusement attribué les peintures à Foucquet lui-même ou à ses élèves, intéresseront au plus haut degré les amis de notre gloire nationale, et leur feront désirer plus vivement encore la continuation de toutes les recherches qui se rapportent à l'histoire de la peinture en France pendant le moyen âge. »

Ainsi qu'on vient de le voir, Jean Foucquet fit école comme peintre et comme

enlumineur. Ses premiers élèves furent ses fils, Louis et François. Ils continuèrent dignement sa réputation, et méritèrent que le vieil historien de Touraine,
Jean Bresche, les confondît avec leur père dans cet éloge : « *Quo certe alter non
fuit præstantior inter pictores Johannes Foucquetus atque ejusdem filii Lodoï-
cus et Franciscus.* »

Les copistes qui, sous le règne de Louis XI, si bien illustré par Jean Foucquet, préparaient les manuscrits auxquels les enlumineurs devaient donner
le cachet du luxe et de la perfection, n'étaient pas eux-mêmes des artistes
moins habiles dans leur métier. Avec eux, l'art de l'écrivain avait été en
progrès, comme celui du miniaturiste avec Foucquet et ses élèves. Dans quelques manuscrits même, le talent du copiste l'emporte sur celui de l'enlumineur; ainsi, dans un exemplaire du *Livre de Boccace, de Casu nobilium,*
autre que celui dont nous avons déjà parlé, le travail du scribe, nommé
Prouslin, y est excellent, tandis que, de l'aveu même de M. Paulin Paris, les
miniatures, très-multipliées, sont d'un travail, en général, fort peu remarquable.
Mais cette infériorité de l'enlumineur vis-à-vis du copiste ou du copiste vis-à-vis
de l'enlumineur, est rare : d'ordinaire, l'accord est parfait entre les deux talents,
à moins que le manuscrit ayant été copié à une époque, puis enluminé à une
autre assez éloignée, il n'en résulte une disparate nécessaire entre le style des
miniatures et celui de l'écriture. Nous avons vu qu'il en est ainsi pour le livre
des *Antiquités judaïques,* dont nous avons si longuement parlé. Dans les manuscrits du sire de la Gruthuyse, union des deux manières, l'alliance intime du
pinceau et de la plume ne laisse rien à souhaiter. De même pour ceux qui furent
exécutés pour Louis de Graville, amiral de France et fameux amateur de beaux
livres, comme dit M. Paulin Paris. Un de ses copistes ordinaires était Richard
Legrant, qui eut le bon esprit de signer son manuscrit de l'*Histoire des Thébains
et des Troyens, etc.* (Bibliothèque Nationale, n° 6897), et de se faire ainsi
connaître : « *Finy descripre le derrenier jour de juillet* IIII. C. LXVII *par moy
Richard Legrant.* » Enfin, pour ne plus citer qu'un exemple, *le livre de Vitâ
Christi, par Ludolphe de Saxe* (Bibliothèque Nationale, n°° 6841-6842-6843),
se recommande aussi par le double mérite de belles miniatures rehaussant une
belle copie. On ne connaît pas le nom de l'enlumineur, mais du moins on sait
celui du scribe, qui s'est fait connaître par ces mots écrits à la fin du premier
tome, lequel comprend les deux premières parties de l'œuvre de Ludolphe, ou
plutôt Lupold : « *Explicit secundum volumen libri de vita* XRI *scriptum et
finitum per Egidium* RICHART *scriptorem.* »

La plupart des manuscrits de cette seconde moitié du quinzième siècle, surtout
les *in-folio vélin,* qui, à fort peu d'exceptions près, sont l'ouvrage des meilleurs
calligraphes et des plus habiles artistes, réunissent à un égal degré ces caractères
d'une beauté parfaite dans toutes ses parties. Pour chacun d'eux, comme le dit
justement leur judicieux appréciateur, M. Paulin Paris, l'épithète admirable,

dont il faut autrement se montrer si avare, est toujours répétée avec justice et raison.

Ainsi, le manuscrit s'était fait de plus en plus riche et somptueux, à mesure qu'on s'était approché de l'époque qui devait le ranger au nombre des choses de luxe, en lui substituant tout d'un coup, pour les besoins chaque jour plus impérieux de l'intelligence, pour les usages de la civilisation grandissante et chaque jour plus avide d'idées et de lumières, ce moyen de propagation intellectuelle si commode, si facilement multiple, si accessible à tous; enfin, le Livre imprimé, qu'un art nouveau venait d'enfanter.

De tout temps, le prix si élevé des manuscrits, qui, vu surtout la misère des temps, rendait la lecture, et par conséquent l'instruction, impossible pour le plus grand nombre, avait fait chercher des procédés diminuant l'importance et les lenteurs de la main-d'œuvre dans les transcriptions, et, par suite, la valeur du livre. On avait tenté des essais de copie et de formats populaires. De petits livres d'éducation, dont nous avons dit un mot déjà, et qui étaient écrits en *sigles* ou en caractères tironiens, avaient paru et avaient rendu la science plus indéchiffrable pour les yeux, mais aussi plus à la portée de la bourse des pauvres écoliers. Ce n'était pas assez; les transcriptions étaient encore trop lentes, trop peu nombreuses, et la science, faute d'expression, la pensée, faute d'intermédiaires pour sa propagande, restaient toujours stationnaires et inertes.

Enfin, après mille recherches, mille tâtonnements, on se mit sur la voie du moyen tant cherché, tant demandé. Et ce qui est étrange, mais toutefois bien d'accord avec les habitudes toujours si anormales et si hasardeuses de l'invention humaine, c'est que là où avaient échoué constamment tous les efforts, toutes les aspirations de l'intelligence travaillant et cherchant pour elle-même, des artisans, aux occupations futiles, des fabricants de cartes à jouer, devaient réussir les premiers. C'est par eux, en effet, et pour les besoins exclusifs de leur industrie, que la gravure sur bois fut inventée. Or, c'est cette gravure pratiquée à leur manière, qui fut, comme on va le voir, le premier point de départ de l'imprimerie tabellaire ou xylographique, laquelle est elle-même le premier rudiment de la typographie ou impression en caractères mobiles.

D'abord, on avait dessiné et colorié grossièrement à la main ces grandes cartes *tarotées,* hautes de six ou sept pouces, que maniaient les joueurs du moyen âge, bien avant la folie de Charles VI, bien avant Jacquemin Gringonneur, leur prétendu inventeur. Ensuite, la vogue de ce jeu croissant; on avait recouru, pour accélérer la fabrication des cartes, à ces patrons découpés qu'il suffisait de poncer sur le carton avec des encres de diverses couleurs, pour dessiner et enluminer une carte, d'un seul coup. Procédé ingénieux, en usage dans d'autres métiers, puisqu'on peut affirmer, selon Jansen, que pour les initiales si chargées d'ornements dans les manuscrits, quelques copistes n'employèrent pas d'autre moyen, à partir du sixième siècle, et que plus d'un livre de plainchant du treizième au quatorzième siècle paraît encore n'avoir pas été exécuté autrement; mais procédé surtout fort ancien, si, comme c'est probable, les Égyptiens recouraient à de pareils patrons pour les dessins si uniformément réguliers de leurs caisses à momies, et s'il faut croire enfin, avec de Caylus, que, sur les vases dits vases étrusques, les premiers linéaments du dessin n'étaient pas appliqués d'une autre manière : « Quand la couverte noire ou rouge était sèche, dit le savant antiquaire, le peintre, ou plutôt le dessinateur, devait nécessairement poncer ou calquer son dessin; et selon l'usage de ce temps-là, il n'a pu se servir, pour y parvenir, que de lames de cuivre très-minces, susceptibles de tous les contours et découpées, comme l'on fait aujourd'hui de ces mêmes lames pour imprimer les lettres et les ornements. Il prenait ensuite un outil fort tranchant, avec lequel il était le maître de faire, ce qu'on appelle *de réserve*, les traits les plus déliés; car il emportait et ôtait la couverte noire sur ce qui devait être clair. » Ce ponçage en découpures, dont le secret avait été renouvelé des Égyptiens et des Étrusques par nos enlumineurs d'initiales et nos cartiers, ne fût bientôt plus assez expéditif lui-même pour la multiplication des cartes à jouer. C'est alors que, par un souvenir de l'empreinte des cachets antiques, et surtout de ces sceaux du moyen âge qui, trempés dans l'encre, comme celui de Guillaume le Bâtard, scellaient et signaient une charte sur laquelle on les appliquait, on eut l'idée de tailler l'image des cartes dans d'épaisses planches de bois, qui, enduites d'une encre grasse, découvertes tout d'abord, puis appliquées fortement sur le carton, reproduisaient cette image à l'infini. La gravure en bloc, ou *xylographie*, qui de la fabrication des cartes s'étendit bientôt à celle des images de saints et des pieuses légendes, étant ainsi trouvée et ayant tout d'abord constitué, tant son succès avait été rapide et immense, les deux riches confréries des *tailleurs de bois* et des *peintres de lettres* ou *ymagiers*, l'invention de l'Imprimerie était proche : il semble même qu'on la voit déjà poindre sous le procédé xylographique, son précurseur nécessaire.

Cela d'ailleurs, comme l'a écrit un spirituel érudit, cela se passait au moment où fermentait la plus ardente exaltation dont eût été possédée l'intelligence humaine depuis bien des siècles, époque avide et curieuse où le roi cherchait des livres, où le pauvre voulait déchiffrer une inscription, où l'on retenait un copiste six mois à l'avance, où Alphonse de Naples faisait la paix avec Médicis, qui lui avait prêté un manuscrit ! Puisque l'on gravait déjà des légendes de saints sur des blocs de bois, pourquoi ne pas y graver des mots, des phrases, des paragraphes, pourquoi ne pas se servir du même moyen pour tirer un grand nombre de copies? Voilà ce que l'on se demanda, selon le même écrivain. La publication des premiers *livres d'images* fut la réponse.

Dans ces livres, véritable transition entre l'art de la gravure et celui de l'Imprimerie, simple acheminement vers la typographie, c'est toujours l'image qui l'emporte et prend tout l'espace; le texte ne se dégage encore qu'à grand' peiné du dessin, et n'en est même le plus souvent que le pâle corollaire et la brève explication. Voyez l'*Historia seu providentia virginis Mariæ ex Cantico Canticorum*, qui, avec ses seize planches, figures et textes, est un des plus curieux spécimens de ces sortes de livres, ou plutôt de grossiers recueils d'images avec légendes : sur chaque planche offrant deux sujets, les textes, toujours très-courts, se lisent sur des rouleaux qui couronnent les personnages, qui se déroulent de leurs bouches ou qu'ils portent dans leurs mains. De même pour la *Biblia pauperum, sive figuræ veteris et novi Testamenti*, contenant quarante planches de figures et de texte, et dont on fit cinq éditions latines, avec cinquante planches pour la cinquième, le texte est encore tout entier subordonné aux figures, lesquelles, selon le *Lessings Beytræge*, laisseraient deviner sous leur dessin barbare une reproduction assez exacte des verreries du couvent d'Hirschau. Ces livres d'images, d'ailleurs, portent bien tous l'empreinte du caractère religieux, tant dans leurs figures, empruntées quelquefois, comme on vient de le voir, à celles des vitraux, que dans la forme des lettres composant leur texte. L'*Ars memorandi notabilis per figuras evangelistarum, etc.*, où l'on compte trente planches, moitié pour le texte, moitié pour les figures, reproduit, dans ses lettres hautes d'une ligne et demie, épaisses, anguleuses, tranchantes, la forme de ces lettres tumulaires qu'on trouve sur les monuments des vieilles églises. Par là on voit bien quelle action avait l'influence monastique sur la fabrication de ces livres, et comment c'était peut-être seulement dans les cloîtres que se façonnaient ces planches xylographiques qui devaient si bien aider à la popularisation des psaumes et des légendes.

Mais, afin que, de tout ce qui concerne ces premiers livres imprimés, rien ne reste omis ou inexpliqué, nous allons reproduire ce que dit Lambinet, dans son *Origine de l'Imprimerie*, sur leur aspect et la manière dont ils étaient exécutés : « Ces sortes de livres sans date, écrit-il, sans indication d'auteur et de lieu, que l'on fait voir dans les différentes bibliothèques de l'Europe, ont tous été gravés sur planches de bois fixes, avec le texte à côté, au milieu ou au-dessous des images, ou quelquefois sortant de la bouche des figures, pour les expliquer. Ils ont été imprimés d'un seul côté du papier, avec une encre grise en détrempe. Ces ouvrages, que l'on regarde comme les premiers essais de l'Imprimerie, ont été fabriqués, les uns avant la découverte de cet art, les autres dans ses premiers commencements. Ils se ressemblent presque tous. Les figures qui y sont représentées sont grossièrement faites au simple trait, dans le goût gothique, de même que l'explication latine en prose rimée qui accompagne chaque figure gravée dans les petits carrés des planches. Les feuillets des planches, n'étant imprimés que d'un seul côté, sont ordinairement collés dos à dos les uns aux autres. Les lettres de l'alphabet, en gros caractères gothiques, qui se trouvent au milieu des planches indiquent l'ordre de leur arrangement.

» Pour graver une planche de bois, il fallait : 1° dessiner le sujet à la plume

Fragment fac-simile de la 28e page de la *Bible des Pauvres.*

ou le calquer sur le bois; 2° marquer tous les traits qui forment le dessin et les conserver en relief; 3° enlever délicatement avec des outils ce qui devait demeurer en blanc et être creusé, parce que le relief seul forme dans l'impression les

Fac-simile d'une planche tirée d'un *Livre d'office à l'usage du peuple*, imprimé avec des planches gravées en bois, dans les Pays-Bas, vers 1440. — Collect. d'estampes de Delhacq, de Gand.

traits sur le papier. C'est l'Imprimerie chinoise. Dans l'Impression des images et des cartes, on chargeait de noir la planche de bois ou le moule, on appliquait une feuille de papier moite, afin qu'elle s'attachât plus facilement au moule. On passait ensuite plusieurs fois sur le papier un frotton de crin ou de bande d'étoffe, et l'on frottait le papier sur le moule; alors l'empreinte de l'image paraissait sur le papier. L'on découvre cette opération par le revers de la feuille, qui est lisse et quelquefois maculée dans les anciennes estampes sur bois et dans les anciens livres d'images imprimés d'un seul côté. »

Plus tard, dans quelques livres d'images, comme le *Speculum humanæ salvationis*, ou *Speculum salutis* (petit in-folio), qui eut jusqu'à six éditions xylographiques, l'impression en caractères mobiles étant enfin découverte, on la fit servir, concurremment avec l'impression tabellaire, à l'exécution d'un même livre. Par là, on est amené à faire une utile comparaison entre les procédés de l'une et de l'autre, mises de la sorte face à face, et à facilement apprécier leurs différences. Ainsi, dans l'exemplaire du *Speculum* conservé à la Bibliothèque Nationale, sur cinquante-huit planches, vingt-sept ont le texte gravé en bois fixe, et les vingt-sept autres sont en caractères mobiles de fonte, particularité précieuse qui n'est contestée ni par Scriverius, ni par Bruyn, ni par Chevillier, ni par Enschédé, et que M. Marie Guichard cherche à expliquer ainsi : « L'imprimeur du *Speculum* possédait sans doute dans son atelier quelques planches de texte, reste de l'édition xylographique ; peu soucieux de productions qu'il ne signait pas, cet artiste se sera servi de 20 planches pour 20 feuillets de la troisième édition, préférant imprimer 20 pages avec des planches toutes préparées, que de les composer péniblement avec des caractères mobiles. Quoi qu'il en soit, ce livre, produit unique des deux manières, combinées ensemble, la xylographie et la typographie, existe, et d'un coup d'œil, par l'examen de ses deux textes si différemment obtenus, on peut se convaincre que dans les épreuves tirées sur des planches de bois fixe, l'encre du texte est grise ou couleur de bistre, comme celle des estampes dont il est la légende, tandis que sur les feuillets tirés avec les caractères mobiles de fonte, elle est partout d'un beau noir. Ce livre servirait encore à prouver que, même après la découverte de la typographie, on fut quelque temps avant de dédaigner et de mettre au rebut les planches xylographiques. Mais, pour cela, nous n'avons pas que ce seul exemple. Il est bien évident que plusieurs livres parus dans la seconde moitié du quinzième siècle, c'est-à-dire après l'invention de l'Imprimerie proprement dite, sont dus à l'impression tabellaire. Le livre de l'*Antechrist*, par exemple ; les *Sujets tirés de la Bible*, in-4°, avec trente-deux figures, dont chacune est accompagnée de quinze vers allemands ; puis encore, la *Chiromancie du docteur Hartlieb*, en allemand, livre dans lequel nous voyons que l'impression tabellaire avait fait un progrès. En effet, ses vingt-quatre feuillets ne sont plus imprimés d'un seul côté, comme tous ceux dus au même procédé ; ils sont *opistographes*, c'est-à-dire que le texte y occupe, comme dans nos livres imprimés, le verso aussi bien que le recto du feuillet.

Nous trouvons dans le *Scaligerana*, sur l'aspect de ces volumes xylographiques et l'étrange reliure dont on les revêtait, un curieux passage que nous ne nous souvenons d'avoir vu citer nulle part : « A Dordrec, l'Imprimerie s'inventa : on gravoit sur des tables, et les lettres estoient liées ensemble. Ma grand' mère avoit un pseautier de cette impression, et la couverture estoit épaisse de deux doigts : au dedans de cette couverture, estoit une petite armoire où il y avoit un crucifix d'argent, et au derrière du crucifix : *Berenica Lodronia de la Scala.* » Ailleurs, le *Scaligerana* nous parle encore de ce volume imprimé sur *ais de bois :* « Le premier livre qui fut imprimé, y est-il dit, fut un Bréviaire ou Manuale, on eût dit qu'il estoit escrit à la main (Madame la fille du comte de Lodron, grand'mère de M. de l'Escale [Scaliger] l'avoit; une levrette le rongea, de quoi J. Cesar [Scaliger] estoit bien fasché), parce que les lettres estoient conjointes les

Fac-simile d'une planche tirée d'un autre *Livre d'office* à l'usage du peuple, imprimé avec des planches gravées en bois, dans les Pays-Bas, vers 1440. — Collect. d'estampes de Delbecq, de Gand.

unes aux autres, et avoient été imprimées sur un ais de bois, où les lettres estoient gravées, tellement que l'ais ne pouvoit servir qu'à ce livre et non à d'autres, comme depuis on a trouvé de mettre les lettres à part. »

Ces Manuels, dont la perte d'un seul désole si bien Scaliger, sont, disons-le bien vite, d'affreux petits volumes. Il faut avoir les yeux et la passion d'un bibliophile pour les trouver ravissants et regrettables. Ne prenons pour exemple que quelques-unes des éditions du *Speculum* déjà citées. Le papier est d'une qualité détestable, le texte est partout inégal, mal venu; l'encre est incolore, les lignes sont irrégulières; la justification est mal posée; bon nombre de syllabes sont coupées par le milieu; la ponctuation est nulle, excepté dans la première édition latine, où le point se fait voir çà et là; l'espace manque presque partout entre les mots,

les fautes d'impression abondent, et enfin les caractères inégaux, grossièrement
taillés, ont laissé à toutes les lignes une empreinte imparfaite.

Tout grossiers qu'ils soient pourtant dans leurs résultats, ces essais, ces tâtonnements de l'art avaient une portée immense, et l'étude des *spécimens* abrupts
qu'ils ont laissés est des plus précieuses. Toute la typographie est là en germe,
ne demandant qu'à éclore. « L'impression une fois découverte, dit fort bien
M. de la Borde, une fois appliquée à la gravure en relief, donnait naissance à
l'Imprimerie, qui ne formait plus qu'un perfectionnement, auquel une progression
naturelle et rapide de tentatives et d'efforts devait forcément conduire. Cette
progression fut régulière ; elle fut tellement insensible, qu'on hésite sur le moment
où il faut la prendre pour la suivre. »

L'application de la xylographie à des livres autres que ces recueils d'images
pieuses dont nous avons tant parlé, à ces petits livres scolastiques, par exemple,
qui étaient en cours dans les couvents et dans les colléges, comme la grammaire
d'Elius Donatus et le petit vocabulaire nommé *Catholicon*, nous semble le premier progrès sensible de l'impression, son premier pas décisif vers l'utilité
scientifique et la propagande intellectuelle qui devait être son but.

La grammaire de Donat, où tout écolier français, hollandais ou allemand
apprenait à bégayer les premiers éléments de la latinité, fut surtout reproduite
à profusion par la xylographie. De là vient que tous les rares exemplaires de ce
genre d'impression qui ont survécu, qu'ils soient des *Speculum salvationis*, des
Catholicon, etc., ont tous été compris par les savants, sous le nom générique de
Donats. Notre Bibliothèque Nationale passe pour être la plus riche en monuments
de cette sorte. Mais ce qu'elle possède certainement de plus précieux en ce
genre, ce sont deux planches xylographiques ayant servi à l'impression d'un *Donat*.
C'est Foucault, conseiller du roi sous Louis XIV, qui les acheta en Allemagne.
Elles passèrent successivement au président Maisons, à Du Fay, à Morand,
enfin au duc de la Vallière. Quand l'admirable bibliothèque de ce seigneur fut
vendue, on n'eut garde d'oublier dans le Catalogue les deux précieuses planches.
Le second volume donna un fac-simile des caractères qui y sont sculptés. C'est
la Bibliothèque du roi qui les acheta et qui, ainsi que nous l'avons dit, les possède encore. Sur l'une et l'autre de ces planches, les lettres sont sculptées en relief
et à rebours. La première planche, de format in-4°, renferme vingt lignes. Au bas
est la lettre C, ce qui prouverait que cette planche reproduisait la troisième page
du livre dont elle est un fragment. On avait, en effet, alors l'habitude de paginer
les feuillets avec les lettres de l'alphabet, comme le prouve l'*Ars memorandi*, etc., déjà cité plus haut. Les caractères sont gothiques et assez gros. La
ponctuation, absente dans les livres d'images et dans le *Speculum*, commence à
se faire jour ici. Les points et les deux-points sont carrés ; les points d'interro-
gation ont la forme d'un c renversé au-dessous duquel est un point en étoile.
Les abréviations abondent ; aussi, sont-ce des accents *tironiens* qu'il faut voir

Prepolitio quid est. Pars ora
tionis que pposita alijs par
tibus oratois significationi
eaz aut coplet. aut mutat
aut minuit. Prepositioi quot accidut
Vnum. Quid: Casus tm. Quot casus
Duo. Qui: Actis 7 abltus. Dappo
litiones acti casus: vt ad. apud. ante
aduersum. cis. extra. circu. circa. cotra.
erga. extra. inter. intra. infra. iuxta. ob
pone. per. pe. pter. scdm. post. trans
vltra. preter. supra. circiter. vsq. secus.
penes. Quo dicimus eni. Ad patrem
apud villa. ante edes. eduersum imnu
cos. cis renu. citra foru. circu vicino.
circa templu. contra hostes. erga pm

Et pluraliter doceamur docemini do-
ceantur. Futuro docetor tu docetor ille. Et pluraliter doceamur doceminor
docentor. Optatiuo modo tempore
presenti et preterito imperfecto vtinaz
docerer doceres vel docerere docere-
tur Et pluraliter vtinam. doceremur
doceremini docerent. Preterito perfe-
cto et plusquamperfecto vtinam doctus es-
sem vel fuissem esses vel fuisses esset vl
fuisset. Et pluraliter vtinam docti esse-
mus vel fuissemus essetis vel fuissetis
essent vel fuissent. Futuro vtinam doce-
ar docearis vel doceare doceat. Et plr
vtinam doceamur doceamini doceant
Coniunctiuo modo tempore presenti

GRAMMAIRE LATINE DE DONAT,

Autre édition xylographique, attribuée à Faust et Gutenberg.

(Passage du chapitre de la *Conjugaison*.)

Fac-simile du tirage fait avec les planches de bois originales. (*Bibliothèque Nationale de Paris*.)

D

dans cette sorte d'accent grave et dans ce demi-cercle qui surmontent alternativement les ı. La seconde planche ne provient évidemment pas du même livre. On n'y compte que seize lignes au lieu de vingt, parce qu'elle a été visiblement sciée par le bas. D'autres marques certaines prouvent la différence des deux éditions : dans celle-ci, le caractère est plus gros et plus net; les abréviations sont moins nombreuses et affectent une autre forme; les lignes sont plus courtes, et les ı ne sont surmontés que d'un simple trait. M. de la Borde conclut de la perfection relative du texte de ces deux planches, surtout de la dernière, qu'elles pourraient bien être postérieures aux premières publications typographiques de Mayence. Cette opinion très-plausible appuie ce que nous disions tout à l'heure sur l'emploi de l'impression tabellaire longtemps encore après la découverte de celle en types mobiles.

Mais d'où nous venaient ces *Donats*, ces *livres d'images*, ces exemplaires du *Speculum*, de la *Biblia pauperum*? Dans quelle ville industrieuse de la Hollande ou de l'Allemagne avait-on façonné leurs planches prototypographiques? Quels ouvriers, aussi, les avaient gravés? Voilà le grand mystère, sur lequel les savants depuis quatre siècles n'ont fait qu'accumuler des ombres, sans qu'un seul l'éclairât d'une explication certaine. Les uns, en ce qui concerne plus particulièrement les livres d'images, la *Biblia* et le *Speculum*, tiennent pour l'Allemagne. Lessing, par exemple, qui prouve que la première édition de la *Biblia pauperum* doit nécessairement avoir été publiée en Souabe, puisque ses figures, comme nous l'avons déjà dit d'après lui, ne font que reproduire celles des vitraux du couvent d'Hirschau dans la Forêt-Noire : « A tel point, ajoute-t-il, qu'on devrait désigner dorénavant cet ouvrage, non sous le titre de *Biblia pauperum*, mais sous celui de Peintures des fenêtres d'Hirschau (*Hirschauschen Fenstergemalde*). Quant au *Speculum*, d'après Meermann, Heinecken et Ottley, les plus ardents antagonistes de l'origine allemande, eux-mêmes, il a une grande analogie avec la *Biblia* pour le dessin et la manière du graveur. Selon Ottley, qui pour cela a soulevé des faits nouveaux, la coopération des mêmes artistes dans les deux livres est prouvée jusqu'à l'évidence. L'exécution tout allemande du premier prouverait ainsi celle du second, sans contradiction possible. C'est la conclusion de M. Guichard et la nôtre. La fabrication des *Donats*, qui n'est point une invention nouvelle, mais seulement l'application à d'autres livres, à des ouvrages scolastiques, du procédé qui avait produit en Allemagne la *Biblia* et le *Speculum*, nous semble, au contraire, d'origine hollandaise, et, en cela, nous suivons volontiers encore l'opinion judicieuse de M. de la Borde. Le texte, d'ailleurs, du Chroniqueur anonyme de Cologne est formel : « Bien que l'art de l'Imprimerie, dit-il, tel que nous le pratiquons aujourd'hui, ait été inventé à Mayence, cependant la première idée en a été trouvée en Hollande; car c'est par les *Donats* et d'après les *Donats*, qui avant cette époque ont été gravés dans ce dernier pays, que commença l'Imprimerie. » Or, comme celui qui nous transmet ce document

Fac-simile de la cinquième image de la première édition du livre, gravé en tables de bois, et intitulé : Ars moriendi, ou De tentationibus morientium : l'Art de bien mourir, ou les Tentations des moribonds (grandeur de l'original). Bibl. roy. de Dresde.

est Allemand, et qu'il n'a pas d'intérêt à flatter une nation rivale de la sienne pour cette invention; comme, de plus, il écrivait en 1499, époque encore voisine des faits qu'il avance, il faut l'en croire, et renvoyer à la Hollande tout l'honneur de la publication des *Donats*. Mais après cela, par une déduction forcée, par une crédulité trop complaisante pour le récit contenu dans la *Batavia* d'Adrien Junius, certainement mensonger et fait seulement pour les besoins de la gloire industrielle des Hollandais, attribuer tout d'un coup à Jean Laurent, le marguillier (*coster*) de Harlem, la découverte des types mobiles en bois, même des types mobiles en métal; c'est ce que nous ne voulons pas. Nous laisserons les Hollandais Meermann, Kœnig, Ottley et plusieurs autres défendre cette opinion plus par esprit national que par conviction, et sans infliger à la statue de Laurent *Coster*, le *prototypographe*, d'autre injure que celle de notre doute robuste, de notre incrédulité, nous chercherons ailleurs, c'est-à-dire en Allemagne, à Mayence, puis en France, à Strasbourg, celui qui, pour solution de l'un des mille problèmes que s'était posés son génie ardent et inquiet, sut trouver enfin le dernier mot de cet art, et ouvrit ainsi un nouveau monde à la pensée humaine.

Le principe de la mobilité des caractères qui, celui de l'impression xylographique étant admis, restait seul à découvrir pour que la typographie fût constituée de toutes pièces, se trouvait en préparation dans mille usages des anciens. Aussi les érudits ont-ils fureté toute l'antiquité, la Grèce, Rome, même la mythologie, pour voir si dans quelque recoin mystérieux ne se trouverait pas l'invention complète. De là une foule d'hypothèses plus extravagantes les unes que les autres : celle de Bernard de Malinckrot, par exemple, qui examine sérieusement la question de savoir si Saturne ne fut pas le premier typographe, *Saturnus an invenerit typographiam;* celle aussi de Robert Mentel, qui, dans son livre de *Vera typographiæ origine parænesis,* attribuerait volontiers le même honneur au roi Agésilas faisant paraître sur le foie d'une victime ouverte l'empreinte du mot *niké* (victoire) qu'il avait tracée en noir sur le creux de sa main. Ce qui est toutefois certain, ce qui prouve évidemment que les anciens ont touché du doigt ce prodige des inventions, sans pouvoir, par je ne sais quelle fatalité, le saisir de la main, c'est qu'ils pratiquaient dans sa plus large extension l'impression sèche à froid ou à chaud. Ne faisaient-ils point un usage continuel des cachets? N'avaient-ils pas, pour leurs pains, pour les briques, surtout pour les poteries, pour les lampes en terre cuite, des marques à caractères mobiles, formant des mots par la réunion de plusieurs poinçons d'une seule lettre, et dont ils se servaient de la même manière que nos relieurs emploient aujourd'hui pour les étiquettes des livres? Sur plusieurs de ces inscriptions par empreinte, on a trouvé des lettres retournées; véritable faute d'impression qui prouve bien que chaque caractère était isolé, comme on l'a déjà judicieusement remarqué dans le *Wald's Geschichte der Wissenschaften.* Encore ne sont-ce pas là les seuls indices élémentaires de l'imprimerie que nous ait transmis l'antiquité insoucieuse. Les

Romains avaient été jusqu'à séparer, jusqu'à mobiliser les caractères, afin que les enfants, s'amusant avec ces lettres isolées, faites de buis ou d'ivoire, fissent de la lecture un véritable jeu. Quintilien, au livre I, ch. 2 de ses *Institutions de l'orateur*, recommande cette façon ingénieuse d'apprendre à lire aux enfants, en employant des lettres d'ivoire, *eburneas litterarum formas*. Saint Jérôme, écrivant à Lata, matrone romaine, sur l'éducation de sa fille Paula, lui dit aussi : « Qu'on fasse des lettres de buis (*fiant litteræ buxea*), qu'on appelle chacune d'elles par son nom, qu'elle s'en fasse un jouet, afin que cet amusement lui serve en même temps de leçon. » C'est la mobilité des caractères dans toute son évidence ; mais, ajouterons-nous bien vite, avec M. Léon de la Borde, ces lettres, étant creusées à jour dans de petites lames d'ivoire ou de buis, étaient impossibles pour l'impression ; elles n'auraient donc pu donner une idée de l'Imprimerie, c'est-à-dire des types mobiles, qu'autant qu'on aurait eu déjà celle de l'impression, de la presse. Un texte de Cicéron n'est pas moins explicite que les passages de Quintilien et de saint Jérôme. Son allusion à la mobilité des lettres n'est pas moins transparente, et même malgré l'ironie qui s'y trouve, elle a trait plus directement à l'usage qu'on pourrait faire de ces parties éparses d'un alphabet, réunies enfin pour former un sens. Cherchant à réfuter la théorie de la création du monde par les atomes, voici ce qu'il dit : « Celui qui croirait une pareille chose possible, pourquoi ne croirait-il pas que si l'on jetait à terre, quelque part, d'innombrables formes des vingt et une lettres de l'alphabet, soit en or, soit de quelque autre matière, il pourrait en sortir les Annales d'Ennius ? » Faites que ce passage sceptique du *De natura deorum* tombe tout d'un coup dans l'esprit de Gutenberg, et tout d'un coup, découvrant ce qu'il cache, débrouillant la vérité sous l'ironie, où Cicéron met l'impossible et le chaos, il verra le possible et la lumière ; de cet amas de lettres sans ordre, où le grand orateur ne voit pas même le germe d'un livre, il fera jaillir toutes les œuvres de l'esprit humain.

Les érudits, étudiant ces indices presque révélateurs de la typographie, et émerveillés de leur rapport prochain avec une invention presque complète, se sont demandé sérieusement si les Romains ne l'avaient pas pratiquée. D'Israéli, dans ses *Curiosités littéraires*, se hasarde à dire que les gens de poids à Rome l'avaient certainement connue, mais que, calculant tous les dangers qu'elle apporte avec soi, ils n'avaient pas voulu que le peuple fût initié à ses périlleuses pratiques. Quandt ne la fait pas remonter jusqu'aux Romains, mais il dit hardiment que, si elle eût été connue de leur temps, ils n'auraient su qu'en faire ; que, si même elle fût venue plus tôt, elle n'aurait eu aucun succès. D'autres, comme Frenzel, veulent que la découverte de l'Imprimerie ait dû être une conséquence nécessaire de celle du papier, et que celle-ci, n'étant pas encore faite, l'autre restait impossible. En cela, ils s'appuient sur ce qu'a dit l'Arétin : « Ils ne réfléchissent pas, ceux qui s'étonnent que les anciens n'aient pas connu l'Imprimerie, que cette invention n'aurait été d'aucune utilité pour les Romains, par la raison bien simple qu'ils n'avaient pas de papier bon à l'impression. »

M. de la Borde a fait bonne justice de ces étranges raisonnements sur le dédain qui eût accueilli l'Imprimerie à Rome, si le génie d'un inventeur les en eût dotés. « L'impression et l'Imprimerie, dit-il, étaient appelées de tous les vœux de l'antiquité, vaguement et comme on peut désirer un bien dont on sent le besoin, mais dont on ignore la nature. Il n'y a pas de puissance sur la terre qui eût été capable de cacher ce moyen et d'arrêter son essor, si la puissance du ciel l'eût accordé à l'humanité. Le papier était inutile; le papyrus, le linge et le parchemin ne suffisaient-ils donc pas? le parchemin surtout, si particulièrement propre à l'Imprimerie, que les premiers livres ne furent tirés que sur cette matière, et qu'on le réserve aujourd'hui pour nos plus belles éditions. Pour nous non plus, l'impossibilité de la typographie chez les anciens n'est pas dans l'absence des moyens matériels, mais bien dans l'impuissance de la pensée créatrice, dans l'asservissement de la force industrielle toujours remise aux mains des esclaves, toujours en travail pour les besoins sensuels, pour les raffinements de la matière, jamais pour ceux de l'intelligence. Au moyen âge, cette force, qui n'est une puissance que lorsque celle de la pensée s'y associe, s'émancipe enfin : l'ouvrier n'est plus esclave, l'homme pratique peut être un libre penseur, la main devient intelligente et peut travailler pour l'idée. Alors donc aussi peut éclore cette admirable découverte, résultat de deux forces combinées, expression sublime de l'émancipation de la pensée bien plutôt encore qu'un simple progrès de main-d'œuvre. Voyez ce qu'est l'Imprimerie chez une nation qui ne marche pas à la liberté, à l'affranchissement de l'intelligence; chez un peuple stagnant dans l'esclavage, en Chine par exemple. Elle y naît, dix siècles avant de paraître chez nous, mais elle n'y vit pas, elle y végète; jamais elle ne peut parvenir à se dégager de son germe, ni à atteindre des procédés supérieurs à ceux de notre xylographie, cet embryon grossier dont notre art typographique a si vite secoué les liens. En Chine, c'est vainement que Pi-Ching, le forgeron, tente ce que Gutenberg tenta si utilement en Europe; vainement il s'ingénie à former avec une terre fine et glutineuse, et de solidifier par une double cuisson, des caractères mobiles qu'il joint et qu'il maintient unis ensemble à l'aide de cadres en fer; son invention, sœur de celle de Gutenberg, avorte, et Pi-Ching, puni d'avoir mal compris son siècle et surtout sa patrie, meurt en léguant à ses héritiers ses types inutiles. Les Chinois, routiniers comme tout peuple esclave, s'en tiennent obstinément à ces planches gravées, si promptement dédaignées chez nous. Enfin, en 1662, des missionnaires européens, faisant violence à cette opiniâtreté routinière, décident l'empereur Kang-Hi à faire graver deux cent cinquante mille types en cuivre, et, grâce à cet élan que lui imprime une pensée venue d'Europe, la véritable Imprimerie est créée en Chine et s'y naturalise après vingt siècle d'enfantement. »

Hans ou Jean Gentfleisch de Sulegeloch, dit Gutenberg, sans doute parce qu'il était originaire, sinon natif, de la petite ville de Kuttenberg, en Bohême, comme on l'a soutenu dans ces derniers temps, quitta, en 1420, la ville de Mayence, où l'opinion commune le fait naître de 1398 à 1400. Des troubles,

Jean Gutenberg, par Julius, en 1698. (Cab. des Est. — Bibl. Nat. de Paris.)

survenus à l'occasion de l'entrée solennelle de l'empereur dans la ville et d'un conflit de prétentions qui se souleva entre les deux bourgmestres à propos de cette cérémonie, et auxquels il prit part, le forçaient de s'exiler. C'est à Strasbourg qu'il vint s'établir. Jusqu'en 1434, il y reste complétement obscur, nous ignorons même avec quelles ressources et par quelle industrie il y peut vivre ; sans doute, quoiqu'il soit noble, en s'occupant de travaux manuels, de la copie ou de l'enluminure des manuscrits, son premier métier, suivant la plus commune tradition ; de la gravure sur bois, ou bien déjà de la taille des pierres précieuses, industrie à laquelle nous le verrons se livrer plus tard. De 1434 à 1436, il se révèle tout à coup à nous, grâce à quelques documents qui nous le font voir sous deux aspects assez opposés, assez contradictoires, et pour cela même témoignant d'une façon d'autant moins récusable pour cet homme singulier, dont la vie fut toute d'aventures et de contrastes. En 1434, nous le voyons actionner en justice un débiteur réfractaire, un greffier (*Stadschreiber*) de la ville de Mayence, de qui il réclame le payement de revenus arriérés. Dans le même temps, il se trouve lui-même sous le coup d'une plainte non moins impérieuse : une noble demoiselle Ennelin zu der Isering Thüre (*à la porte de fer*) le cite devant le tribunal épiscopal, exigeant de lui l'exécution d'une promesse de mariage. Nous ne savons si le greffier mayençais trouva la somme qui devait satisfaire Gutenberg ; mais, quant à sa propre dette de fiancé, où Gutenberg n'avait qu'à payer de sa personne, nous sommes fondés à croire qu'il lui fit honneur. Nous voyons, en effet, figurer, à partir de cette époque, sur les registres municipaux de Strasbourg une Ennel. Gutenberg qui paye des impôts. En 1436, et c'est ici que gît le contraste, ce même homme qu'il faut sommer par justice pour qu'il acquitte ses promesses de fiancé, figure comme *constable* sur le *Helbeling Zollbuch* (livre d'imposition) de Strasbourg. Ainsi, Gutenberg, quoique bon gentilhomme, déroge assez à sa noblesse pour gagner sa vie par le travail de ses mains ; quoique nécessiteux et d'une existence assez désordonnée, les plaintes d'Ennelin nous l'ont prouvé, il figure parmi les magistrats de la cité qu'il a adoptée pour patrie; tout cela semble un peu inconciliable; mais ce que nous savons, ce qui nous reste à dire de cet homme étrange, donne pourtant à tout une complète vraisemblance.

En 1439, les procès ont déjà recommencé pour lui; cette fois, il ne s'agit pas de rentrées de fonds, de promesses galantes à acquitter, ce sont de bien plus graves affaires : Gutenberg vient faire valoir les droits, défendre les mystérieux intérêts qu'il possède dans une société dont il est lui-même le fondateur et qui exploite certains procédés dont le secret lui appartient. Le procès, en réalité, ne roule que sur une somme contestée de quelque quinze florins, et il se plaide devant un médiocre tribunal, contre de très-obscures parties; « mais, dit avec raison M. de la Borde, la discussion s'agrandit singulièrement, si nous rappelons que déjà, depuis trois ans, Gutenberg porte dans sa tête l'idée du grand procédé qui s'est appelé l'*Imprimerie,* et qu'il discute ici les espérances qu'il avait déjà fait naître. »

Voici, en effet, le débat qui s'agite : de 1436 à 1437, Gutenberg, cherchant à exploiter une des inventions si vite écloses dans son cerveau actif, fait avec un certain Jean Riffe une association à laquelle viennent bientôt prendre part Anton Heilmann et son frère André Dryzehn, qui avait déjà été lié d'intérêt avec Gutenberg pour la taille des diamants. Les stipulations de l'acte social, rédigées par écrit, avaient établi que les intérêts de la société seraient divisés en quatre parts, sur lesquelles Gutenberg, l'âme de l'entreprise, s'en réservait deux, en outre d'une somme de 160 florins qu'il avait droit de prélever sur ses deux derniers associés. Maintenant quel était donc le secret que ces quatre hommes se préparaient à exploiter avec tant d'ardeur, et pour lequel, dans l'espérance sans doute d'énormes bénéfices, il était fait de si grandes concessions à Gutenberg qui avait apporté l'idée ? D'après les déclarations d'André, qui se disait miroitier, *Spiegelmacher* (faiseur de miroirs), lorsqu'on l'interrogeait sur son entreprise avec Gutenberg; d'après une déposition d'Antoine Heilmann, qui parle au procès de miroirs que les associés se proposaient de vendre lors du pèlerinage d'Aix-la-Chapelle, on a pensé qu'il s'agissait tout simplement de je ne sais quel perfectionnement à apporter dans la fabrication des miroirs, pour les établir à moins de frais, les vendre aussi cher et réaliser par là de gros bénéfices. Tous les savants ont admis cette opinion, mais quelques-uns pourtant l'ont discutée, M. de la Borde entre autres, avec ce doute sagace et cette habitude d'appréciation lumineuse qui donnent tant de prix à ses travaux d'érudit. Il s'est demandé si, dans l'histoire de l'art du miroitier, on trouvait quelques traces de ces tentatives de Gutenberg, qui, d'après les témoins, n'auraient pas été infructueuses, et même, de l'aveu de Dryzehn, auraient produit d'assez beaux bénéfices, et ses recherches à ce sujet ne lui ont rien fait découvrir : « La fabrication des miroirs, dit M. de la Borde, aurait éprouvé à cette époque une grande amélioration, si Gutenberg avait trouvé un moyen tellement économique, qu'il eût donné à ses ouvriers les espérances qui sont avouées dans les dispositions et qui entraînent ses associés aux sacrifices d'argent qu'ils font sans murmurer. Rien de pareil ne s'est manifesté au moyen âge, et l'on sait, au contraire, qu'à cette époque et plus d'un siècle après les miroirs sont restés de petite forme et très-rares. » M. de la Borde se pose aussi, d'après un détail du procès et au sujet d'un des instruments qui auraient servi à cette prétendue fabrication de miroirs, une objection judicieuse dont aucun des autres savants n'avait eu la pensée : « A quoi bon une presse? dit-il. Les uns ont voulu trouver dans cet instrument un moyen d'imprimer sur les bords de la glace, ou, selon d'autres, sur le cadre, des ornements en creux, au moyen de blocs de bois en relief. Rien ne prouve qu'on ait fabriqué quelque chose de semblable au moyen âge. » Apporter ainsi le doute dans des erreurs depuis longtemps admises, détruire ainsi pièce à pièce l'idée fausse, c'est être bien près de toucher l'idée vraie. Après M. de la Borde, on n'avait plus qu'un pas à faire pour entrer en plein dans la vérité; on n'avait plus qu'à se demander, pensant toujours à ce Gutenberg qui doit bientôt trouver la Typographie, si ce mot *miroir, spiegel* en allemand, *speculum* en latin, qui, pris dans son sens propre, n'a pas ici de signification, n'en aurait pas, au contraire, une évidente, victorieuse, en le prenant dans un sens figuré. Quel titre portent la plupart des petits livres de piété que nous avons vu s'imprimer tout à l'heure à l'aide des planches xylographiques, et se propager ainsi dans toute l'Europe, et surtout dans la pieuse Allemagne? Ces petits livres s'appellent, l'un *Speculum humanæ salvationis*, l'autre *Speculum salutis*, c'est-à-dire *Miroir du salut de l'homme, Miroir du salut*. Eh bien! selon nous (voy. la curieuse dissertation sur le *Procès de Gutenberg*, par le bibliophile Jacob, qui a le premier trouvé la clef de cette énigme), les miroirs que Gutenberg fabrique clandestinement avec ses trois associés ne sont certainement pas autre chose que ces petits livrets xylographiques. Ainsi se trouve expliqué le zèle ardent du grand inventeur pour ce travail qui va l'amener graduellement à son admirable découverte; ainsi s'explique à merveille l'usage de la presse, si inexplicable dans la donnée première; ainsi l'on comprend encore que les associés aillent vendre les produits de leur fabrication à ce pèlerinage d'Aix-la-Chapelle, où ces petits *miroirs* mystiques devaient être d'un débit si facile et si naturel, tandis que les autres miroirs mondains y auraient été une marchandise assez étrangement profane. Le secret dont les associés entourent leur travail, les réponses évasives de Dryzehn, qui, pour ne pas trahir ses occupations clandestines et ne pas trop mentir pourtant, équivoque sur le double sens de *Spiegel*, et se dit *faiseur de miroirs*, ne sont pas moins explicables. S'ils travaillent ainsi dans l'ombre, loin de tous les yeux, c'est qu'ils ne se contentent pas de refaire ce qu'on a tant fait en Allemagne et en Hollande depuis un demi-siècle, ces livrets grossiers, ces *Donats*, qui maintiennent l'impression xylographique si loin de la perfection des manuscrits. Gutenberg veut que de sa presse sortent des livres qui rappellent cette perfection de la lettre copiée, dont les *Donats* ne peuvent approcher ; des livres qui, par la forme du caractère, la régularité des lignes, la noirceur de l'encre, la correction du texte, soient un *fac-simile* si parfait des plus beaux manuscrits, que l'acheteur puisse les prendre pour tels et les payer d'une somme aussi élevée. Il tente une contrefaçon, c'est évident, et

C·XIX·
Locut⁹ ē autē saul ad yonathan
filium suum·et ad oēs seruos
suos: ut occideret dauid. Porro yonathas fili⁹ saul. diligebat dauid valde.
Et indicauit yonathas dauid dicen
Querit saul pr̄ meus occidere te. Qua-
propt obsecua teqso mane: ꝗ manebis
clam et absconderis Ego autē egredies
stabo iuxta patrē meu. a co vbicūqꝫ
fuerit: et ego loquar de te ad patre meū:
ꝗdcūqꝫ videro nūciabo tibi. locut⁹
est ergo yonathas de dauid bona: ad
saul patrem suum. Dixitqꝫ ad eū. Ne

Fac-simile de la *Bible* sans date, imprimée à Mayence, vers 1450, par Gutenberg.

M. de la Borde lui-même ne l'a pas nié. C'est même cela seulement qui a pu allécher les trois associés, gens assez peu scrupuleux, et les jeter dans l'entreprise. S'il s'était agi de simples *Donats*, ils n'auraient pas risqué d'aussi grosses sommes, fait à Gutenberg d'aussi grands avantages, ni, répétons-le, entouré l'entreprise d'un si impénétrable mystère. Mais lorsque Gutenberg avait fondé l'association, il n'était pas encore maître de son invention tout entière. Ce qu'il avait trouvé, selon Ulrich Zell, en examinant bien le mode d'exécution d'un Donat hollandais, ne consistait guère que dans le procédé de la mobilité des caractères. C'était déjà beaucoup. Ainsi, pouvant façonner ses lettres une à une, il les obtenait d'une meilleure forme, mieux gravées, d'un contour plus gracieux. Il pouvait aussi, sans refaire une planche tout entière, comme l'aurait exigé le procédé xylographique, retirer d'un mot toute lettre fautive. La régularité et la correction, deux conditions à remplir pour que le caractère imprimé se rapprochât du caractère manuscrit, étaient ainsi à peu près atteintes ; mais ce n'était pas assez. La lettre si brillante et si nette sur la page écrite à la main, sortait pâle et d'un contour indécis et inégal sur la page imprimée par Gutenberg. Le caractère de bois n'avait pas assez de légèreté, d'assez vives arêtes pour reproduire la forme svelte, le trait nettement accusé de la lettre tracée par la plume du copiste. La contrefaçon était fautive et facile à reconnaître. Gutenberg ne désespéra pas de la rendre plus parfaite. Ce qui contribuait surtout à rendre ses impressions défectueuses, c'étaient, nous venons de le dire, les caractères de bois. Il songea à leur substituer des caractères de métal, et pour cela, il s'entendit avec Dünne l'orfévre (mécanicien et fondeur du temps), qui, pendant trois ans passés, suivant son témoignage, c'est-à-dire à partir de 1436, première année de l'association, livra à Gutenberg *tout ce qui avait rapport à l'Imprimerie.* Les trois associés ne surent rien d'abord de ces nouveaux essais; Gutenberg, qui y voyait le dernier mot de son grand arcane, les leur cachait avec grand mystère. Mais, un jour de 1438, Dryzehn et Heilmann le surprirent à l'œuvre dans sa maison de Saint-Arbogast, et l'interrogèrent sur ses travaux secrets. Il refusa de répondre, l'invention qu'il poursuivait étant de celles qu'il ne s'était pas engagé à leur confier. Ils insistèrent, offrirent tout ce qu'ils possédaient pour être encore de moitié dans ce nouveau secret, et Gutenberg céda. Il s'établit dès lors une nouvelle association dont Riffe fit encore partie et dont l'apport social, pour chacun des trois nouveaux venus, dut être de 250 florins. La somme était considérable, mais, selon la déclaration de Gutenberg à ses associés, elle devait être bien compensée par les droits qu'ils acquéraient sur un matériel considérable, sur des ustensiles déjà fabriqués ou en voie d'exécution. Dryzehn s'épuisa pour payer sa part, sacrifia son patrimoine, vendit ses meubles, mit en gage les diamants de sa femme, et finit par mourir à la peine, n'ayant pas un florin.

Les frères du mort, Georges et Claus, réclamèrent alors de Gutenberg une somme de 100 florins qu'ils disaient réservée par l'acte social à la succession de celui des trois associés qui viendrait à mourir, mais dont toutefois ils le déclaraient quitte volontiers, s'il consentait à les admettre tous deux dans la société, au lieu et place de Dryzehn. Gutenberg refusa d'accéder à l'une et à l'autre de ces deux réclamations. De là le procès entamé contre lui en 1439, pour lequel se produisirent les curieux témoignages qui nous ont guidés dans toute cette histoire, et dont le résultat fut un arrêt du tribunal, déclarant que la somme due par Gutenberg aux héritiers ne dépassait pas quinze florins. Dès lors la société fut rompue de fait.

Gutenberg n'avait encore trouvé ni le procédé ni le métal propre à la fonte de ses caractères : il resta quelques années encore à Strasbourg, poursuivant sans relâche, et toujours entouré du même mystère, la solution de ce problème, ce dernier mot de son invention. En 1442, il ne l'avait pas trouvé; et, sans cesse mis à bout de ressources par ses infructueuses épreuves, il se voyait forcé de vendre au chapitre de Saint-Thomas une rente que son oncle Loheymer, mort à

Mayence, lui avait laissée en héritage. L'année suivante, dégoûté de Strasbourg, il commençait à méditer un retour vers cette même ville de Mayence. Il y louait la maison de *Zumjungen;* et enfin, en 1445 ou 1446, il quittait définitivement Strasbourg et revenait, après son long exil, s'établir dans ce logis même, au sein de sa ville natale. Pendant quatre ans, il y reste aussi ignoré, plus obscur même qu'à Strasbourg. Mais en 1450, il trouve un homme ardent au lucre, avide d'inventions et de spéculations merveilleuses comme le Strasbourgeois Dryzehn, mais plus riche que lui. C'est un vieil orfévre nommé Faust, qui tout d'abord, s'associant avec Gutenberg, met 800 florins au service de ses beaux projets. D'après l'acte d'association, qui a été conservé, cette somme de 800 florins d'or avancée par Faust devra produire 6 pour 100 d'intérêts, et les ustensiles ou instruments nécessaires à l'imprimerie, que Gutenberg fera confectionner, lui resteront aussi engagés. Faust, du reste, devra fournir, en outre de la première somme, 300 florins d'or, pour les frais généraux, loyer, chauffage, gages de domestiques, achat de parchemin, d'encre, de papier, etc. Les bénéfices seront partagés à part égale par les associés ; et la société venant par hasard à se dissoudre, Gutenberg reprendra possession du matériel : mais seulement après avoir remboursé à Faust les 800 florins d'or. Quoique basés sur ce riche capital, les travaux de la nouvelle association sont d'abord languissants. Gutenberg ne semble plus possédé de l'ardeur qui l'animait à Strasbourg et qui l'avait poussé si près du but de ses longs efforts ; à en croire même un curieux passage de l'abbé Trithème, il paraîtrait qu'il renonça quelque temps, soit lassitude, soit avidité d'un gain plus sûr, à son procédé chéri, de l'impression par types mobiles, et recommença à opérer à l'aide des moyens rétrogrades de la xylographie. Meermann n'est pas éloigné de partager cette opinion de Trithème ; et nous l'adopterons nous-mêmes, mais à la condition d'ajouter bien vite que Gutenberg, ne s'en tenant pas à cette besogne si indigne de lui et qui lui était imposée sans doute par l'avidité pressante de Faust, n'en continuait pas moins ardemment ses recherches pour la fonte des caractères. Ici nous pourrions nous appuyer fortement sur un autre passage de l'abbé Trithème, où il est dit que vers 1452 ou 1453, F. Gutenberg et Faust trouvèrent « une méthode pour fondre les formes de l'alphabet latin, formes qu'ils appelaient *matrices,* et dans ces matrices, ils fondaient de nouveau des caractères de cuivre et d'étain ; » mais ce témoignage de l'abbé Trithème, tout positif qu'il est, doit céder devant une tradition plus communément admise, qui, sans nier la persistance des travaux et des essais de Gutenberg, attribue à Pierre Schœffer de Gernsheim, ouvrier de Faust, l'invention définitive de la fonte des types d'imprimerie. Cette tradition est ainsi reproduite par Jean-Frédéric Faust d'Aschaffenbourg, qui la laissa dans les archives de sa famille, d'où Wolf la tira pour en donner une traduction latine dans ses *Monumenta typographiæ.* « Pierre de Gernsheim, ayant compris le projet de son maître Faust, et plein de goût pour son art, trouva, par l'inspiration divine,

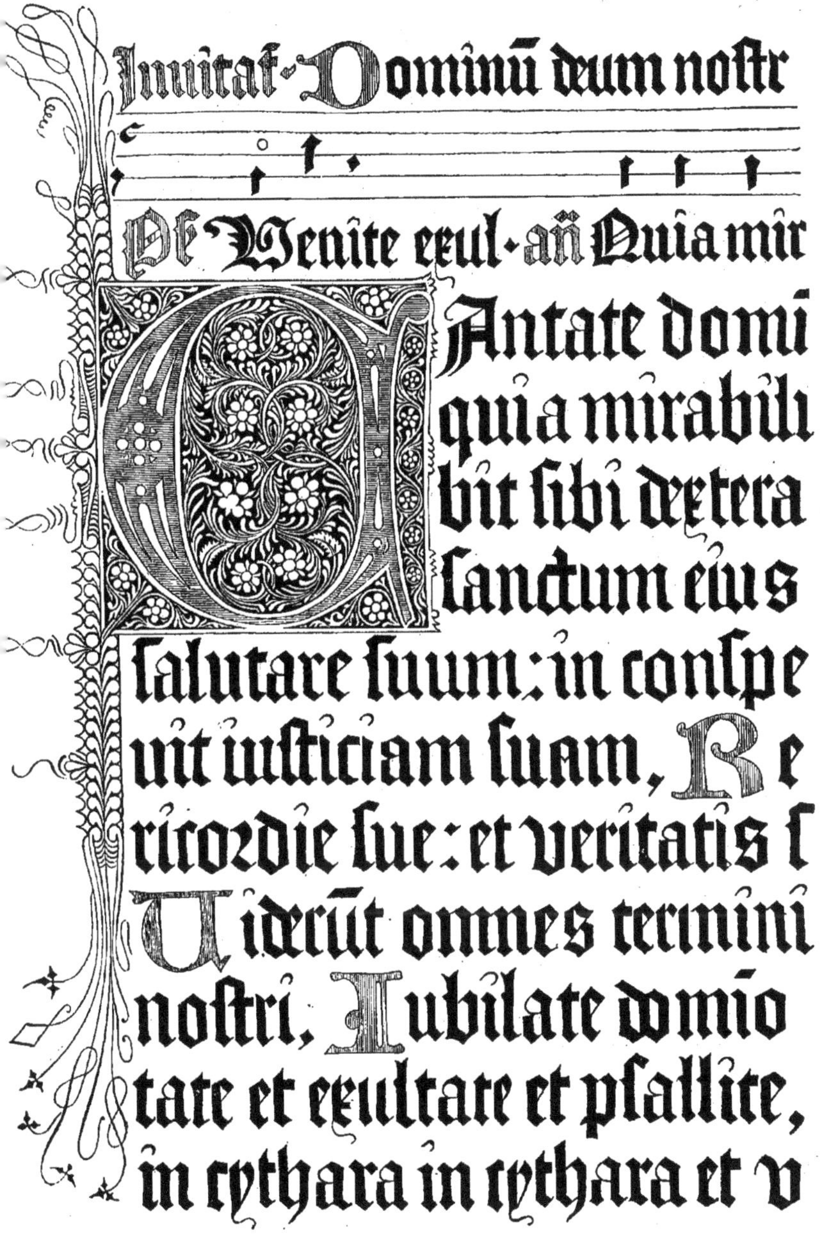

Inuitat. Dominū deum nostr
Ps. Venite exul. añ Quia mir
CAntate domi
quia mirabili
bit sibi dextera
sanctum eius
salutare suum: in conspe
uit iusticiam suam. Re
ricordie sue: et veritatis s
Viderūt omnes termini
nostri. Iubilate domio
tate et exultare et psallite.
in cythara in cythara et v

Fac-simile de la 98e page du *Psautier* imprimé en caractères mobiles, à Mayence, en 1457, par Faust et Schœffer.

la manière de tailler des caractères que l'on appelle matrices; de fondre, par ce moyen, d'autres caractères, de les multiplier, de leur donner la même forme, sans être obligé de graver chacun d'eux séparément. Il fit à l'insu de son maître une matrice abécédaire et la montra à Jean Faust, avec les caractères qu'il avait fondus par ce moyen. Son maître en fut tellement ravi, que, dans le transport de sa joie, il promit sur-le-champ sa fille unique, Christine, à Pierre, qui l'épousa peu de temps après. Mais ils rencontrèrent de grandes difficultés dans ce genre de caractères comme dans les caractères qu'auparavant ils sculptaient sur bois; car la matière était trop faible pour pouvoir résister à la pression. Enfin, par un alliage de plusieurs autres métaux, ils trouvèrent une substance qui put soutenir pendant quelque temps la force de la presse. » Ce document, qui écarte si brutalement Gutenberg de cette invention à laquelle il avait voué sa vie, cette relation émanée de la famille de Faust et de Schœffer, et si exclusivement favorable à tous deux, sans dire même un mot de leur illustre associé, aurait peut-être pu soulever des doutes judicieux, si la conduite de Faust envers Gutenberg ne venait malheureusement lui donner raison. La découverte inespérée de l'heureux Schœffer mettait à néant toutes les précédentes tentatives du vieux chercheur, et même lui ôtait tout droit à l'exploitation d'un procédé que ses mille épreuves avaient préparé, qu'il avait cent fois touché du doigt, mais qu'une main plus jeune et plus prompte avait enfin su saisir, et que, par conséquent, il ne pouvait justement revendiquer comme sien. Faust lui fit bien voir qu'il n'avait rien à y prétendre, et, bien plus, qu'il était devenu inutile et gênant dans l'association, victorieuse sans lui. Il lui fit un procès en revendication des 800 florins d'or mis par lui dans la société et des intérêts que cette somme avait dû produire depuis 1450. Voici, traduit de l'allemand, l'acte original qui concerne cette affaire et qui justifie des tortures que, cette fois encore, l'ingrate et dure spéculation peut faire subir au génie : « Faust assigne Gutenberg en justice pour recouvrer la somme de 2,020 florins d'or, provenant de 800 florins qu'il avait avancés à Gutenberg, selon la teneur du billet de leur convention, ainsi que d'autres 800 florins qu'il avait donnés à Gutenberg en sus de sa demande pour acheter l'ouvrage, et d'autres 36 florins dépensés et des intérêts qu'il lui avait fallu payer, n'ayant pas lui-même les fonds suffisants. Gutenberg répliqua que les premiers 800 florins ne lui avaient pas été payés, selon la teneur du billet, tous et à la fois; qu'ils avaient été employés aux préparatifs du travail; qu'il s'offrait à rendre compte des derniers 800 florins; qu'il ne croyait pas être tenu de payer ni intérêt ni usure. Le juge ayant déféré le serment à Faust, celui-ci l'ayant prêté, Gutenberg perdit sa cause et fut condamné à payer les intérêts et la partie du capital qu'il aurait employée pour sa dépense particulière, ce dont Faust demanda et obtint acte du notaire Helmasperger le 6 novembre 1455. » Gutenberg, chassé, ruiné, exproprié même; car, ne pouvant payer la somme que l'arrêt rendait exigible, il dut laisser à Faust ses matériaux, ses

presses, ses caractères; Gutenberg quitta Mayence comme il avait quitté Strasbourg, et plus misérable même. Il y revint pourtant, n'ayant pas d'autre refuge;
le prince-évêque Adolphe de Nassau l'y reçut, et, l'ayant admis parmi ses gentils-
hommes, lui fit une pension par charité. C'est ainsi qu'il vécut obscur, délaissé,
presque mendiant jusqu'en 1468, année de sa mort. On a prétendu que, sur ses
derniers jours, il avait trouvé encore d'autres associés, et qu'il avait enfin réussi
à établir à Mayence une imprimerie rivale de celle de Faust. Les preuves manquant, nous n'y voulons pas croire. Gutenberg vieilli, à bout d'efforts et d'illu-
sions, se devait à lui-même de ne pas tenter cette dernière épreuve. Nous aimons
mieux nous l'imaginer morose, désespéré, et, du fond de sa misère inactive,
regardant grandir cette grande invention dont il était le père et qui l'avait renié.
Justice pourtant lui fut rendue plus tard. Jean Schæffer, qui avait succédé à son
père, disparu on ne sait comment pendant le pillage de Mayence, avoua humblement dans la dédicace du Tite-Live offert par lui à Maximilien « que l'invention primitive appartenait à Gutenberg. »

Mais alors l'Imprimerie remplissait déjà le monde, emportant avec elle les
deux noms de Faust et de Schæffer. Partout, à Naples, à Rome, à Milan, à
Florence, les livres imprimés se vendaient à profusion. Schæffer avait déjà, en
1475, un entrepositaire à Paris; c'était un Allemand nommé Hermann de Stat-
hoën. Il mourut, et les commissaires royaux, en vertu du droit d'aubaine, firent
saisir et vendre tous ses livres. Schæffer réclama; le roi des Romains, Frédéric III, appuya sa demande, à laquelle Louis XI donna pleine raison par ordonnance du mois d'avril 1475. Mais ce roi, si avide d'idées nouvelles, ne devait
pas s'en tenir vis-à-vis de l'Imprimerie à cet acte de justice.

Au premier bruit de la fameuse découverte, c'est-à-dire sur la fin de 1461
ou au commencement de 1462, il s'était ému et tout d'abord avait eu la pensée
de naturaliser en France une invention qui, multipliant à l'infini les Bibles, les
Speculum et autres livres pieux, pouvait si bien servir à ses pratiques dévotes
et l'aider à gagner des indulgences. Toujours astucieux, même dans ses résolu-
tions les plus sages et les plus avouables, il avisa au moyen de dérober leur
secret aux typographes de Mayence, et de faire connaître en France cette industrie ainsi clandestinement surprise. C'est Nicolas Jenson, graveur habile et
directeur de la Monnaie de Tours, qu'il chargea de cette délicate et difficile mis-
sion. Il l'envoya à Mayence « pour s'informer secrètement, dit un vieil auteur,
de la taille des poinçons et caractères au moyen desquels se pouvaient multiplier,
par impression, les plus rares manuscrits, et pour en enlever subtilement l'invention. » Mais Jenson ne fit pas jouir la France du bénéfice de son voyage et de
l'art auquel il était allé s'initier. Peu soucieux de venir se remettre aux mains
d'un maître dont il connaissait les défiances, et qui, ainsi qu'il le craignait peut-
être avec raison, l'eût tenu séquestré dans quelque geôle du Plessis-lez-Tours,
pour accaparer le merveilleux secret; Jenson, au lieu de repasser nos fron-

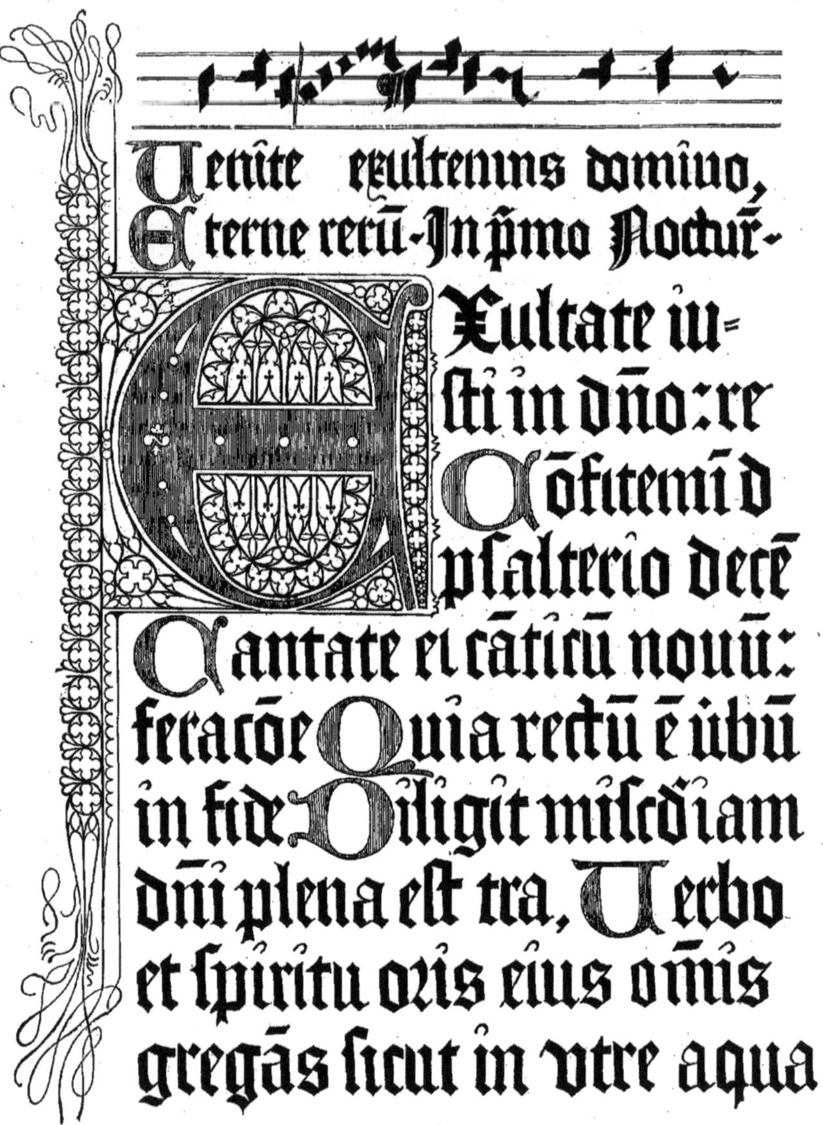

Fac-similé de la seconde édition du *Psautier* imprimé en caractères mobiles, à Mayence, en 1459, par Faust et Schœffer.

tières, prit le chemin de l'Italie. En 1469, nous le trouvons établi à Venise, appliqué surtout à la gravure des caractères et la perfectionnant. C'est lui, le premier, qui, trouvant les lettres gothiques trop pesantes, songea à leur substituer le caractère appelé *romain*. Les capitales latines lui servirent à composer les majuscules; puis, en combinant ensemble les formes presque identiques des lettres latines, espagnoles, lombardes, saxonnes et françaises, il obtint la série des minuscules de son nouvel alphabet. De 1470, année de l'apparition des *Epîtres de Cicéron*, le premier livre qui soit dû à ses presses, jusqu'en 1481, Jenson édita plus de cent cinquante ouvrages, la plupart in-folio.

Cependant, à Paris, tous ceux que l'introduction de la nouvelle industrie pouvait jeter dans la misère, tous les intéressés à la conservation de l'ancienne routine, les copistes, les enlumineurs, etc., criaient hautement contre l'Imprimerie et présentaient force requêtes, qui, si elles n'avaient pas pour elles le droit et la raison, avaient du moins la logique du nombre. La corporation des industriels que l'Imprimerie allait frapper à mort, comprenait environ 6,000 artisans. Une clameur poussée par six mille voix devait être écoutée : elle le fut, tout porte à le croire, car pendant plus de sept années aucun établissement typographique ne fut tenté à Paris; il faut peut-être même compter, parmi les motifs qui déterminèrent Jenson à ne pas revenir en France, la crainte des ennemis que l'art qu'il rapportait eût pu y soulever contre lui.

Enfin, en 1469, Guillaume Fichet, recteur de l'Université et son ami l'Allemand Jean Heylin, dit de La Pierre, prieur de la maison de Sorbonne, furent plus hardis, et se hasardèrent à courir les premiers risques d'une industrie, qui avait tant de dangers pour une corporation dépendante de l'Université, ce grand corps dont ils étaient la tête. Ils firent venir de Mayence trois imprimeurs : Ulric Gering, de Constance; Martin Crantz et Michel Friburger, de Colmar. Grâce à ces trois hommes, la typographie se trouva importée en France, et Paris est la première ville qui en fut dotée. Maittaire a vainement voulu prouver que depuis 1467, c'est-à-dire deux ans avant l'arrivée de Gering à Paris, une presse était établie et fonctionnait à Tours : Foncemagne, dans son savant mémoire publié au tome xiv du recueil de l'Académie des Inscriptions, a victorieusement combattu cette opinion, basée sur une fausse date d'un ouvrage de Florius (*Liber de duobus amantibus*), et reproduite à tort par Lackmann.

C'est en pleine maison de Sorbonne, dans le lieu même d'où devaient partir plus tard les foudres doctorales qui frappèrent la presse, que s'ouvrit le premier atelier de ces premiers imprimeurs parisiens. L'ouvrage qu'ils imprimèrent d'abord, est une Rhétorique de Fichet, dont voici le titre : *Ficheti (Guill.) Rhetoricarum libri III, in Parisiorum Sorbond.* Cette édition, remercîment flatteur de Gering et de ses deux associés au savant qui les avait fait venir, passe pour être de 1470, ou tout au moins du commencement de 1471, ce que confirment plusieurs lettres de Fichet envoyant sous cette date plusieurs exemplaires de sa

Rhétorique à des personnages de distinction. Le livre est imprimé en caractères romains, sur beau papier ; les lignes sont longues, et chaque page en compte vingt-trois. Cinq exemplaires furent imprimés sur vélin. Quelques-uns ont pensé que la publication des Épîtres de Gasparino de Bergame est antérieure à celle du livre de Fichet. Suivant eux, il faudrait dater de 1470 ces Épîtres, dont voici le titre complet : *Gasparini Pergamensis epistolarum opus, per Joannem Lapidarium, Sorbonensis scholæ priorem, multis vigiliis ex corrupto integrum effectum, ingeniosâ arte impressoriâ in lucem redactum,* in 4°. A la fin, se lisent ces quatre vers adressés à la ville de Paris :

> Ut sol lumen, sic doctrinam fundis in orbem,
>   Musarum nutrix, regia Parisius,
> Hinc prope divinam, tu, quam Germania novit,
>   Artem scribendi, suscipe promerita ;
> Primos ecce libros quos hæc industria finxit
>   Francorum in terris, ædibus atque tuis.
> Michaël, Udalricus, Martinusque magistri
>   Hoc impresserunt ac facient alios.

Ce livre était, de la part des trois associés, une marque de reconnaissance pour La Pierre, comme la publication de la Rhétorique en était une pour Fichet. Il porte en tête une lettre de ce dernier, à Jean de La Pierre lui-même, *prieur de Sorbonne.* Or, comme l'a fort bien remarqué Chevillier, on sait par les registres de la faculté de théologie, que La Pierre fut deux fois investi de cette fonction annuelle : la première en 1467, la seconde en 1470. Le livre ne peut donc être que de cette année. Il a 12 cahiers, avec 10 feuillets pour chacun, sauf le 12e qui en contient 8, c'est-à-dire 16 pages. Les feuillets ne sont point paginés, et ils portent 22 lignes sur chaque face. Dans quelques exemplaires (tel que celui que possédait M. Libri et qui a été adjugé à sa vente, en 1847, au prix énorme de 520 francs), le titre placé en haut du second feuillet est tiré en rouge, tandis qu'il est tiré en noir dans la plupart des autres exemplaires, comme dans celui qui appartient à la Bibliothèque nationale, et qui provient de l'ancienne Bibliothèque de Sorbonne.

On croit que les trois imprimeurs associés publièrent encore, vers la même époque, un *Florus,* dont l'édition aurait été commandée et dirigée par Robert Gagnin. C'est, selon M. Beuchot, un des premiers incunables les plus authentiques. On leur attribue aussi une édition de *Salluste,* faite dans le même temps. En 1473, ils quittèrent la maison de Sorbonne pour aller s'établir rue Saint-Jacques, tout près du passage Saint-Benoît, dans une maison dite du *Soleil d'or.* Mais la direction pieuse qui les guidait en Sorbonne, ne les abandonna pas pour cela. Nous les voyons, en effet, publier avec plus de ferveur que jamais des livres de théologie, entre autres une Bible latine in-folio, que La Caille regarde comme la première qu'on ait imprimée en France. Ces vers latins qui la terminent nous apprennent du moins qu'elle parut en 1475, et qu'elle sortit de l'officine du *Soleil d'or* :

> Jam tribus undecimus lustris Francos Lodoicus
> Rexerat, Ulricus, Martinus, itemque Michaël,
> Orti Teutoniâ, hanc mihi composuere figuram;
> Parisii arte suâ, me correctam vigilanter,
> Venalem in vico Jacobi Sol Aureus offert.

En février 1474, Louis XI accorda aux trois typographes des lettres de naturalité, retrouvées aux Archives Nationales par M. Taillandier sur l'indication de M. Crapelet. En vertu de ces lettres, les trois transfuges de Mayence ne devaient plus être considérés comme aubains, mais être assurés, au contraire, que les biens acquis par eux en France retourneraient à leur famille ; privilége rarement accordé alors et qui prouve, de la part du roi, en leur faveur, un bon vouloir qui se serait encore manifesté pour eux, selon Voltaire, dans une circonstance non moins importante. Il s'agissait d'un procès que les copistes toujours jaloux avaient intenté à Gering et à ses associés, qu'ils traitaient de sorciers. Le parlement commença par faire saisir et confisquer tous les livres. C'est alors que le roi intervint entre les persécutés et le tribunal persécuteur. « Il lui fit défense, dit Voltaire,

BERTHOLDE REMBOLDT, imprimeur-libraire à Paris, 1480.

de connaître de cette affaire, l'évoqua à son conseil, et fit payer aux Allemands le prix de leurs ouvrages, mais sans marquer d'indignation contre un corps plus jaloux de conserver les anciens usages que soigneux de s'instruire de l'utilité des nouveaux. » Cette anecdote paraît complétement vraisemblable ; par malheur, nous n'avons pour garantie de son authenticité, que le témoignage de Voltaire. Nous ne la citons donc que sous toute réserve.

Il paraît qu'en 1477, Crantz et Friburger se retirèrent de l'association, et que Gering, resté seul à Paris, n'en continua pas moins ses travaux. En 1483, il a quitté le Soleil d'or et est allé s'établir rue de Sorbonne. Il a alors deux nouveaux associés, Guillaume Maynial et Bertholde Remboldt, « qui était natif de Strasbourg, » selon La Caille. C'est avec leur concours, qu'il publia, entre autres livres, le *Missel de Paris*, in-folio que lui avait commandé le libraire Simon Vostre, et qui parut en 1477. Gering, brisé de travail, songea lui-même au repos : il se retira en 1509. Avant d'entrer dans la solitude, il voulut disposer des biens que son industrie lui avait acquis ; il les laissa par moitié à la maison de Sorbonne, qui lui avait été si hospitalière, et au collége Montaigu, qui, en reconnaissance, lui donna un logement à vie. Il n'en jouit que quelques mois : le 23 août 1510, il était mort. Son portrait fut mis dans la chapelle haute du collége, sous un arc surbaissé. C'était une vieille peinture représentant Gering sous des habits allemands. Au bas, était cette inscription :

ULDERICUS GUERNICI

PROTOTYPOGRAPHUS PARISIUS

M CCCC LXIX.

Bertholde Remboldt étant ainsi resté seul, son association avec Maynial n'avait pas eu de suite et paraît même avoir été rompue avant la mort de Gering. Il conserva l'imprimerie et l'enseigne ; seulement, il les transporta rue Saint-Jacques, vis-à-vis la rue Fromentel, « dans une maison, disait La Caille en 1689, appartenant à messieurs de Sorbonne, et où est demeurée depuis ce temps-là l'enseigne du *Soleil d'or*, et qui a toujours été occupée par un imprimeur et libraire, comme elle l'est présentement par Gabriel Martin, habile imprimeur. » Remboldt impatronisa dignement l'Imprimerie dans cette demeure, si bien prédestinée à la fabrication et au commerce des livres. Il y publia, en 1518, le *Codex Justiniani cum lecturâ Anglebermei*, etc., in-folio ; de 1519 à 1520, le *Gratiani Decretum*, in-folio ; et en 1521, dans le même format, *S. Bernardi opera*. En 1518, il avait aussi imprimé, pour le compte de Jean Petit, libraire juré : *S. Gregorii magni opera*. Tous ces livres étaient d'une exécution identiquement pareille à celle des premiers ouvrages publiés par Gering : mêmes lettres, même papier, même justification. L'art était trop jeune encore pour progresser d'une manière sensible. Chevillier nous décrit ainsi dans ses principaux détails l'aspect de ces vénérables *incunables* : « Tous ces livres sont imprimés de mêmes lettres, fondues dans les mêmes matrices. C'est un caractère rond de *gros-romain*. Comme l'impression ne faisait que de naître à Paris, et que ces premiers livres sont comme des essais de l'art, il se trouve en quelques-uns des lettres à demi formées et des mots à moitié imprimés qu'on a achevés avec la main. Il y a même quelques épîtres imprimées, dont l'inscription n'est que manuscrite. Il n'y a point de lettres capitales. Les premières lettres des livres et des chapitres sont omises. On y a laissé de la place pour y peindre une première lettre en or ou en azur. Il y a plusieurs mots abrégés. Toutes les anciennes impressions ont ce défaut. Le papier n'est pas bien blanc, mais il est fort et bien collé. L'encre est d'un beau noir. Ils imprimèrent aussi quelques livres en lettres rouges et sur vélin. Il y a quelques ouvrages qui commencent par le folio verso, comme le *Florus*. Ils sont tous sans titre, sans chiffre et sans signature. » Les formes anciennes du manuscrit réagissaient souvent alors, on le voit, sur les formes nouvelles du livre imprimé. Celui-ci reproduit les signes abréviatifs vulgarisés par les copistes; bien plus, comme les manuscrits, il faut qu'il passe par les mains de l'enlumineur d'initiales, pour être complétement achevé. Cet enlumineur est même chargé quelquefois, selon Marolles, d'ajouter les rubriques et les titres. Dans ce cas, la première page reste blanche; et au *registre,* petite table rappelant le premier des feuillets qui composent la moitié de chaque cahier, on a soin d'écrire alors *prima alba* ou *prima vacat.* C'est aussi au copiste qu'est remis le soin de la pagination. Quand on voit combien le concours de l'écrivain est encore utile pour la confection d'un volume, on ne s'étonne plus de trouver des copistes parmi les premiers imprimeurs, tels que Schœffer, Colart Mansion, etc., et l'on est seulement surpris de voir la corporation des écrivains tenir si longtemps rigueur à la nouvelle industrie qui, à tout prendre, ne lui était pas si funeste et lui laissait encore quelques beaux profits à glaner.

Aussi tout ne tarda-t-il point à s'accommoder, surtout entre les imprimeurs et les libraires. Ceux-ci, qui ne s'occupaient que de vendre des livres, sans s'inquiéter d'ailleurs comment ils étaient confectionnés, à l'aide de la plume ou du pinceau, ou bien par le moyen de la typographie, furent les premiers gagnés. Nous avons déjà vu Simon Vostre faire des commandes à Remboldt, et bientôt tout le corps des libraires va suivre cette voie. Bien plus, le premier concurrent que nous voyons paraître après Gering, et fonder une maison rivale de la sienne, sort de cette compagnie des libraires jurés. C'est Pierre dit *Cesaris,* c'est-à-dire fils de César. Comme Gering, il prend un associé; et en 1473 nous le trouvons travaillant à frais communs avec Jehan Stoll, et publiant de compagnie le *Speculum humanæ vitæ* de Rodrigues, évêque de Zamora. Ces deux nouveaux imprimeurs, comme pour mieux lutter face à face avec Gering, demeurent aussi rue Saint-Jacques. Ils y sont établis, près les Jacobins, à l'enseigne du Soufflet vert, dans une maison que Césaris abandonna vers la fin de sa vie pour celle du *Cygne* et du *Soldat,* dans la même rue Saint-Jacques. Mais alors il travaille seul; son association avec Stoll est rompue. Nous le voyons publier sous son seul nom plusieurs livres dont nous citerons celui-ci : *Tractatus de permutatione benefi- ciorum,* in-4°, qui se termine par ces lignes : *Impressus Parisius per venerabi-*

lem virum Petrum Cesaris, in artibus magistrum ac hujus operis industriosum opificem. Entre l'atelier de Gering et celui de Césaris, la rivalité était vive et toujours en éveil. L'abbé de Saint-Léger la compare à celle qui existait à Rome, vers le même temps, entre l'imprimerie de Sweynheym et Pannartz et celle d'Ulrich Han. Quand Gering publiait un livre, on était sûr de voir Césaris en donner lui-même une édition l'année suivante.

Ces typographes des premiers temps avaient jusque-là voué exclusivement leurs presses à l'impression des livres latins. Vers 1476, Pasquier Bonhome, à qui nous devons l'établissement de la troisième imprimerie parisienne, rompit avec cette routine et imprima le premier livre français : *les Chroniques de France,* appelées Chroniques de Saint Denys, depuis les Troiens jusqu'à la mort de Charles VII en 1461, 3 vol. in-fol. gothique. C'est, nous le répétons, le premier livre français imprimé à Paris avec date, quoi qu'en aient dit Duverdier, Chevillier, Maittaire et Panzer, qui font passer, avant ce livre, *l'Amant rendu cordelier en l'observance d'amour,* dont, suivant eux, Césaris et Stoll auraient, en 1473, donné une édition, mise en doute avec raison par M. Brunet, si compétent en ces matières. A la publication des *Chroniques de France* succéda bientôt celle de plusieurs autres livres écrits aussi en notre langue. Ainsi : *la Danse Macabre,* imprimée par Guyot-Marchant en 1486; *les Vigiles de Martial d'Auvergne,* imprimées en 1490 par Pierre Le Caron; *l'Aguillon d'Amour divine,* traduit du latin de saint Bonaventure, en 1494. La même année, parut une nouvelle édition des *Grandes Chroniques de France,* donnée par Jean Maurand, rue Saint-Victor.

Mais l'homme qui devait faire le plus pour l'impression de nos livres nationaux, de nos vieilles chroniques, de nos romans de chevalerie, ne s'était pas encore mis au travail : nous voulons parler d'Antoine Vérard, ce grand artiste qui semble s'être fait tout d'abord l'éditeur spécial et, pour ainsi dire, exclusif de ces sortes de livres en grand format in-folio. On a douté qu'il fût imprimeur, M. Brunet tout le premier; s'il faut pourtant en croire la mention qui termine le premier volume des *Chroniques de France,* et n'y pas voir une faute d'impression, ce doute n'est pas admissible, selon M. Taillandier. « Cy finist le premier volume de Croniques de France, imprimé à Paris, le dixiesme jour de septembre, l'an mil iiii cens quatre vingt et treize, par Anthoine Verard, libraire, demourant à Paris sur le pont Notre-Dame à l'enseigne Saint Jehan l'Euangeliste, ou au Palais, au premier pillier devant la chapelle où l'en chante la messe de messeigneurs les présidens. » Le plus souvent pourtant, Antoine Vérard n'imprimait pas lui-même : il livrait les ouvrages qu'il voulait mettre au jour, aux presses des typographes en renom, à celles de Pierre Le Caron, par exemple, de Pierre Lerouge, etc. Ainsi, le *Decameron de Boccace,* traduit par Laurent de Premier-Faict, et achevé le 26 novembre 1485, premier livre avec date certaine qu'ait édité Vérard, avait été imprimé pour lui par d'autres presses que les siennes. Les livres qu'il faisait ainsi imprimer, portaient une mention

toute spéciale. Nous allons citer celle qui termine le premier volume du *Merlin*
in-folio : « Cy finissent les prophéties de Merlin, nouvellement imprimé à Paris,
l'an mil iiij xx, xviij, pour Anthoine Vérard, demourant devant Notre-Dame
de Paris à l'Ymage de Saint Jehan l'euangeliste, ou au Palays, au premier pillier
devant la chapelle où l'en chante la messe de messeigneurs du parlement. »
Vérard, on le voit, ne travaillait plus sur le pont Notre-Dame, dont la chute
l'avait violemment chassé vers la fin de 1499. Il était venu se loger en face
Notre-Dame, dans le quartier que les libraires n'avaient pas abandonné et qu'ils
habitaient encore, de préférence à la rue Saint Jacques. Il y avait transporté son
enseigne de Saint-Jean. Quant à sa succursale du Palais, il l'avait conservée.

Vérard ne resta pas longtemps au Parvis. Il quitta même quelque temps les
environs de Notre-Dame pour retourner vers le quartier Saint-Jacques. C'est
près le carrefour Saint-Séverin, qu'il transféra momentanément son imprimerie
ou plutôt sa librairie. Enfin, en 1503, il revint dans la Cité, et s'établit dans
une maison faisant face à la rue neuve Notre-Dame. Ce fut son dernier logis;
il l'habitait encore, quand il mourut en 1530. Plus de deux cents éditions d'ouvrages français sur toutes matières, mais ayant trait surtout à nos vieilles chroniques, étaient sorties de sa librairie, selon M. Brunet. Dans ce nombre sont
d'admirables livres imprimés sur vélin rappelant les plus beaux manuscrits par
la netteté des caractères et la splendeur des miniatures. La Bibliothèque Natio-

Simon Vostre, libraire à Paris, 1484.

nale en possède de magnifiques exemplaires que M. Van Praët a décrits avec
amour dans son *Catalogue des livres imprimés sur vélin*. Les *Heures gothiques*
comptent parmi les ouvrages les plus curieux et les plus rares édités par Vérard.

Les libraires (l'exemple d'Antoine Vérard prouve bien, en cela, ce que nous
avions avancé) se donnaient donc de bon
cœur aux progrès de l'Imprimerie, dans
laquelle ils voyaient une source de fortune
moins lente et plus féconde que dans l'industrie des copistes. Un autre libraire sui-
vit l'élan de Vérard, et trouva les mêmes
avantages. C'est Simon Vostre, que nous
avons déjà cité. Lui aussi, ne cumulant
pas les deux métiers, se contentait d'é-
diter les livres, d'en diriger l'exécution,
de les vendre, mais il n'avait pas d'atelier
pour les imprimer. Il s'adressait à des typographes du voisinage; celui
qu'il employa le plus ordinairement est Philippe Pigouchet. On doit surtout, à

leur accord industriel, de fort belles éditions des Heures gothiques, dignes de rivaliser avec celles de Vérard. Vostre, qui dirigeait le travail et qui prenait soin, avant tout, de l'ornementation de ces précieux livres, est ainsi apprécié par M. Brunet : « Nous devons au goût éclairé de ce libraire les charmantes bordures en arabesques qui décorent toutes ses Heures et les jolies petites figures qu'offrent ces mêmes bordures, d'abord peu variées, mais déjà fort remarquables dans les éditions données par lui vers 1488. Ces bordures présentèrent dès lors une suite de petits sujets qui, peu à peu, se multiplièrent assez, pour qu'il pût se dispenser de répéter plusieurs fois de suite les mêmes planches, comme il avait été obligé de faire dans l'origine, et même pour les varier d'une édition à l'autre. » On doit à Pigouchet, imprimeur ordinaire de Vostre : *Guidonis de Monte-Rocherii Manipulus curatorum*, in-4°, 1489; *Institutionum opus*, 1499; *Durandi a Sancto Portiano, ordinis Prædicatorum, Quæstiones*, in-4°; *Liber sententiarum*, in-fol., 1509. Ces derniers livres sont assez rares, selon La Caille, « et fort considérables. » Enfin, Pigouchet imprima encore, en 1512, et cette fois pour Simon Vostre, une *Biblia sacra*, in-folio. D'ordinaire, faisant valoir lui-même la netteté de son impression, il mettait au bas de ses livres : « *Impressum autem fuit opus præfatum Parisiis charactere nitidissimo et jucundissimo.* » Le libraire Guillaume Eustace publia, comme Simon Vostre, mais avec l'aide de l'imprimeur André Bocard, un livre d'Heures, fort remarquable par la beauté et la finesse du vélin, l'éclat des figures et des initiales. Selon La Caille, il était libraire du roi, titre qu'il devait peut-être à la publication quelque peu courtisanesque des *Triomphes de France sous le roy Louis XII*, traduit par d'Ivry, in-4°, 1508. Il fit paraître encore, avec Bocard : *Pragmatica Sanctio*, in-4°, 1507; *Dialogue de Salomon et de Marcolphus*, traduit aussi par d'Ivry, *Breviarium Joannis de Londris*, in-4°, 1510; les *Epistres de saint Hiérosme, en françois*, in-folio, 1520.

Avec les typographes habiles que nous venons de nommer, Pierre Le Caron, Pierre Lerouge, Pigouchet et Bocard, qui travaillent si bien pour Vérard, Vostre et Guillaume Eustace, on peut faire marcher de compagnie bon nombre d'autres imprimeurs exerçant avec succès leur art dans Paris : ainsi, Jean Higman, Hopyl, Michel Lenoir et Thielman Kerver, dont le nom tudesque, comme celui des deux premiers, vient nous prouver que, pour se recruter de bons ouvriers, les imprimeries françaises s'adressaient encore à l'Allemagne. Il faut citer aussi Gilles et Germain Hardouin, Jehan Trepperel, dont les presses fécondes en vieilles chroniques et romans chevaleresques, pourvurent longtemps aux délices de la cour de Louis XII et de François Iᵉʳ. Les libraires Jehan de Longis, pour qui travaillait l'imprimeur Estienne Groulleau et qui publia entre autres livres : *la Déploration des princes de Rome depuis sa fondation*, etc., in-fol., 1528; François Regnault, imprimeur et libraire juré, qui édita les *Chroniques et Annales du Hainaut*, in-fol., 1531; *le Grand Coutumier de Bour-*

gogne, in-4°, 1534, etc.; Pierre Sergent, éditeur du livre de Jehan Lefebvre,
les Fleurs et antiquités des Gaules, 1532; Jehan Petit et plusieurs autres faisaient, de leur côté, bonne concurrence à Antoine Vérard, à Simon Vostre et à

Thielman Kerver, libraire-imprimeur à Paris, 1497.

Jehan Trepperel, libraire-imprimeur à Paris, 1500.

Guillaume Eustace. Mais le plus habile de leurs émules était Galliot Dupré, dont
la boutique touchait presque celle que Vérard avait au Palais. Les livres imprimés
pour son compte, nous montrent, en effet, qu'il demeurait *au palais du Roy nostre
Sire au second pillier.* Il était là dans son centre, et, pour ainsi dire, en pleine
clientèle, les ouvrages qu'il édita traitant presque tous de jurisprudence : ainsi, *le Grand Coutumier de France et Instruction et manière de procéder ès cours de parlement,* par Boutillier, in-fol., 1515. C'est au frontispice de ce livre grave qu'il mit ce facétieux dicton, épigraphe peu flatteuse pour les juges, avocats et plaideurs, auxquels s'a- dressait l'ouvrage :

Simon de Colines, libraire-imprimeur
à Paris, 1528.

> Le baillif vendange, le prevost grappe,
> Le procureur prend, le sergent happe,
> Le seigneur n'a rien s'il ne leur échappe.

Il publia, en outre de ces livres de droit : *Biblia sacra,* in-fol., 1541, imprimée pour lui par Simon de Collines; *les Divines Institutions de Lactance,* etc.,
traduites par René Fumée, in-folio, 1542, etc. Tous les livres de Galliot Dupré
sont en caractères gothiques et d'une belle exécution. « Il a été un des libraires

qui a le plus fait imprimer de son temps, dit La Caille, en quoi il s'est fait distinguer des autres… » Il laissa deux fils, Pierre et Galliot, qui continuèrent sa réputation et se distinguèrent parmi les bons libraires de la seconde moitié

Antoine Vérard, libraire à Paris, 1498.

Galliot Du Pré, libraire à Paris, 1526.

du seizième siècle. Toujours plaisant et gabeur, le libraire Dupré avait pris pour marque un emblème faisant calembour avec son prénom de Galliot. Ainsi, soit sur le titre de ses livres, soit sur le dernier feuillet, quelquefois sur l'un et sur l'autre, se voit une galère, au haut de laquelle on lit :

Vogve la guallee.

La marque de Vérard était plus simple, elle consistait dans les lettres A. R. accompagnées de ces vers :

> Pour provoquer ta grand' miséricorde,
> A tous pescheurs faire grace et pardon,
> Anthoine Vérard humblement te recorde
> Tout ce qu'il a : il tient de·toy pardon.

Jehan Petit, cité tout à l'heure, et qu'il faut compter parmi les plus renommés libraires de ce temps-là, puisqu'à lui seul, selon La Caille, il pouvait donner du travail aux presses de quinze imprimeurs, mettait en tête de ses livres cette devise modeste : *Petit-à-petit.* Guyot ou Guy Marchand, qui logeait grand hôtel de Navarre, voulant justifier son enseigne : *au Chant Gaillard,* avait pris pour marque les deux notes musicales *sol la,* surmontant ses initiales G. M.; puis, deux mains jointes, emblème de la foi, sans doute pour faire allusion à ces trois

mots du *Pange lingua*, dont les deux notes rappellent le premier : « *Sola fides.* »
Michel Lenoir, qui de 1489 à 1515 édita un grand nombre de livres de cheva-

Galliot Du Pré, libraire à Paris, 1526.

Guy Marchand, imprimeur-libraire à Paris, 1491.

lerie, et dont l'épitaphe, rapportée par La Caille, se lisait dans l'église de Saint-
Benoit, avait choisi une rose en fasce sur un fond de sable soutenue par deux
Mores, et une autre pour timbre, le tout faisant allusion à son nom avec ces
vers :

> C'est mon desir
> De Dieu servir
> Pour acquérir
> Son doux plaisir.

Jehan Boyer et Guillaume Bouchet, qui imprimèrent surtout pour Engilebert

Jean Boyer et Guillaume Bouchet, imprimeurs à Paris, 1500.

Antoine Caillaut, imprimeur à Paris, 1483.

de Marnef, avaient pris comme emblème de leur association laborieuse deux
bœufs paissant, accompagnés de ces vers :

En la parfin de l'œuvre, louer Dieu,
Chacun de nous doit, pour avoir sa grace :

Jehan Du Pré, imprimeur à Paris, 1489.

Alain Lotrian, libraire à Paris, 1518.

A luy donc soit, pour ce qu'il luy a plu
Nous donner temps de ce faire et espace.

Regnault Chaudière, libraire à Paris, 1518.

Gillet Couteau, imprimeur à Paris, 1520.

Nous ne devons pas omettre, parmi ces libraires et imprimeurs du quinzième

et du seizième siècle, qui blasonnèrent leurs livres de marques si curieuses :
Antonin Caillaut, qui imprimait à Paris, de 1483 à 1497, et aux presses

Philippe Le Noir, libraire-imprimeur à Paris, 1520.

Pierre Gromort, imprimeur à Paris, 1519.

duquel on doit surtout des *Livres de somme*, des *Règles monastiques* et des

Pierre Vidoue, imprimeur à Paris, 1524.

Denis Janot, libraire-imprimeur à Paris, 1520.

Sermons, etc. ; Jehan Dupré, imprimeur aussi de livres pieux, tels que le *Mis-
sale ad usum ecclesiæ Parisiensis*, in-folio, qu'il publia en 1489, et les *Dévo-*

tes *louanges à la Vierge,* en 1492; Alain Lotrian, autre éditeur d'œuvres
dévotes, vers 1518; Regnault Chaudière, qui, dans le même temps, publiait le

JACQUES NYVERD, libraire-imprimeur à Paris, 1528.

LES ANGELIERS, libraires   Paris, 1541.

De honesta disciplina et le *De Poetis latinis,* de Petrus Crinitus, et le *Adver-
sus Waldenses,* de Claude Seyssel; Gillet Couteau, imprimeur de livres d'ap-

GILLES CORROZET, libraire à Paris, 1546.

PRIGENT CALVARIN, libraire-imprimeur à Paris, 1524.

parat, d'œuvres héroïques : le *Couronnement du roy Françoys premier,
Voyage et conqueste du duché de Milan,* par Pasquier Le Moyne, in-4°, 1519;
Philippe Lenoir, qui mit au jour des livres à figures, manuels des gentilshom-

mes de son temps, entre autres le *Miroir de Phœbus avec l'Art de fauconnerie*, par Gaston, comte de Foix, in-4°, 1520; Pierre Gromort, associé de la veuve de Remboldt, dont nous avons parlé, et qui publia, de concert avec elle, des livres de religion et des livres de droit, tels que le *Petri de Bella-Pertica in Codicem*, in-fol., 1519; Pierre Vidoue, libraire et imprimeur, et, dans les deux métiers, « habile homme et savant, » comme a dit avec raison La Caille et comme l'annonce son titre de *maître ès arts* qu'il met à la fin de ses livres, dont quelques-uns sortirent des presses de Simon Vostre, de 1510 à 1524. Denis Janot, qui imprima le *Guidon en françois de maistre Jean Falcon*, médecin de Montpellier, et les *Amadis de Gaule*,

Michel Fezandat, libraire et imprimeur à Paris, pendant son association avec Grandjean (1551).

édition in-fol. dont quelques exemplaires sont sur vélin, mérite aussi de prendre rang ici, avec Jacques Nyverd, libraire-imprimeur, qui publia le premier les *Ordonnances royaux de la ville de Paris*, in-folio, 1528; la *Mer des chroniques*, le *Miroir historial de France*, etc.; avec les frères Angeliers, si célèbres encore, et dont les livres, tirés pourtant à un si grand nombre d'exemplaires dans leurs ateliers de Blois, de Bourges et de Paris, sont tous devenus si rares et d'un si haut prix; enfin, avec Gilles Corrozet, qui, vers 1546, se fit la triple réputation de libraire habile, de poëte et d'historien; Pringent Calvarin, éditeur d'œuvres classiques, comme le *M. Tul. Ciceronis Synonymorum libellus*, 1524, in-8°; et Michel Fezandat, que les livres imprimés par lui, de 1541 à 1555, pour Jehan Petit, François Regnault, Maurice de la Porte, rendent bien digne de clore cette longue liste. Sa marque, que nous donnons ici, comme celle de tous les précédents, passa à Michel Sonnius.

On a encore voulu trouver, dans les marques du papier employé alors, celles de quelques typographes. Certains bibliographes ont même prétendu déterminer par là, pour des livres d'une origine et d'une époque inconnues, le nom de leur imprimeur et leur date. C'est à tort, croyons-nous, ces marques du papier désignant toujours le fabricant, jamais l'imprimeur. Le meilleur papier employé alors était ce beau grand papier nommé *canonge*, dont Rabelais parle au livre IV, chap. 52 de *Pantagruel*, et que Vivès appelle *charta grandis, Augustana, sive imperialis*, et ajoute-t-il, *quæ de rebus sacris hieratica nominatur, qualis videtur in libris sacrarum œdium*. Son nom lui venait, selon Le Duchat, du mot *canonicus*, « d'où ceux du Languedoc, dit-il, ont fait *canonge*, qui est comme ils appellent aussi un chanoine. » Du reste, chaque peuple avait son papier ayant ses qualités particulières, et suivant Fuller, écrivain anglais du dix-septième siècle, participant en quelque sorte du caractère de la nation qui le fabriquait : « Le papier vénitien, dit-il en continuant cette déduction un peu spécieuse, est élégant et fin; le papier français est léger, délié et mou; le papier hollandais épais et corpulent, spongieux. » Si Fuller, comme on l'a fort bien remarqué, avait connu le papier gris sur lequel les Allemands impriment leurs ouvrages, il l'eût certainement comparé à la teinte terne et nébuleuse qui assombrit l'esprit dans les cerveaux germaniques. Quel qu'il fût, le papier était une marchandise fort coûteuse, surtout dans les pays où l'on n'en fabriquait pas; en Angleterre, par exemple, où cette industrie ne fut importée qu'en 1588 par un Allemand. Cette cherté y avait même fait promulguer, en 1480, un arrêt contre les livres, « parce que, y est-il dit formellement, l'argent du royaume s'en va en papier, chose coûteuse et venant du dehors. » Même en France, où on l'obtenait à meilleur marché, on économisait de son mieux la précieuse marchandise : on imprimait sur deux colonnes, afin de moins multiplier les pages, les volumes in-folio, in-4° et in-8°. On ne laissait de larges marges que dans les éditions importantes, afin de réserver un espace convenable aux annotations du commentateur, ou bien encore à l'ornementation de l'enlumineur. Le prix de ces derniers ouvrages devait être considérable et différer de bien peu de celui des manuscrits. Aussi, n'est-ce que des livres usuels, les seuls dont l'Imprimerie avait fait baisser le prix vénal, que Jehan Molinet prétend parler, quand il dit dans sa *Recollection des merveilles advenues en notre temps* :

> J'ai veu grant multitude
> De livres imprimez
> Pour tirer en estude
> Povres mal argentez :
> Par ces novelles modes
> Aura maint escolier
> Decrets, Bibles et Codes,
> Sans grant argent bailler.

Lambinet, au tome 1er de son excellent livre sur l'*Origine de l'Imprimerie*, nous apprend la valeur des livres dans les différents pays, et nous initie à ses variations : « Le prix des livres, dit-il, variait dans une même ville, à raison du nombre des imprimeurs et des imprimés. Dans l'espace de sept ans, Sweinheym et Pannartz imprimèrent à Rome plus de 12,400 volumes, et Philippe de Lignamine, dans la même ville, en fit sortir de ses presses plus de 5,000 en 1476. Souvent un typographe réimprimait dans le même endroit l'ouvrage mis au jour par un de ses concitoyens. Les premières éditions étaient contrefaites dans d'autres États et circulaient de proche en proche. Il se faisait un commerce d'échange entre les principaux imprimeurs. Le prix des livres pour les particuliers variait selon les localités et les circonstances. Le *Catholicon* de Jean de

Janua fut vendu, en 1465, au monastère de Sainte-Marie d'Altenbourg, 41 écus.
Le même ouvrage, dix ans après, ne coûta que 13 florins d'or (c'est-à-dire
environ le tiers). La Bible de Mayence, de 1462, imprimée sur parchemin, fut
achetée 40 écus d'or par Guillaume de Tourneville, évêque d'Angers, et ce fut
Hermann de Stathoen, facteur de Faust et Schœffer, qui la lui vendit en 1470.
Le missel de Wurtzbourg, imprimé sur membrane, fut cédé à William Kewsth,
Anglais, pour 18 florins d'or, en 1481. » Il serait curieux de comparer le prix
auquel ces livres du quinzième siècle s'élevaient de leur temps, avec celui qu'ils
atteignent du nôtre, grâce à la passion des bibliophiles pour les *incunables.*
Nous allons dire à quel chiffre parfois exorbitant quelques-uns ont monté.

La fameuse Bible sans date, attribuée à Gutenberg, s'est vendu 2,499 francs.

Le Psautier de 1457, imprimé à Mayence par Faust et Schœffer, fut acheté
par Louis XVIII, pour la Bibliothèque du Roi , 12,000 fr.

Les *Commentaires* de César, de 1469, 1,362 fr.

L'Aulu-Gelle, imprimé à Rome en 1469, 1,760 fr.

Le Martial, imprimé à Venise vers 1470, 1,274 fr.

Le Pline, aussi imprimé à Venise vers 1469, 3,000 fr.

Le Tite-Live, imprimé à Rome vers 1469, 21,672 fr.

Le Florus, imprimé vers 1470 dans la maison de Sorbonne par les premiers
imprimeurs établis à Paris : Gering, Crantz et Friburger, 801 fr.

Le *Décaméron* de Boccace, imprimé à Venise en 1471, 56,974 fr. 60.

Le recueil des *Histoires de Troyes,* premier livre imprimé en anglais, par
W. Caxton, à Londres, en 1471, 26,512 fr. 50 c.

Le Dante, imprimé à Foligno, en 1472, 799 fr.

Dans le passage de Lambinet cité tout à l'heure, il est dit un mot des livres
édités dans un pays et réédités presque aussitôt dans un autre, ce qui donne à
penser que l'industrie coupable des contrefacteurs fut en pleine activité dès les
premiers temps, et, comme l'a dit l'abbé de Saint-Léger dans un article trop
oublié de l'*Esprit des journaux,* que « ce brigandage est aussi ancien que l'Imprimerie. » Jean Faust, imprimeur à Mayence, mort en 1466, contrefit l'édition,
donnée à Strasbourg par Jean Mentelin, du *Liber de arte predicandi* (ou IV° livre
de l'ouvrage de saint Augustin, *De doctrinâ christianâ)* en se contentant de substituer son nom à celui de Mentelin. L'édition, donnée à Bologne, par Benoît
d'Hector, en 1496, in-fol., des œuvres de Jean Pic, comte de la Mirandole, fut
aussi contrefaite par un de ces faussaires, et cette contrefaçon, dit l'abbé de
Saint-Léger, portant la même date et les mêmes noms de Bologne et de Benoît
d'Hector, peut aisément être confondue avec l'édition originale par ceux qui
n'ont pas été à même de comparer celle-ci avec l'autre. Un imprimeur de Lyon,
que quelques-uns croient être Barthélemy Troth, mais qui, selon l'opinion plus
plausible de l'abbé de Saint-Léger, n'est autre que Guillaume Huyon, le même à
qui l'on doit une édition de Lucain, 1521, in-8°, contrefit avec quelque succès

13

les classiques portatifs d'Alde. L'imprimeur vénitien s'effraya même de cette contrebande, et, pour y couper court, il crut bon d'en prévenir les lecteurs par un très-grand placard imprimé sur une seule page qui se trouve annexé au manuscrit grec de la Bibliothèque Nationale, portant le n° 2064. Il y avertit les curieux que l'on contrefait à Lyon ses livres classiques de petit format; et il ajoute que le contrefacteur, sans mettre ni son nom ni celui de la ville qu'il habite, y laisse, pour mieux tromper l'acheteur, le nom d'Alde et ses avertissements; et réussit d'autant mieux dans sa fraude, que les formats et les caractères sont identiques à ceux qu'il emploie lui-même. Il avertit encore le public que le 16 mars 1503, date du placard que nous analysons, le faussaire avait déjà publié ainsi Virgile, Horace, Juvénal, Perse, Martial, Lucain, Catulle, avec Tibulle, Properce et Térence. Mais ce qui peut servir à détromper le lecteur de ces éditions fausses, c'est qu'on n'y voit ni date, ni nom de ville, ni l'ancre Aldine; que le papier d'ailleurs n'en est pas si excellent, *deterior et nescio quid grave olens,* et que les caractères, pour tout œil exercé, sentent bien leur origine française, *diligentius intuenti sapiunt gallicitatem quandam.* Enfin, pour éclairer tout à fait l'amateur, Alde indique les différences qui peuvent servir à faire distinguer des éditions originales de Venise ces chétives copies du contrefacteur lyonnais. Ainsi, il fait observer qu'à la fin de l'épître qui précède les Bucoliques de Virgile, il a mis *optimos quousque autores* au lieu d'*optimos quosque,* etc.; qu'à la fin de l'épître liminaire de son Horace, on lit *imprissis Virgilianeis operibus* au lieu d'*impressis;* que dans l'épître mise en tête du Juvénal et Perse, on lit *Pubilcanus* au lieu de *Publicanus,* et *ungues quæ suos* pour *unguesque suos;* enfin, dans la première satire, il a mis *ruptæ rectore columnæ, rationem admittis eadem* pour *ruptæ lectore columnæ rationem admittis et edam.*

Des plaintes et des récriminations pareilles à celles du grand Alde étaient fort communes alors. L'épître dédicatoire, que Paul Maillet mit en tête du Virgile imprimé par Gering, est remplie presque tout entière par la description qu'il fait des abus en cours chez les imprimeurs et les libraires de son temps. « D'abord, dit Chevillier, qui analyse cette mercuriale, il se plaint de l'envie et de la jalousie de quelques-uns d'entre eux, qui, voyant un bon livre imprimé par un autre maître, parfaitement bien et avec grande dépense, le contrefaisaient aussitôt par une autre impression fort négligée et remplie d'un grand nombre de fautes, qui coûtait peu d'argent, faisant perdre au premier, par cette malice, le gain légitime qu'il pouvait espérer, et trompant le public par une très-méchante édition. » C'est pour obvier au tort que les contrefaçons à bon marché causaient aux éditeurs que les premières *lettres de priviléges* furent créées. Elles sont plus anciennes qu'on ne le pourrait croire, et même que Chevillier ne le laisse supposer, quand il cite comme les plus anciennes celles qu'Erasme obtint pour Jean Froben. Nos premiers imprimeurs avaient obtenu cette garantie de l'autorité

royale. *La chasse et le départ d'Amour,* curieux recueil de vieilles poésies françaises, imprimé par Vérard, in-fol., 1509, porte au-dessous de la date le privilége suivant qui fait partie de la souscription :

« Et a donné le Roy nostre Sire audict Verard lettres de priviléges et termes de troys ans pour vendre et distribuer lesdictz livres, affin de soy rembourser de ses frais et mises. Et deffend ledict Seigneur à tous imprimeurs et libraires de ce royaulme de non imprimer ledict livre jusques à troys ans sur peine de confiscation desdictz livres. »

Mais de telles défenses ne suffisaient pas, et les libraires étaient obligés de chercher d'autres moyens de se garantir de la contrefaçon. C'est pour cela que quelques-uns recoururent à ces marques dont nous avons parlé tout à l'heure.

Érasme. Copie d'une gravure du XVI° siècle, d'après Holbein.

Benoît d'Hector, l'imprimeur de Bologne cité plus haut et qui fut si souvent victime des faussaires, avoue que le chiffre dont il marque ses éditions n'a pas un autre usage; et que c'est pour lui une égide contre les contrefacteurs. Josse Bade fait de même en tête de ses *Corrections de Calepin,* parues en 1516 : il donne avis qu'on prenne garde à l'estampe qui contient sa marque, si on veut n'être point trompé, « parce que, par un mensonge public, on mettait son nom à des éditions qui n'étaient jamais sorties de son atelier.» (*Oratum faciens lectorem, ut signum inspiciat, nam sunt qui titulum, nomenque Badianum mentiantur, et laborem suffurentur.*) La marque et ces avertissements qui prévenaient de son importance, furent encore de vaines mesures. Les faussaires contrefirent le chiffre, comme le reste du livre. A Florence, par exemple, quelques libraires prirent la vignette des Alde (une ancre entortillée et mordue par un dauphin), et crurent par là avoir fait, de leurs éditions défectueuses, de véritables éditions aldines. Mais, par une singulière erreur de détail, la fraude se reconnut d'elle-même : dans leur vignette, ils tournèrent la tête du dauphin au côté gauche de l'ancre, tandis que dans les livres d'Alde elle est tournée au côté droit. François d'Azolo découvrit la tromperie et en donna avis dans la préface du Tite-Live de 1518, in-8°.

Une autre méthode frauduleuse, mais plus innocente toutefois, était celle dont les libraires n'ont, en aucun temps, oublié la tradition, et qui consistait à substituer dans un livre un nouveau frontispice à l'ancien, une date récente à la date trop ancienne, afin que, sous ces fausses apparences de nouveauté, l'écoulement des ouvrages vieillis et discrédités devînt plus facile. Le libraire Jean Petit, dont nous avons déjà parlé, employa utilement cette méthode de rajeunissement des titres. « Ayant acquis, raconte l'abbé de Saint-Léger, des exemplaires de la Bible latine imprimée à Venise par le Français Nicolas Jenson, en 1476, in-fol., il y fit imprimer un titre avec son propre nom et sa demeure : il masqua cette belle édition de douze feuillets d'additions et la vendit, de cette manière, pour nouvelle à plusieurs curieux qui l'avaient déjà. » Il nous faut dire, à ce propos, à combien d'exemplaires environ s'élevaient alors les éditions ordinaires, qui, pour être moins considérables que les nôtres, devaient pourtant comporter un chiffre assez étendu, puisque, pour les écouler complétement, il fallait user de ruses et d'expédients. Par l'épître dédicatoire à Sixte IV, qui se trouve à la tête du tome V des gloses de Nicolas de Lyra sur la Bible, et dans laquelle Jean d'André, évêque d'Aleria, rend compte, au nom des imprimeurs Sweinheym et Pannartz, de tous leurs travaux précédents, en indiquant le nombre d'exemplaires publiés pour chaque ouvrage, nous savons que d'ordinaire ce nombre était de 275, que quatre fois il va à 400, dix fois à 550, deux fois à 825, deux fois même aussi au maximum énorme de 1100. M. Petit-Radel tire de tous ces chiffres une moyenne de 435 pour chaque édition ; puis, multipliant par ce nombre celui des éditions antérieures à 1501, lequel s'élève à 14,750, d'après le Catalogue de Panzer, il conclut qu'avant la fin du quinzième siècle on avait imprimé 5,153,000 volumes. Ce chiffre paraît exagéré, et doit l'être, en effet, pour qui examine, comme Lambinet, avec quelles ressources bornées, quels moyens restreints de fabrication les imprimeurs du quatorzième siècle auraient pu l'atteindre. Il leur était impossible de tirer plus de trois cents feuilles par jour, à cause de l'imperfection de leurs presses, qui n'avaient ni la mobilité, ni le roulement des nôtres. Il est vrai que quelquefois ils en employaient plusieurs ensemble pour l'impression d'un même ouvrage ; ce que Lambinet prouve par l'exemple de l'ancien abbé Melchior de Stamham, qui, pour imprimer dans son abbaye de Saint-Ulrich à Augsbourg le volumineux *Speculum* de Vincent de Beauvais, acheta de Jean Schnessler cinq presses qui lui coûtèrent 75 florins du Rhin, et en fit construire, en outre, cinq autres petites. Il est dit, dans le même passage, que l'abbé fît lui-même fondre les caractères d'étain qu'il voulait employer. C'est, en effet, ce métal qui, depuis l'invention de Schœffer, dominait dans l'alliage mis en œuvre pour la Typographie. La forme des caractères avait seule varié.

D'abord, on employa celle des *lettres de somme*, écriture allemande du quinzième siècle, qui dérivait elle-même des lettres de forme en usage dans les manuscrits. Ces lettres, que les Anglais appellent *black-lettres* (lettres noires), les Flamands, *lettres Saint-Pierre*, et les imprimeurs plus modernes, *lettres bourgeoises*, servirent, surtout en France, à l'impression des livres scolastiques, entre autres à la *Somme de saint Thomas*, ce qui leur fit donner, selon Fournier, leur nom de *lettres de somme*. C'est, à proprement parler, le véritable alphabet gothique. En Belgique, on combina ensemble la forme de ces lettres et celles du caractère romain, pour obtenir cette sorte de caractères mixtes que nous retrouvons surtout dans les éditions de Jean de Westphalie. En Italie, à l'imitation des lettres cursives employées dans la chancellerie romaine, on fondit ces *caractères italiques* qui rappellent si bien par leur forme celle de la lettre écrite. On les a désignés quelquefois sous le nom de *lettres vénitiennes*, parce que c'est à Venise que les premiers poinçons furent fabriqués, et *lettres aldines*, parce qu'Alde Manuce en est l'inventeur.

Le *caractère romain*, dont l'usage renouvelé avait prévalu vers 1430, dans les sceaux des papes, et qui devait rester l'alphabet dominant presque unique, n'imposa d'abord sa forme aux lettres typographiques que chez quelques peuples. C'est le Français Nicolas Jenson qui, comme nous l'avons déjà dit, le créa de toutes pièces pour l'Imprimerie, en conciliant dans un même alphabet les minuscules latines et les capitales romaines. Un livre intitulé *Decor puellarum*, daté de 1461, est le premier spécimen de ce caractère. Fournier combat l'opinion de quelques savants qui, connaissant Jenson comme imprimeur et non comme fondeur de caractères, ont nié cette date de 1461, et ont prétendu que, les éditions de cet imprimeur ne paraissant commencer qu'en 1470, il n'a pu rester, depuis 1461, c'est-à-dire pendant huit ou neuf ans, sans imprimer un seul livre : « Ils ignoraient, dit Fournier, que Jenson était le premier graveur de caractères après Schœffer; par conséquent, ayant gravé et fondu le premier caractère romain, suivant son goût, il a dû nécessairement imprimer le premier livre à Venise, où il s'est retiré vers 1460. Il n'y avait personne pour lors à qui il pût confier cette opération. Mais, ayant trouvé plus de bénéfice à fournir des caractères pour l'établissement des imprimeries de Venise, de Rome, de France et autres, il a cessé, pour un temps, d'imprimer et n'a recommencé qu'en 1470. »

Le caractère romain, ayant ainsi Venise pour point de départ, eut d'abord cours en Italie. Il servit à Rome, en 1467, pour l'édition des *Epîtres familières de Cicéron*. Et c'est du texte de ce livre, tout composé en majuscules romaines, que cette sorte de caractère prit le nom de *cicéro*, qu'on lui donne encore.

Gunther Zainer importa en Allemagne l'alphabet romain vers 1472, et s'en servit pour la première fois dans sa magnifique édition des *Etymologies* d'Isidore de Séville. Auerbach, imprimeur souabe, au commencement du seizième siècle, l'améliora encore : il donna en 1506 la première édition de Saint-Augustin, et le caractère dont il fit usage était si beau et si régulier, que le gros texte, qui en reproduit la forme, porte encore aujourd'hui le nom de *saint-augustin*. C'est le caractère romain qui tout d'abord prévalut en France ; mais bientôt, pour suivre l'exemple des Allemands et des Italiens qui, les uns avec leurs *lettres de somme*, les autres avec les *italiques*, employaient pour l'impression un caractère imité de leur écriture, on recourut à des types fondus sur le modèle de la *bâtarde ancienne*, sorte d'écriture en usage chez nous dans le quatorzième et le quinzième siècle, et « qu'on nomme bâtarde, dit Fournier, parce qu'elle dérive des lettres de formes, caractère plus figuré, dont on a retranché les angles et quelques traits. » C'est l'Allemand Heilman, demeurant à Paris, rue Saint-Jean-de-Latran, qui en fit les premiers poinçons vers 1490. Une autre écriture d'usage courant en France au seizième siècle, passa de même dans la Typographie ; c'est celle qu'on appelait la *cursive française*. Nicolas Granjon en fit les premiers poinçons à Lyon en 1556, et le roi, en récompense, lui accorda le droit de s'en servir seul pendant dix ans. Ce caractère est resté, mais pour l'impression d'un seul livre, *la Civilité puérile et honnête*, qu'on met encore aux mains des petits enfants, sous prétexte de leur apprendre à lire l'écriture ; or, nous le répétons, c'est notre écriture courante du seizième siècle, et nullement notre *anglaise* et notre *bâtarde* du dix-neuvième, qui est reproduite par ce *caractère de civilité*. .

Sauf ce dernier type, qui s'est ainsi éternisé, les caractères dérivés des écritures gothiques ne devaient avoir dans la Typographie française qu'une fortune passagère. On en revint à l'alphabet romain, qu'on avait maladroitement délaissé pour eux. Le Belge Josse Bade, du village d'Asch près Bruxelles, qui se faisait appeler en latin *Jodocus Badius Ascencius*, le même qui fut si habile dans son art et qui eut la gloire de marier ses trois filles aux trois chefs de la Typographie française, Michel Vascosan, Robert Estienne et Jehan de Roigny, fit beaucoup pour le retour de l'Imprimerie vers le caractère romain. C'était un très-savant homme, que la pratique des langues grecque et latine, qu'il avait étudiées à Ferrare et professées en France, avait dû naturellement dégoûter de tout ce qui rappelait la forme gothique, et exalter, au contraire, pour ce qui semblait renouveler les formes antiques. Il appelait son atelier, véritable sanctuaire des hautes sciences, *prelum ascenscianum*. Son fils Conrad Bade en hérita et continua dignement la tradition paternelle.

Mais « les très-beaux caractères ronds et parfaits, » comme dit La Caille, dont Badius fit usage, afin de rétablir en France « l'art de l'Imprimerie qui, commençait à décliner et à tomber dans le gothique, » furent mis dans leur dernière perfection par le libraire Geoffroy Tory de Bourges, qui, pour ce sujet, dit

encore La Caille, composa un traité de la proportion de toutes sortes de caractères, intitulé *le Champ fleury*. Tory n'était pas imprimeur, mais simplement

GEOFFROY TORY de Bourges,
libraire à Paris, 1529.

libraire; et il demeurait, en 1529, *sur Petit-Pont,
à l'enseigne du Pot cassé.* C'est un des Gourmont
qui imprima son livre; mais, comme il appert que Tory
seul en fit fondre les caractères et en dirigea l'impression, tout l'honneur doit en revenir à lui seul. Afin de
mieux ramener au goût des types élégants, l'habile
libraire avait fait dessiner par les meilleurs artistes de
son temps, notamment par Jean Perréal, dit Jean
de Paris, peintre du roi, toutes les charmantes initiales de son livre, qui, ainsi tout émaillé d'adorables
vignettes, de lettres ornées en pleine floraison, mérite
dignement son nom de Champ fleury. Rien de fin,
rien d'élégant, rien d'ingénieux comme ces lettres aux
formes toujours diverses, toujours charmantes; comme
ces culs-de-lampe richement ornementés, sur lesquels
les arts de la Renaissance semblent avoir jeté leur plus pur reflet.

Un maître allait venir qui devait, encore mieux que le libraire Geoffroy Tory
et son imprimeur Gourmont, rompre avec la routine surannée des caractères
gothiques: c'est Robert Estienne, premier du nom. Vers 1532, il fit graver des
poinçons d'une forme plus élégante encore que ceux fondus pour l'édition du
Champ fleury, et il en fit pour la première fois usage dans sa magnifique Bible
latine, parue cette même année. Mais, puisque nous en sommes venus à parler de
l'un des chefs de cette illustre famille des Estienne, « éternel honneur de la
presse française, » comme l'a dit si justement M. A. Taillandier, dans son
beau travail, nous allons en faire rapidement l'histoire, en la prenant dans sa
souche.

Le chef est Henri Estienne Ier, qui était né à Paris en 1470, et qui commença à
y imprimer en 1503. Cette même année, il mit au jour son premier livre de la
Morale d'Aristote, traduite par Lefebvre d'Etaples, et il lui naquit un fils,
Robert, par qui devait commencer, bien mieux que par lui encore, l'illustration
de sa maison. Ce premier des Estienne avait déjà ses ateliers, dans cette rue
Saint-Jean-de-Beauvais, que ses héritiers ne devaient pas quitter, dans une
maison où devaient naître tous ses descendants jusqu'au grand Henri Estienne.
Il est impossible de reconnaître aujourd'hui la place même où s'élevait cette
demeure, si humble d'aspect sans doute, si brillante de renommée. « De même
qu'à Venise, dit M. Crapelet, personne ne saurait vous enseigner où fut la maison
des Alde. » Ce qu'on sait seulement, c'est qu'elle devait être située à l'extrémité
de la rue Saint-Jean-de-Beauvais ou du Clos Bruneau, comme on l'avait appelée
plus anciennement et comme on a recommencé à la nommer aujourd'hui. Nous

apprenons, de plus, par l'adresse des livres imprimés chez les Estienne, que cette maison portait l'enseigne de *l'Olivier*, et se trouvait à une petite distance du collége de Beauvais, tout vis-à-vis de l'École de droit canon, fondée en 1384 par Gilbert et Philippe Ponce. Sauval, qui écrivait en 1650, nous dit que de son temps on voyait encore, sculpté en pierre, au-dessus de cette maison *l'Olivier* de Robert Estienne. En 1520, quand Henri Ier fut mort, l'établissement resta aux mains de Simon de Colines, qu'il s'était associé depuis plusieurs années. Celui-ci épousa la veuve d'Estienne et s'adjoignit comme aide, François, l'aîné de ses fils. Jusqu'en 1546, année où il mourut lui-même, Colines continua de faire prospérer cette active imprimerie. Le premier des Estienne avait employé presque exclusivement les types gothiques; Colines, resté seul, les rejeta comme surannés, et fit fondre, pour l'usage de ses presses, des caractères romains et aussi des caractères italiques, que Maittaire trouve supérieurs même à ceux des Alde.

François, fils aîné d'Henri Estienne Ier, était resté associé, nous l'avons déjà dit, avec Colines, successeur de son père et second mari de sa mère; Robert, l'autre fils, avait d'abord fait de même. Quoiqu'il eût à peine dix-huit ans, il avait été attaché à la direction matérielle de l'imprimerie stéphanienne. Pendant que Colines s'adonnait plus spécialement à la gravure des caractères, tous les menus détails de la typographie reposaient sur lui seul. C'était une tâche laborieuse, mais une position secondaire et dépendante, qui ne pouvait suffire longtemps à son ambition. Il quitta donc bientôt cette association, où, comme le plus jeune des trois membres qui la composaient, il se trouvait trop effacé. En 1526, on le voit s'établir, à son compte, dans la même rue, sans doute aussi dans la même maison, comme l'indiquaient ses éditions : *E regione Decretorum*, vis-à-vis l'École de droit canon. C'est là qu'il épousa la fille de Josse Bade.

On sait quel grand imprimeur, quel érudit profond ce fut que Robert

Robert Estienne, imprimeur à Paris, 1526.

Estienne, cet homme qui n'était jamais distrait de l'étude des chefs-d'œuvre de l'antiquité grecque ou latine que par les travaux qu'exigeaient de lui leur impression. C'est lui qui soignait la correction de ses épreuves au point de les faire afficher à la porte de son atelier, et de promettre une récompense à quiconque, en les lisant, y trouverait des fautes à reprendre. C'est encore lui que François Ier venait visiter dans sa rue fangeuse et sombre, et qu'il daignait attendre, ne voulant pas qu'il interrompît pour lui la correction d'une épreuve. Mais ce pouvait n'être là qu'une condescendance passagère; une meilleure preuve de l'estime que François Ier avait pour Robert Estienne,

c'est le titre d'*imprimeur du roi pour le latin et l'hébreu*, qu'il lui octroya en

1539; c'est l'ordre qu'à sa demande il donna à Guillaume Le Bé de fondre les admirables caractères hébreux, grecs et latins, que Robert Estienne devait employer comme imprimeur royal, et dont il pouvait aussi garder l'usage pour ses propres livres. Dans ce cas, il mettait au bas cette mention : *Ex officinâ Roberti Stephani, typographi regii, typis regiis.* En outre de ces types, Robert Estienne en avait d'admirables que Claude Garamont avait fondus pour lui. Par malheur, quand la Réforme se leva, Robert Estienne embrassa ses idées avec une telle ardeur que, François Ier étant mort, et toute protection lui manquant ainsi contre les ennemis que ses idées de sectaire lui suscitaient, il fut obligé de s'enfuir à Genève. Nous l'y trouvons, dans les premiers mois de 1552, associé avec Conrad Bade, son beau-frère, et imprimant avec plus d'ardeur que jamais. C'est dans cette même ville de Genève, qui lui avait donné droit de bourgeoisie, qu'il mourut le 7 septembre 1559. Ces quelques lignes de l'historien Jacq.-Aug. de Thou peuvent lui servir dignement d'oraison funèbre : « Robert Estienne laissa loin derrière lui Alde Manuce et Froben, pour la rectitude et la netteté du jugement, pour l'application au travail et pour la perfection de l'art même. Ce sont là pour lui des titres à la reconnaissance non-seulement de la France, mais du monde chrétien tout entier, titres plus solides que n'ont jamais été pour les plus fameux capitaines leurs plus brillantes conquêtes. Et ses travaux seuls ont plus fait pour l'honneur et la gloire immortelle de la France que tous les hauts-faits de nos guerres, que tous les arts de la paix. »

Cet éloge, « le plus beau qui, selon M. Crapelet, ait été et sera jamais décerné à un imprimeur, » est pleinement justifié par ce que nous avons dit déjà de Robert, et l'est mieux encore par ce qui nous reste à dire de sa science se reflétant sur toutes choses dans son intérieur, de l'ordre admirable qui régnait dans son atelier, et de la multitude de livres qui tous, dirigés, revus, élaborés par lui, et le nombre ainsi ne nuisant jamais au mérite, sortirent de ses presses célèbres. Henri Estienne, son premier né, qui devint si fameux lui-même, nous a retracé dans l'épître latine qui sert de préface à son Aulu-Gelle, et qu'il adresse à son fils Paul Estienne, le tableau de cette admirable maison, où dans l'intimité même on était laborieux et savant. Nous reproduisons cette page curieuse, d'après la traduction qu'en a donnée M. Crapelet : « Plusieurs personnes pourraient encore vous attester que la maison de votre grand-père Robert Estienne offrait une particularité littéraire qui ne se rencontra jamais dans aucune autre famille. Les servantes elles-mêmes comprenaient tous les mots latins, et toutes (quelques-unes assez mal, il est vrai), mais toutes enfin savaient s'en servir. Votre grand'-mère entendait, à l'exception de quelques mots peu usités, tout ce qui se disait en latin, presque aussi facilement que si l'on eût parlé français. Que dirai-je de votre tante Catherine, ma sœur, qui vit encore? Elle, non plus, n'a pas besoin d'interprète pour comprendre le latin : bien plus, elle sait s'exprimer dans cette langue, à quelques fautes près, de manière à être comprise de tout le monde.

14

Et d'où lui vient cette connaissance de la langue latine? Jamais assurément elle n'a pris de leçons de latin, et l'usage a été son seul maître. Elle a appris le latin comme on apprend le français en France, l'italien en Italie, et chaque langue enfin dans le pays où on la parle.

» Puisque je suis sur ce chapitre, et pour vous montrer quelles facilités la maison de Robert Estienne, mon père et votre aïeul, présentait pour apprendre le latin, voici un fait bien digne assurément d'être rapporté dans les Annales de cette maison, pour me servir d'une expression d'Aulu-Gelle. A une certaine époque, Robert eut chez lui une espèce de décemvirat littéraire, qu'on pouvait appeler Παντοεθνη (de toutes les nations), aussi bien que Παγγλωσσον (de toutes les langues); car, les membres de cette docte réunion, étant de tous les pays, ils se servaient, par conséquent, de toutes les langues. Ces dix étrangers avaient tous beaucoup d'instruction, quelques-uns même le plus profond savoir, et plusieurs, principalement ceux qui composèrent les *epigrammata* placés en tête de la dernière édition du *Thesaurus* latin, remplissaient les fonctions de correcteurs. Originaires de diverses contrées, et ne pouvant parler la même langue, ils se servaient entre eux de la langue latine comme d'un commun interprète. Les domestiques et même les servantes qui les entendaient tous les jours converser sur des sujets plus ou moins à leur portée, et à table, parler des objets les plus divers ou des choses usuelles pendant le repas, s'accoutumaient tellement à leur langage, qu'ils comprenaient presque tout et qu'ils finissaient eux-mêmes par s'exprimer en latin. Mais ce qui contribuait encore à habituer toute la maison à parler la langue latine, c'est que mon frère Robert (deuxième du nom) et moi, depuis que nous avons su assez de mots pour commencer à la balbutier, n'eussions jamais osé nous servir d'une autre langue devant notre père ou devant quelques-uns des dix correcteurs. Je veux conclure de tout ce qui précède que l'ignorance, que l'on peut seulement appeler honteuse dans les autres familles, serait presque un sacrilége dans la mienne. »

Après cela, ne peut-on pas répéter justement avec Maittaire, dans sa Vie de Robert Estienne, « que la langue romaine, si longtemps exilée de Rome, semblait s'être réfugiée dans cette famille, où il n'était pas même permis aux domestiques de l'ignorer ! » Voyons maintenant combien de livres produisit cette maison d'imprimeur, où l'activité pensante était servie par une activité de main-d'œuvre non moins ardente et non moins habile. Selon une évaluation très-plausible de M. Crapelet, Robert Estienne a rédigé en partie, imprimé et publié plus de cent éditions d'alphabets, de grammaires, de dictionnaires, de traités des différentes parties du discours, en hébreu, en grec, en latin et en français. Voilà pour les livres usuels, que Robert Estienne savait faire excellents de tout point, bien qu'en les multipliant, et qui tous seraient dignes de porter à leur frontispice ce distique qu'on lit à la fin du grand Dictionnaire latin, édition de 1543, 3 vol. in-folio :

Immensum modico venumdatur ære volumen.
Uberior fructus : consule quæque boni.

Nous ne dirons point le nombre de ses éditions des auteurs classiques; de la Bible, en latin, en grec, en hébreu, en français. Nous ne chercherons pas à mesurer l'immense labeur exigé pour la confection de tels livres, qui effraient rien qu'à les considérer au point de vue de la dépense, et, suivant le terme industriel, de la mise de fonds nécessaire pour chacun d'eux : « J'estime, écrit M. Crapelet, qu'il n'y a pas un volume in-folio composé de 200 à 250 feuillets qui n'ait coûté au moins 12 ou 15,000 francs de frais déboursés par Robert Estienne, et les in-4°, 8 à 10,000 francs, selon la nature de la composition. La Bible in-fol. de 1540, qui contient 425 feuillets d'impression avec additions marginales, a dû employer la valeur actuelle de 25,000 francs, pour frais de main-d'œuvre et de papier, toujours en supposant 500 exemplaires, mais sans tenir compte des frais accessoires. » Le même M. Crapelet nous mène ensuite dans l'atelier de Robert Estienne, qu'il nous reconstruit pièce à pièce avec une exactitude parfaite. Nous y voyons Robert Estienne dans cette savante et laborieuse *officine,* comme il appelait son laboratoire : la souscription la plus usitée de ses livres, *ex officinâ,* nous le prouve. Il est là au milieu de quinze à vingt ouvriers compositeurs et imprimeurs, la plupart étrangers, Henri Estienne nous l'a dit tout à l'heure, mais venus principalement de Flandre ou d'Allemagne, quelquefois avec tout un bagage de types et d'ustensiles d'imprimerie. Pour tout matériel de cet atelier illustre, sont là cinq ou six fontes de caractères romains et d'italiques, quelques casseaux enfermant les lettres initiales gravées sur bois, dont Robert Estienne fait les seuls ornements de ses livres. Du reste, « point d'attirail de filets, de vignettes, de fleurons, pas même d'interlignes, dit M. Crapelet, encore moins cette profusion de caractères hétéroclites, de lettres contournées, estropiées et bizarres, qui font de nos ateliers un véritable chaos, et de nos

IMPRIMEURS-TYPOGRAPHES au XVI° siècle. Fac-simile d'une carte à jouer représentant le *Deux de tampons.* (Bibl. de Rouen. Fonds Leber.)

livres des types de mauvais goût. » Quatre ou cinq presses en bois, de construction lourde et grossière, telles qu'on en voit représentées sur les éditions de Josse Bade, à qui la figure d'une presse et l'intérieur d'un atelier servaient de marque, complètent l'outillage du grand typographe. Il ne faut pas, selon nous, se faire une autre idée de l'officine stéphanienne, et s'en exagérer l'importance matérielle, d'après quelques fausses données, écrites partout, sur le nombre d'ouvriers et de presses travaillant dans les imprimeries parisiennes de cette époque. Quand, en 1538, dans un procès qui éclata entre les papetiers et l'Université, et pour lequel intervinrent quelques imprimeurs, l'avocat Boucherat, défenseur des imprimeurs Guillaume Godart et Guillaume Merlin, prétendit qu'ils mettaient d'ordinaire en travail à la fois douze ou quatorze presses, deux cent cinquante ouvriers, et qu'ils employaient par chaque semaine deux cents rames de papier; il allait, sans contredit, au delà du vrai. Aussi, Crevier, qui rapporte ce détail, aurait-il mieux fait de le mettre en doute que de s'en extasier et de dire : « Je ne crois pas qu'il y ait actuellement à Paris (1766) aucun imprimeur de cette force. » Robert Estienne suppléait, par le travail persistant, à ce que ses ressources de fabrication avaient de restreint et d'insuffisant. Ainsi, pour le *Thesaurus* latin, pendant deux ans, il s'exténua jour et nuit : il fallait qu'il poussât la rédaction de ce grand lexique assez activement pour que les deux presses, fonctionnant pour lui, fussent toujours alimentées de copie, et qu'en même temps il s'occupât de tous les détails typographiques et de la correction des épreuves, tâche que son soin méticuleux rendait si laborieuse. Malgré cette multiplicité de travaux roulant sur un même homme, tout arrivait comme par magie à sa perfection, aussi bien ce qui, dans le livre, regardait la partie littéraire et érudite dont nous n'avons pas à nous occuper ici, que tout ce qui touchait à son ordonnance typographique et était une affaire de main-d'œuvre. « Les justifications sont bien proportionnées, dit M. Crapelet, qui nous sert toujours de guide; les marges bien appropriées aux formats; les caractères, aux pages; le tirage égal, sou-

Rébus tiré d'un *Livre d'Heures* imprimé par Guillaume Godart, en 1513.

tenu, bien frappé; l'encre vive, le papier de bonne force et de sonore qualité. Il savait renouveler à propos ses caractères, non par amour de la nouveauté, mais pour les améliorer. Il les débarrassait peu à peu de ces
abréviations multipliées, qui étaient une imitation trop servile des manuscrits;
car elles fatiguaient la vue et gênaient la lecture, ce qui est contraire au
but de la Typographie. Les fontes des éditions de la Bible et du Virgile de 1532
attestent dans la gravure des progrès qui étaient bien près de toucher aux limites
du bien en ce genre. Les italiques, que les Alde avaient les premiers employés
avec tant de succès, furent bientôt surpassés dans l'élégance de la taille et de la
proportion par ceux de Simon de Colines, et un grand nombre de volumes, imprimés par Robert avec cette seule espèce de caractères, leur acquirent en
France une vogue qui se soutint jusqu'au delà du seizième siècle. »

Robert Estienne, malgré sa science profonde de typographe et d'érudit,
trouva de dignes émules parmi ses contemporains, dans sa famille d'abord, où
nous rencontrons Charles Estienne, son frère, un des imprimeurs qui méritent
le mieux d'être nommés après lui. Il était le troisième fils de Henri Ier, et s'était
d'abord voué à la médecine et avait même été reçu docteur de la faculté de
Paris. Mais, en 1551, il avait suivi l'impulsion de toute sa famille et s'était fait
imprimeur. S'il excella dans son art, il n'y prospéra guère. En 1561, il fut
mis au Châtelet, la prison pour dettes de ce temps-là; et en 1564, quand la
mort le surprit, il y était encore. Qui l'avait amené à l'extrémité d'une captivité
si longue dont les rigueurs sans doute abrégèrent sa vie? On ne sait, car c'était,
en même temps qu'un habile typographe, digne en tout point du nom qu'il
portait, un homme de probité, d'ordre et de travail. Nul imprimeur, en un aussi
court espace de temps, n'avait mis au jour un aussi grand nombre d'ouvrages :
Maittaire le dit et le prouve; nul n'avait été plus savant, et l'on n'a pas surpassé
les belles éditions qu'il a publiées. Chevillier confirme ce jugement par l'éloge
qu'il fait de l'édition grecque d'Appien, in-fol., donnée en 1551 par Charles
Estienne, et par celle du Nouveau Testament, in-8°, publiée en 1553.

Mais si Robert Estienne avait eu ainsi dans son frère Charles un remarquable
émule, il trouva dans son fils Henri un non moins digne héritier. Tant qu'il se
livra à l'art paternel exclusivement et sans autre distraction que celle qu'avait
cherchées Robert lui-même, l'étude du grec et ces profondes recherches dont son
étonnant *Trésor de la langue grecque* fut le fruit, Henri fut le plus admirable
des imprimeurs et des savants : il tendit à égaler, bien plus, à surpasser son
père. Il avait le coup d'œil plus sagace, le sens critique plus développé, mieux
en éveil; il raisonnait davantage son travail et l'on surprenait, dans tout ce qu'il
touchait, une main non moins laborieuse, mais plus intelligente. A tous ces titres,
personne n'avait plus de droit que lui alors de gourmander les typographes ignorants, les compositeurs incorrects, comme il le fit dans cette élégie *De illitera-
tis typographis,* dont la préface en prose contient surtout les plus amères

plaintes contre ces imprimeurs qui dans un livre, dit-il, savent à peine distinguer une chose, la feuille imprimée de celle qui ne l'est pas (*Quomodo alba pagina discernenda sit à nigrâ*); contre ces correcteurs d'imprimerie si ignorants que, lorsqu'ils voyaient écrit le mot *procos*, ils le corrigeaient et mettaient *porcos*, ou bien qui, en rencontrant *exanimare*, ne manquaient jamais de lui substituer *examinare*, imposant ainsi à l'ode xvii d'Horace, où se trouve ce vers : *Cur me querelis exanimas tuis*, le non-sens de ces mots : *Cur me querelis examinas tuis*, etc. Henri Estienne avait le droit de parler haut dans son art : il en était le chef par son talent, et il pouvait à bon droit le régenter par ses satires. Mais le temps vint où ses critiques, si bien en leur lieu ici, se détournèrent de leur but et prétendirent frapper plus haut. Calviniste fervent comme son père, mais moins discret encore et même « horriblement emporté, » comme dit Chevillier, il se mit à écrire contre les catholiques. Moraliste chagrin et indigné, toujours comme Robert Estienne, mais d'une indignation plus expansive et plus brûlante, il écrivit des pamphlets et surtout son *Apologie pour Hérodote*, où déborda tout son fiel. Poursuivi par le parlement, il dut s'enfuir de Paris; condamné à mort, brûlé même en effigie pendant qu'il se cachait dans les montagnes de l'Auvergne, il dut quitter la France et s'enfuir à Genève. Dès lors il nous échappe. Historiens exclusifs de l'Imprimerie, nous sommes obligés d'abandonner sa trace, de ne pas même donner un regard à sa fin malheureuse dans l'hôpital de Lyon, entraînés que nous sommes vers d'autres illustres artisans, ses rivaux en typographie, qui, eux du moins, n'échangèrent point la gloire tranquille de l'imprimeur pour la renommée hasardeuse du satirique, et dont la vie et les travaux nous appartiennent ainsi tout entiers.

Au premier rang, nous avons Michel Vascosan, qui tenait à Robert Estienne non-seulement par confraternité de métier et parité de mérite, mais aussi par alliance de famille. Chacun d'eux avait épousé une fille de Badius. Vascosan commença d'imprimer vers 1530; et tout d'abord il rompit avec la routine des caractères gothiques pour adopter les lettres latines. Il se rendit remarquable par la correction de ses textes, que Scaliger lui-même vantait hautement et que l'Espagnol Sepulveda mit vainement en doute; par l'éclat, la solidité et la sonorité de ses papiers, mérites surtout appréciables dans les admirables éditions qu'il publia du Plutarque d'Amyot, sous les deux format in-fol. et in-8°. Pour donner une idée de son étonnante correction, il suffira de dire qu'il lui suffit d'un *errata* de trois mots, pour le *De Asse* de Budé, dont le texte pourtant est hérissé de citations et de renvois de toutes sortes. On lit, après cet *errata*, la mention suivante : « *Imprimebat Michaël Vascosanus sibi, Roberto Stephano, et Joannes de Roigny, affinibus suis*, 1542. » Hommage du plus affectueux souvenir, preuve du touchant accord qui existait entre lui et ses deux beaux-frères, Robert Estienne et Jean de Roigny. Vascosan travailla longtemps. En 1572 il imprimait encore dans sa maison de la rue Saint-Jacques, à l'enseigne de la

Fontaine. Le *Trésor* d'Henri Estienne est de cette même année. Ainsi, Vascosan
se trouva l'émule du fils, après avoir fait marcher ses travaux de front avec ceux
du père. Il mourut en 1576, selon le P. Adry. En 1553, il avait été gratifié, par
Henri II, d'un privilége général de dix années, dont nous donnerons un extrait
d'après la copie qui s'en trouve à la fin du Justin martyr et du Zonare, traduits
en français par Jean de Maumont, sous la date du 11 février 1553. On y verra
l'estime que le roi avait pour Vascosan : « Nous, bien avertis des grands labeurs,
peines et travaux, que notre bien-amé Michel Vascosan, imprimeur et libraire
juré en notre Université de Paris, a pris depuis vingt-deux ans à imprimer con-
tinuellement en toutes langues et disciplines, tous les meilleurs livres et les plus
utiles, et que, de tout son pouvoir, il a toujours aidé à fournir notre royaume
de tous les bons livres qui ont été imprimés et s'impriment tous les jours dans
les autres pays et nations étrangères ; avertis aussi de la grande diligence, frais
et dépens qu'il fait à recouvrer plusieurs bons et anciens livres, et iceulx faire
traduire de langue en autre, et les illustrer de portraits et figures quand besoin
le requiert ; et aussi, qu'il fait ordinairement conférer, avec plusieurs et divers
exemplaires tant écrits à la main qu'imprimés, par les hommes doctes de notre
royaume, tous les livres lesquels il prétend admettre en impression et lumière.
Pour ces causes, » etc.

Cette lettre de privilége général, octroyé par Henri II, ne nous donne pas
seulement une idée de la considération dont Vascosan jouissait près du roi,
mais nous initie encore à tous les détails si multiples et si complexes du
métier de l'imprimeur à cette époque. C'est déjà l'éditeur avec tous les soins,
tous les travaux, toute la responsabilité, auxquels ce titre oblige. Il s'enquiert
des vieux auteurs non encore publiés, fait rechercher les anciens manuscrits,
collationner les divers textes, s'occupe même de mettre en besogne le traducteur qu'il choisit, du mieux qu'il peut, correct et fidèle ; puis, les détails matériels
arrivent ; en outre des travaux si minutieux de la composition à diriger, de la
correction des épreuves, de la mise sous presse, des tirages, il doit prendre sur
lui le soin des gravures qui orneront les livres ; c'est lui qui les fait *illustrer*
(le mot était déjà inventé) « de portraits et figures quand besoin requiert. » Enfin,
et c'est la préoccupation dernière, il a le souci de la vente qu'il fait en con-
science, et jamais à vil prix. Il sait trop bien, l'ayant, pour ainsi dire, façonné
tout entier lui-même, ce que le livre a coûté de peine ; il sait trop bien ce qu'il
vaut, à un double près, pour le céder à un taux moindre que sa valeur réelle.
Qu'il vende, car il est marchand des livres d'autrui comme des siens, des livres
faits en France comme des livres qui viennent de l'étranger ; qu'il vende, dis-je,
un ouvrage sorti ou non de ses presses, il en sait le prix, et rien ne le fera
démordre de sa première et consciencieuse estimation. On verra cette fière
ténacité du marchand, sûr de l'excellence de ce qu'il vend, par le dialogue placé,
en guise de préface, à la tête de la seconde édition que Froben donna de la

Concordance de la Bible de 1525. L'illustre imprimeur de Bâle, l'ami particulier d'Erasme, se met lui-même en scène avec un acheteur, auquel après avoir expliqué les obstacles qu'il a eus à surmonter pour obtenir une correction irréprochable, il avoue ingénument qu'il a atteint la perfection : « L'Acheteur. Vraiment, Froben, il n'y a pas de plus belle victoire que celle de se surpasser soi-même dans ses utiles et honorables travaux. — Froben. En effet, dans cette occasion, j'ai tellement lutté avec moi-même, que je me suis ôté l'espérance d'une nouvelle victoire....... — L'Acheteur. Et le prix? — Froben. Approchez l'oreille. — L'Acheteur. Oh! c'est bien cher ! — Froben. Emportez et examinez. Si vous n'êtes pas satisfait, rapportez le livre, et je vous rendrai l'argent. — L'Acheteur. Bien parlé. — Froben. Bien parler est un mérite vulgaire; mais le propre de Froben est de se montrer par des actes bien plus que par des paroles. — L'Acheteur. Voici du bon argent. — Froben. Et voici de la bonne marchandise. Puissent-ils nous porter bonheur à tous deux! » Voilà les seules *réclames* que les libraires imprimeurs de ce temps-là savaient faire : ils laissaient parler le mérite typographique du livre, et ils n'en appelaient pas, pour le faire valoir et le louer davantage, au charlatanisme des grandes phrases. Les *prospectus*, où ce faste des mots menteurs s'étale surtout aujourd'hui, étaient aussi humbles, aussi modestes que les avant-propos d'éditeur. On a découvert, il y a cinquante ans environ, deux petits prospectus latins de Jean Mentel ou Mentelin, qui fut le premier imprimeur de Strasbourg, et dont nous aurons occasion de reparler. Rien n'est plus simple de style, plus ingénu comme annonce, que ces deux petits feuillets in-8° imprimés d'un seul côté. Voici ce que dit le premier, qui a été trouvé à la Bibliothèque Nationale : « Tous ceux qui voudront acheter les Épîtres de saint Augustin, évêque d'Hippone, dans lesquelles ils rencontreront non-seulement toutes les grâces de l'élocution, mais encore l'explication des passages les plus difficiles des saintes Écritures, etc..., sont invités à venir à cette boutique (*hospitium*); ils les trouveront, ainsi que les ouvrages suivants. » Suit la liste de ces livres en vente, parmi lesquels on remarque Virgile, Térence, Josèphe et Valère-Maxime. Dans le second catalogue, qu'on a trouvé collé à la couverture d'un livre de la Bibliothèque royale de Munich, c'est la même formule d'invitation sans mensonge et sans emphase : « Que celui qui veut acheter le présent livre et d'autres vienne au magasin désigné ci-dessus. Il y trouvera un libraire qui s'empressera de le lui vendre, ainsi que les ouvrages suivants :

Item. Speculum historiale Vincencii.
Item. Summam Astexaniensem.
Item. Archidyaconum super decretis.
Item. Isidorum Ethimologiarum.

L'adresse du magasin est laissée en blanc, sans doute pour que les libraires des autres villes que Mentell faisait entrepositaires de ses livres y inscrivissent leur nom et leur demeure.

Si dans leurs annonces les libraires-imprimeurs fuyaient l'étalage mensonger dont on abuse tant aujourd'hui, il ne faut pas croire pour cela qu'ils ne connussent pas le mérite réel des produits de leurs presses, et qu'ils fussent niaisement modestes. Quand ils avaient édité un livre avec leurs caractères les plus fins et les plus nets, et après un travail de correction des plus minutieux, ils étaient trop fiers du résultat de leurs soins pour ne pas avouer hautement son excellence. On l'a vu déjà par le dialogue de Froben; non-seulement ils le disaient avec cette naïve franchise de l'artisan content de son œuvre, mais ils l'écrivaient au frontispice du livre qui leur causait un si juste orgueil. Philippe Pigouchet, dont nous avons déjà parlé, annonçait au titre de ses livres qu'ils étaient imprimés *charactere nitidissimo et jucundissimo*. Gourmont faisait encore mieux. Ses premières éditions grecques portaient en souscription : *Operoso huic opusculo extremam imposuit manum Ægidius Gourmontius, integerrimus ac fidelissimus primus duce Francisco Tissereo Ambacæo, græcarum litterarum Parisiis impressor. Anno Domini, etc...* Au frontispice, il écrivait : *Venales reperiuntur in vico Sancti Joannis Lateranensis, e regione Cameracensis collegii, apud Egidium Gourmont diligentissimum et fidelissimum.* Les épithètes superlatives qui se trouvent dans ces phrases : *integerrimus, fidelissimus, diligentissimus,* sont vraiment remarquables. M. Crapelet s'en est étonné comme nous; mais, avec la haute raison qui lui était ordinaire, il y a vu bientôt non une vanité de l'éditeur, mais une garantie que Gourmont croyait devoir au lecteur et qu'il lui donnait par l'assurance qu'il avait lui-même de la perfection de ses livres. « Ces expressions... dit M. Crapelet, ne doivent pas être prises pour un éloge malséant que se serait donné l'imprimeur, mais il lui importait beaucoup que ses éditions grecques, dès le début, ne fussent pas suspectées d'infidélité ou d'incorrection, comme on le reprochait à certaines éditions d'Italie et des Alde mêmes; ce qui aurait parfaitement servi les intentions malveillantes des ennemis de la littérature grecque. Gourmont était savant dans les langues grecque et latine. Il pouvait dire qu'il mettait la dernière main à ses éditions, c'est-à-dire qu'il en corrigeait les épreuves, après la révision de Tissard, qui avait préparé et fourni le texte. » D'ailleurs, pour achever de justifier Gourmont du reproche d'orgueil et de vantardise, on pourrait ajouter que c'est lui qui mettait en tête de ses livres cette devise pleine de sens, aveu indirect de la défiance qu'il avait de lui-même, malgré sa force, et de l'appel qu'il faisait souvent aux intelligences de ses inférieurs, à l'habileté de ses ouvriers :

> Tost ou tard près ou loing
> A le fort du faible besoing.

Ces ouvriers, que Gourmont désigne par une allusion voilée, étaient alors pour l'ordinaire des gens de science et de mérite, les *protes* surtout, qu'on nommait ainsi, selon une étymologie consacrée par Naudé dans le *Mascurat*, du mot grec πρῶτος, parce qu'ils étaient les premiers correcteurs, parce qu'ils corrigeaient *en première*, comme on dit encore aujourd'hui. Nous avons vu déjà ce qu'étaient ceux que Robert Estienne mettait en travail et comment ils pouvaient marcher d'égal avec lui pour la connaissance du latin et du grec. Eh bien, dans chaque imprimerie, à cette époque, on trouvait des hommes de cette haute capacité. La science y était de règle et de nécessité; Henry Alstedius, qui écrivait alors son *Encyclopedia* et y traçait des préceptes d'après ce qu'il voyait pratiquer, dit dans la première section du 30ᵉ livre, que l'imprimeur (il entend parler de celui qui conduit la presse) doit avoir quelque teinture des lettres, que la science du compositeur doit être pour le moins médiocre; mais quant au correcteur, qu'il doit être des plus éclairés, d'une érudition très-grande; et il ajoute que, faute d'une stricte observation de cette règle, faute de semblables capacités dans les ouvriers typographes, il sortira de leurs mains non pas des livres, mais des cadavres, des fantômes de livres; leurs ouvrages fussent-ils d'ailleurs fabriqués avec un beau papier, une belle encre et un très-beau caractère. « *Eruditionis alia est ratio, quæ debet esse maxima in correctore, mediocris in compositore, qualiscunque in impressore. Quæ gradationi si observetur, cadavera potiùs librorum, quàm libros imprimi videas, ut et charta, atramentum, et characteres sint præstabiles.* » Les correcteurs étant ainsi des gens d'un haut mérite et qui se faisaient chèrement payer, il arrivait que quelques imprimeurs avares n'en attachaient aucun à leur service. Ils aimaient mieux, comme Erasme les en blâme, voir plus de six mille fautes fourmiller dans un bon livre, que de dépenser la somme nécessaire pour salarier un bon correcteur. Ange Rocha, dans son Traité sur la Bibliothèque vaticane, s'indigne aussi contre cette conduite et la traite de crime en matière d'imprimerie : « *Quin etiam, proh scelestum et nefarium facinus!* » D'autres imprimeurs, pour épargner aussi la dépense, se servaient de correcteurs n'ayant pas l'érudition requise, et rejetaient, au contraire, comme dit Vital de Thèbes dans les Décrétales de Gering, ceux qui avaient de bons yeux : *Verùm dùm impensis abstinent, peritiâ artis carent, aut oculatos correctores qui unicè in hac facultate sunt necessarii adhibere negligunt, tam ineptè tamque mendosè imprimunt, ut præclaris rectorum ingeniis longè plus cæcitatis quam luminis afferre videantur.* » Bien différents de ces correcteurs inhabiles, d'un travail sans expérience et à bon marché, étaient ceux qui avaient mis leur science au service des Alde et des Estienne : Marc Musurus, ce Grec érudit, qui en remontrait à Marcile Ficin lui-même, et dont le mérite était si hautement considéré qu'il ne quitta l'atelier de Manuce que pour devenir professeur à Mantoue, puis évêque de Raguse; Benedictus Thyrrenus, qui travailla aussi chez Alde, comme on le voit par le Strabon grec de 1516; Jean Chapuis et Bertholde Remboldt, légistes distingués

qui s'employaient chez Ulrich Gering pour la correction des livres de droit ; Jean
Hucher, qui dans l'épître dédicatoire du Chrysostome latin de 1536 prend comme
qualité d'honneur le titre de correcteur dans l'imprimerie de Chevallon : « *Joannes
Hucherius Vernoliensis in Chevalloniâ officinâ,* επανορθωτής, *correctorem vocant,
optimo lectori* » ; Frédéric Morel, qui fut correcteur de quelques ouvrages chez
Charlotte Guillard « illustre veuve », comme l'appelle Chevillier ; Adam Knouf,
docteur en médecine et prote chez Sébastien Gryphe ; André Guntlerus, Gerard
Leclerc et Adam Nodius, qui travaillèrent longtemps chez Robert Estienne,
comme Henri nous l'apprend dans l'Aulu-Gelle de 1585, in-8°, et les mêmes qui
illustrèrent d'épigrammes grecques et latines les feuillets-liminaires du *Thesaurus* de Robert, édition de 1543. Car il était volontiers d'usage que les correcteurs laissassent, par ces petites poésies d'avant-propos, ou par quelque épître
dédicatoire, une trace de leur collaboration, une preuve de leur science. Quelquefois l'éditeur permettait qu'ils s'y nommassent avec lui. Vigneul Marville
nous en donne un exemple dans ses *Mélanges d'histoire et de littérature,* où il
nous cite ces deux distiques précédant les *Commentaria Andreæ de Yserniâ
super constitutionibus Siciliæ,* de l'impression de Sixtus Ruffingerus, à Naples,
1472 :

> Sixtus hoc impressit : sed bis tamen ante revisit
>   Egregius doctor Petrus Oliverius.
> At tu quisquis emis, lector studiose, libellum
>   Lætus emas ; mendis nam caret istud opus.

Le travail de ces *protes* du seizième siècle était si ardent, si infatigable, et
dévorait pour ainsi dire les feuilles à corriger avec une telle activité, que, selon
Sabellicus, dans les *Ennéades,* le jurisconsulte Pierre Trecius pouvait à bon
droit se vanter d'avoir vu sortir des presses vénitiennes plus de trente mille
ouvrages dont il avait vu les épreuves. Mais un des hommes qui honorèrent le
plus le métier de correcteur fut Cornelius Kilian. Il travailla cinquante ans en
cette qualité à Anvers, l'*Athènes belgique,* selon l'expression de Pierre Suver-
tius. Il fut surtout employé par Plantin en société de Victor Giselin, d'Antoine
Gisdal, de Théodore Pulman et de cet illustre Français Raphelengue, à qui
Plantin donna sa fille aînée en mariage, et qui n'était pas savant seulement en
grec et en latin, mais dans les langues hébraïque, chaldaïque, arabe, qu'il pro-
fessa successivement à Cambridge et à Leyden. C'est Kilian, digne collègue
d'un si savant homme, qui, dans une épigramme de dix-huit vers, insérée au
tome VII du *Theatrum vitæ humanæ* de Laurent Beyerlinch, montra le plus
clairement la différence qu'il faut faire entre les mauvais et les bons correcteurs ; fit voir spirituellement quel est le rôle de ceux-ci, et qui surtout tira le
mieux vengeance de l'injustice des auteurs, imputant sans cesse aux *protes* les
incorrections de texte, et ne s'en prenant jamais aux fautes contenues dans leur
copie :

Officii est nostri mendosa errata librorum
        Corrigere, atque suis prava notare locis.
Ast quem scribendi cacoëthes vecat, ineptus
        Ardelio vitiis barbarieque rudis,
Plurima conglomerat, distinguit pauca lituris
        Deformat chartas, scripta commaculat.
Non annum premit in nonum, non expolit arte;
        Sed vulgat properis somnia vana typis;
Quæ postquàm docti Musis et Apolline nullos
        Composita exclamant, ringitur ardelio;
Et quacunque potest sese ratione tuetur,
        Dum correctorem carpit agitque reum.
Heus! cessa immeritum culpam transferre deinceps
        In correctorem, barde typographicum.
Ille quod est rectum non depravavit at audin?
        Post hâc lambe tuos ardelio catulos.
Errata alterius quisquis correxerit, illum
        Plus satis invidiæ gloria nulla manet.

« Notre métier est de corriger les fautes des livres et de marquer les endroits défectueux; mais un méchant brouillon qui entasse faute sur faute et accumule les tournures barbares, dévoré qu'il est par la maladie d'écrire, altère par des ratures le texte qu'il nous apporte et souille le papier. Il ne met pas neuf ans à cette besogne, il ne s'inquiète pas de polir son travail, mais il se hâte de faire imprimer ses vaines rêveries par des presses actives. Quand elles ont paru, si quelques savants déclarent qu'il a écrit sans l'aveu des Muses et d'Apollon, le brouillon enrage; et pour se défendre par tous les moyens possibles, il s'en prend au correcteur. Eh! lourdaud, cesse donc d'imputer au typographe un tort qu'il n'eut jamais. Dis, ce que ton livre contenait de bon, l'a-t-il gâté? N'entends-tu pas ?... Tiens, désormais, brouillon, lèche toi-même tes petits. S'aviser de corriger les fautes d'autrui, c'est s'attirer des mécontentements, jamais de la gloire. » Kilian, que ses cinquante années de travail dans les imprimeries avaient initié à toutes les pratiques de la fabrication et de la vente, n'a pas fait que cette épigramme sur la matière concernant la Typographie et la Librairie. Il s'est surtout occupé du libraire, toujours âpre au gain, et sur le pas de sa porte ou à son comptoir, provoquant le chaland à acheter beaucoup et chèrement. Par l'épigramme qui contient ces détails et qui se trouve comme l'autre au tome VII du *Theatrum vitæ humanæ* de Beyerlinch, il a justifié toutes les plaintes qu'on portait alors contre ce qu'avait d'exorbitant et d'arbitraire le prix des livres, tels que les libraires les taxaient eux-mêmes sans être soumis, comme par le passé, au contrôle des jurés de l'Université; il a donné indirectement raison à l'édit de Gaillon de 1571 par lequel Charles IX, sur les instances de l'Université, rétablissait ce corps savant dans le droit de fixer au moins le prix des livres imprimés pour l'utilité des études. « Ne pourront lesdits libraires, déclare formellement l'édit, vendre la feuille des livres de classe en latin de grosse lettre sans commentaire ni grec, plus de trois deniers; le grec, plus de six, et autres livres de mêmes lettres, ou de plus grand papier que celui de classe, au prorata. En sorte que, advenant que lesdits libraires aient meilleur marché de journées et salaires des compagnons, seront tenus de diminuer le prix des livres selon l'avis du recteur, doyens, maîtres et vingt-quatre libraires-jurez de l'Université, etc. » Le libraire n'était pas seulement accusé de voler l'acheteur en tenant les livres à un taux excessif, il était aussi en butte aux plaintes des imprimeurs, dont il dévorait la substance en achetant d'eux à vil prix ce qu'il revendait ensuite si chèrement. C'est encore Kilian qui nous apprend ce détail dans une épigramme de seize vers, la meilleure de celles que nous connaissions de lui. Prote chez l'imprimeur Plantin, il y prend naturellement parti pour le typographe. Les propos qu'il lui fait tenir sur les fatigues de son métier, sur ses gains bornés et sur le lucre excessif des libraires nourris de ses sueurs, enrichis par sa pauvreté, sont de la plus amère éloquence.

> Noster alit sudor numatos et locupletes,
>   Qui nostras redimunt, quique locant operas :
> Noster alit sudor te, bibliopola, tuique
>   Consimiles, quibus est vile laboris opus.

Les libraires prenaient peu de souci de ces plaintes des imprimeurs, non pas qu'ils en récusassent la justesse, car ils avouaient franchement eux-mêmes qu'ils avaient tous les gains de l'art; mais ils déclaraient fièrement que ce monopole des profits leur revenait de droit, puisque eux seuls formaient le noble corps de la librairie, où les imprimeurs n'étaient que les derniers venus et presque des intrus. A cela les imprimeurs répondaient que cette qualification de derniers venus et d'intrus était gratuitement injuste; qu'ils avaient autant de droit que les libraires de faire partie, sous les auspices de l'Université, de la corporation dont le livre était l'âme et l'objet, puisqu'en effet ils étaient les seuls successeurs de ces mêmes copistes, lesquels, comme on l'a dit, « étaient dans les siècles passés la base et le fondement de toute librairie. » Pour montrer mieux leur droit à ce titre d'héritiers et de successeurs des copistes, ils se faisaient fort de l'édit de Henri III du 30 avril 1583, dans lequel on lit formellement : « Auparavant que l'art d'Imprimerie eût été inventé, il y avait grand nombre d'écrivains qui étaient censez et réputez du corps de l'Université de Paris; et depuis que ledit art d'Imprimerie a été mis en lumière, les imprimeurs ont succédé au lieu des écrivains, et ont toujours été autant ou plus qualifiez que lesdits escrivains. » Ces derniers mots de l'édit ne sont pas mensongers et ne disent rien de trop sur la considération dont jouissaient les imprimeurs, et sur la préférence que les rois leur accordèrent en plus d'une occasion. Ils furent tout d'abord gratifiés de priviléges que n'avaient jamais eus les copistes. On eût dit que les rois voyaient sagement dans l'Imprimerie la vivante personnification des lettres, et qu'ils pensaient, en lui accordant une protection marquée, donner du même coup une puissante impulsion à toute la littérature. Nous ne citerons que quelques exemples pour montrer que les faveurs accordées aux typographes dès le commencement dépassèrent de beaucoup ce qu'avaient obtenu les écrivains. C'est d'abord ce titre d'imprimeur et libraire du roi, créé pour Guillaume Eustace vers 1493, porté ensuite par Vascosan, puis par Charles Estienne, par Olivier Maillart, et de privilégiés en privilégiés, par cette longue série d'Imprimeurs royaux dont la révolution déposséda le dernier; c'est aussi le crédit sans borne dont Robert Estienne jouit auprès de François Ier, qui, véritable père des lettres cette fois, croyait honorer et patroner en lui tout le corps des imprimeurs; c'est enfin l'institution de la charge de PREMIER *imprimeur royal pour le grec,* dont les lettres patentes, datées du 17 janvier 1538, furent octroyées à Conrad Néobar par ce même roi qui, sur l'avis de son conseil littéraire, pensait ne pouvoir mieux compléter que par cette création l'œuvre immortelle de son collége des *trois langues,* comme on nommait alors le naissant Collége royal. Pour donner un témoignage écrit de cette sollicitude paternelle dont François Ier déversait les bienfaits à part égale sur les lettres et sur l'Imprimerie, nous allons reproduire ces lettres patentes, avec la traduction qu'en a donnée Crapelet, qui les publia le premier, d'après un exemplaire unique, imprimé par Néobar lui-même et conservé à la Bibliothèque Mazarine sous le n° 16029.

FRANÇOIS, par la grâce de Dieu, roi des Français, à la république (des lettres) française, salut.

Nous voulons qu'il soit notoire à tous et à chacun que notre désir le plus cher est, et a toujours été, d'accorder aux bonnes lettres notre appui et notre bienveillance spéciale, et de faire tous nos efforts pour procurer de solides études à la jeunesse. Nous sommes persuadé que ces bonnes études produiront dans notre royaume des théologiens qui enseigneront les saines doctrines de la religion; des magistrats qui exerceront la justice, non avec passion, mais dans un sentiment d'équité publique; enfin des administrateurs habiles, le lustre de l'État, qui sauront sacrifier leur intérêt privé à l'amour du bien public.

Tels sont en effet les avantages que l'on est en droit d'attendre des bonnes études presque seules. C'est pourquoi nous avons, il n'y a pas longtemps, libéralement assigné des traitements à des savants distingués, pour enseigner à la jeunesse les langues et les sciences, et la former à la pratique non moins précieuse des bonnes mœurs. Mais nous avons considéré qu'il manquait encore, pour hâter les progrès de la littérature, une chose aussi nécessaire que l'enseignement public, savoir, qu'une personne capable fût spécialement chargée de la typographie grecque, sous nos auspices et avec nos encourage-

FRANC. Dei grat. rex Francorum, Galliæ reipublicæ salutem.

Universis et singulis liquido constare volumus, nihil perinde nobis in votis esse, aut unquàm fuisse, atque cum bonas literas precipua quadam benevolentia complecti, tum juvenilibus studiis pro virili nostrâ recte consulere. Nam his probe constitutis, arbitramus non defuturos in regno nostro, qui et religionem sincere doceant, et leges in foro non tam privata libidine quàm equitate publicâ metiantur : ac denique in reipubl. gubernaculis ita versentur, ut et nobis sint ornamento, et communem salutem privato emolumento præferant.

Hæc enim omnia, rectis studiis prope solis accepta ferri debent. Quare postquàm haud ità pridem salaria viris aliquot literatis benignè decrevimus, qui juventutem linguarum juxta ac rerum cognitione imbuant, moribusque probatis, quoad liceat, forment : unum etiam nunc super esse animadvertimus, ad rem literariam provehendam non minùs necessarium quàm publice docendi provinciam : nimirùm ut quispiam diligeretur, qui nostris auspiciis atque hortatu, græcam typographiam ex prolesso susciperet ac in nostri regni juventutis usum græcos codices emendatæ excuderet.

Nam a viris literatis accipimus, ità e græcis scriptoribus, artes historiarum cognitionem, morum integritatem, recte vivendi præcepta, ac omnem prope humanitatem ad nos derivari. Porro id quoque didicimus, græcam typographiam tum vernacula, tum latina multò difficiliorem; ac denique ejusmodi esse provinciam quàm nemo rite administret, nisi et græcanicæ linguæ guarus, et cùm primis vigilans, et facultatibus denique non vulgariter instructus; ad neminem fere inter nostri regni typographos esse, qui hæc omnia præstare possit, dico græci sermonis cognitionem, sed ullam diligentiam et facultatem copiam; sed in his opes, in illis eruditionem, in aliis aliud desiderari; nam qui literis pariter ac facultatem instructi sunt, hoc quidvis vitæ institutum persequi malle, quam rem typographicam, occupatissimam illam vivendi rationem suscipere.

Quæ propter viris aliquot eruditis, quorum vel convictu, vel alioqui consuetudine familiariter utimur, id muneris demandavimus, ut nobis quempiam invenirent, cum rei typographiæ studiosum, tum eruditione pariter ac sedulitate comprobatum, qui nostra benignitate adjectus, græce excudendi provinciam obiret.

Nam huc quoque in parte vel duplici nomine studiis opem ferendam duximus : partim, ut quandò a Deo optimo maximo regnum accepimus, opibus cæterisque rebus ad vitæ commoditatem necessariis, abunde instructum; in constituendis studiis, favendis viris literatis, ac omni denique humanitate complectendâ, exteris nationibus concedamus : partim verò, ut et studiosa juventus, ubi nostram ergà se benevolentiam intellexerit, justumque eruditionis honorem a nobis haberi, alacriori animo discendis literis percipiendisque disciplinis invigilet : et viri boni, nostro provocati exemplo, juvenilibus studiis formandis constituendisque magis sedulam impendant operam. Dispicientibus itaque nobis, cuinam ea provincia tuto posset demandari, commodum sese obtulit CONRADUS NEOBARIUS. Nam cum is publicum aliquod munus ambiret, quo nostris auspiciis tum ad privatæ vitæ commoditatem, tum ad reipublicæ emolumentum defungeretur : esset que a viris literatis nobisque familiaribus, eruditionis nomine ac industriâ commendatus : placuit nobis græcam typographiam illi committere, ut nostra fretus liberalitate, græcos codices, omnium artium fontes in regno nostro, emendata excudat.

Verùm ne institutum hoc nostrum reipublicæ tranquillitate officiat, vel privatim fraudi sit Neobario typographo nostro; certis id rationibus, quasi formulis quibusdam; terminandum duximus.

Primum itaque nolumus quicquam ex iis, quæ nondùm typis mandata extant, prelo ab ipso mandari, nedum in lucem emitti, quod professorum qui nostro stipendio conducti, in Parisina academia juventutem docent, non priùs subierit judicium : ita ut prophana, politiorum literarum professoribus,

ments, pour imprimer correctement des auteurs grecs à l'usage de la jeunesse de notre royaume.

En effet, des hommes distingués dans les lettres nous ont représenté que les arts, l'histoire, la morale, la philosophie et presque toutes les autres connaissances, découlent des écrivains grecs, comme les ruisseaux de leurs sources. Nous savons également que le grec étant plus difficile à imprimer que le français et le latin, il est indispensable, pour diriger avec succès un établissement typographique de ce genre, que l'on soit versé dans la langue grecque, extrêmement soigneux et pourvu d'une grande aisance; qu'il n'existe peut-être pas une seule personne parmi les typographes de notre royaume qui réunisse tous ces avantages : nous voulons dire, que la connaissance de la langue grecque, une soigneuse activité et de grandes ressources; mais que chez ceux-ci c'est la fortune qui manque, chez ceux-là le savoir, ou telle autre condition chez d'autres encore. Car les hommes qui possèdent à la fois instruction et fortune aiment mieux poursuivre toute autre carrière, que de s'adonner à la Typographie, qui exige la vie la plus laborieuse.

En conséquence, nous avons chargé plusieurs savants que nous admettons à notre table ou à notre familiarité de nous désigner un homme plein de zèle pour la Typographie, d'une érudition et d'une intelligence éprouvées, qui, soutenu de notre libéralité, soit chargé d'imprimer le grec.

Et nous avons un double motif de servir ainsi les études. D'abord, comme nous tenons de Dieu tout-puissant ce royaume, qui est abondamment pourvu de richesses et de toutes les commodités de la vie, nous ne voulons pas qu'il le cède à aucun autre pour la solidité donnée aux études, pour la faveur accordée aux gens de lettres, et pour la variété et l'étendue de l'instruction ; ensuite, afin que la jeunesse studieuse, connaissant notre bienveillance pour elle et l'honneur que nous nous plaisons à rendre au savoir, se livre avec plus d'ardeur à l'étude des lettres et des sciences, et que les hommes de mérite, excités par notre exemple, redoublent de zèle et de soins pour former la jeunesse à de bonnes et solides études. Et comme nous recherchions à quelle personne nous pourrions confier en toute sûreté cette fonction, Conrad Néobar s'est présenté fort à propos. Comme il désirait beaucoup obtenir un emploi public qui le plaçât sous notre protection, et qui pût lui procurer des avantages personnels proportionnés à l'importance de son service, d'après les témoignages qui nous ont été rendus de son savoir et de son habileté par des hommes de lettres nos familiers, il nous a plu de lui confier la typographie grecque, pour imprimer correctement dans notre royaume, soutenu de notre munificence, les manuscrits grecs, source de toute instruction.

Mais voulant pourvoir en même temps à l'ordre public et prévenir toute fraude au préjudice de notre typographe Néobar, nous l'établissons dans son office sous les clauses et conditions suivantes :

Premièrement, nous entendons que tous les ouvrages qui n'ont pas encore été imprimés ne soient mis sous presse, et encore moins publiés; avant d'avoir été soumis au jugement de nos professeurs de l'Académie de Paris chargés de l'enseignement de la jeunesse : en sorte que l'examen des ouvrages de littérature profane soit livré aux professeurs de belles lettres, et celui des livres de religion à des professeurs de théologie. Par ce moyen, la pureté de notre très-sainte religion sera préservée de superstition et d'hérésie, et l'intégrité des mœurs mise à l'abri des souillures et de la contagion des vices.

Secondement, Conrad Néobar déposera dans notre bibliothèque un exemplaire de toutes les premières éditions grecques qu'il mettra au jour le premier, afin que, dans le cas de quelque événement calamiteux aux lettres, la postérité conserve cette ressource pour réparer la perte des livres.

Troisièmement, les livres que Néobar imprimera porteront la mention expresse qu'il est notre *imprimeur pour le grec*, et que c'est sous nos auspices qu'il est spécialement chargé de la typographie grecque; afin que non-seulement le siècle présent, mais la postérité apprenne de quel zèle et de quelle bienveillance nous sommes animé pour les lettres; et qu'instruite par notre exemple, elle se montre disposée comme nous à consolider les études et à contribuer à leurs progrès.

Du reste, comme cet office est plus que tout autre utile à l'État; comme il exige de l'homme qui veut l'exercer avec zèle des soins si assidus, qu'il ne peut lui rester un seul moment pour des travaux qui pourraient le conduire aux honneurs ou à la fortune, nous avons voulu pourvoir de trois manières aux intérêts et à l'entretien de notre typographe Conrad Néobar.

D'abord nous lui accordons un traitement annuel de cent écus d'or dits au soleil, à titre d'encouragement et pour l'indemniser en partie de ses dépenses. Nous voulons, en outre, qu'il soit exempt d'impôts, et qu'il jouisse des autres priviléges dont nous et nos prédécesseurs avons gratifié le clergé et l'Académie de Paris, en sorte qu'il tire un plus grand avantage de l'exploitation des livres, et qu'il acquière plus facilement tout ce qui est nécessaire à un établissement typographique. Enfin, nous faisons défense, tant aux imprimeurs qu'aux libraires, d'imprimer dans notre royaume ou de vendre, pendant l'espace de cinq ans, les livres d'impression étrangère, soit grecs, soit latins, que Conrad Néobar aura publiés le premier; et pendant deux ans, les livres qu'il aura imprimés plus correctement sur d'anciens manuscrits, soit par ses propres soins, soit d'après le travail d'autres savants.

Tout contrevenant aux présentes sera passible d'une amende envers le fisc, et remboursera à notre typographe tous les frais de ses éditions. Mandons en outre au prévôt de la ville de Paris ou son lieutenant, ainsi qu'à tous autres magistrats actuellement en exercice, ou qui tiendront de nous des charges publiques, de faire jouir pleinement Conrad Néobar, notre typographe, de tous les priviléges et immunités qui lui sont accordés par les présentes; comme aussi d'infliger une peine sévère à quiconque lui apporterait trouble ou empêchement dans l'exercice de son emploi. Car nous entendons qu'il soit à l'abri des atteintes des méchants et de la malveillance des envieux, afin que le calme et la sécurité d'une vie paisible lui permette de se livrer avec plus d'ardeur à ses graves occupations.

Et pour qu'il soit ajouté foi pleine et entière et à toujours à ce qui est ci-dessus prescrit, nous l'avons

sacra religionis interpretibus satisfacerint sic enim fiet, ut tam sacro sanctæ religionis sinceritas; a superstitione et hærese : et morum candor ac integritas, a labe et vitiorum contagione vindicetur.

Secundo, in græcis, quæ ipse primus in lucem edet singula exemplaria ex singulis editionibus primis, in nostram bibliothecam inferet : ut si qua calamitas publica literas inclementiam afflixerit, hinc liceat posteritati librorum jacturam aliqua ex parte sarcire.

Postremo librorum quos typis mandabit, epigraphæ adscribet, se nobis esse a græcis excudendis, nostrisque auspiciis græcam typographicam ex professo suscepisse : ut non modo sæculum, sed et posteritas intelligat quo studio, quâque benevolentiâ simus rem literariam prosequenti, et ipsa nostro exemplo admonita idem sibi quoque in constituendis promovendisque studiis faciendam patet.

Cæterum quia hæc provincia, si qua aliqua utilitati publicæ cum primis inservit, integrasque hominis, qui eam sedulo administrare volet, operas sibi vindicat, adeo ut temporis nihil ab occupationibus supersit, quod iis studiis possit impendi, quibus ad honores, vel alioqui ad vitæ commoditatem, devenitur, iccircò volumus Conradi Neobarii typographi nostri rationibus vitæque trifariam prospectum.

Primum itaque decernimus ei aureos, quos solares vulgo dicimus, centum in annum salarium ut et munus susceptum alacrius obeat, et hinc impensas aliquantùm sublevet. Deindè volumus cum a vectigalibus esse immunem, cæterisque privilegiis, quibus nos atque majores nostri, clerum adeoque Parisinam academiam donavimus, perfrui : ut librorum mercimonia commodius exerceat, cæteraque omnia facilius comparet, quæ ad rei typographicæ usum spectant. Postremo typographis pariter ac bibliopolis vetamus, in regno nostro vel imprimere, vel alibi impressos distrahere libros tum latinos tum græcos, in quinquennia, quos Conradus Neobarius primus typis mandaverit in biennio, quos ad veterum exemplarium fidem vel sua industria, vel aliorum opera insigniter castigaverit.

Cui edicto si quis non parebit, et nostro typographo, quas in iis libris excudendis fecerit impensas, plene refundet. Mandamus insuper urbis Parisinæ prætori aut vice-prætori, cæterisque omnibus, qui vel in præsentiâ sunt, vel in posterum erunt nobis a reipublicæ gubernaculis, quo et ipsi hunc nostrum typographum concessis tunc immunitatibus tum privilegiis legitime perfrui sinant, et alios, si qui illi vel injurias manus attulerint, vel alioqui abs re negotium exhibnerint, digno supplicio coerceant. Volumus enim ipsum perbelle munitum adversùs tum improborum injurias, tum malevolorum invidias, ut tranquillo ocio suppetente, et vitæ securitate propositâ, in susceptam provinciam alacriori animo incumbat.

Hæc ut posteritas rata habeat, chirographo nostro atque sigillo confirmanda duximus Vale.

Luteciæ, decimo septimo januarii, anno salutis millesimo quingentesimo tricesimo octavo, regni nostri vicesimo quinto. »

revêtu de notre signature, et y avons fait apposer notre sceau. Adieu.

Donné à Paris le dix-septième jour de janvier, l'an de grâce 1538, et de notre règne le vingt-cinquième.

Ces lettres patentes, que l'intérêt des détails qu'elles renferment nous a engagé à reproduire tout entières, malgré leur longueur, ne sont pas seulement curieuses par la preuve nouvelle qu'elles nous apportent de la sollicitude de François Ier pour l'Imprimerie; par leurs précieuses données sur l'art du typographe déjà si laborieux, si nécessiteux, si digne à tous égards d'une protection libérale; par la première mention qui soit faite d'un dépôt d'exemplaire à la Bibliothèque du Roi, dépôt que nous pensions d'une époque bien postérieure; enfin par ce qu'on y trouve ordonnancé contre les imprimeurs contrefacteurs empiétant sur les priviléges de leurs confrères : elles sont encore du plus haut intérêt, parce que le fait seul des concessions faites à Conrad Néobard et du titre d'*imprimeur du roi pour le grec* qui lui est octroyé, détruit une erreur depuis longtemps accréditée. On avait toujours répété que le premier imprimeur royal pour le grec avait été Robert Estienne. M. Firmin Didot, l'un des hommes dont le nom fait le mieux autorité, avait dit lui-même dans un discours prononcé à la chambre des députés « que Robert Estienne fut le premier imprimeur royal, et qu'à sa prière François Ier ordonna qu'il fût gravé des caractères grecs. » Ce sont là des faits qu'une simple lecture de l'ordonnance précédente empêchera de soutenir désormais. Il est une autre erreur relative à Robert Estienne sur laquelle il est bon de revenir aussi pour l'anéantir du même coup; c'est celle qui a trait aux caractères grecs rappelés tout à l'heure dans la phrase de M. Firmin Didot, lesquels, selon l'opinion commune, auraient été seulement prêtés par François Ier à Robert Estienne, et que celui-ci, par conséquent, n'aurait pu, sans un coupable abus de confiance, emporter dans son exil à Genève. Ce fait mal éclairci pesait comme une flétrissure sur la mémoire de l'illustre imprimeur, malgré l'éloquente défense de M. Renouard, quand une pièce récemment découverte et publiée par M. Leroux de Lincy est venue tout débrouiller, tout justifier. Cette pièce prouve qu'au mois d'octobre 1541, François Ier fit payer à Robert Estienne une somme de deux cent vingt-cinq livres tournois, pour être remise à Claude Garamont, tailleur et fondeur de lettres, en payement d'une partie des caractères grecs que ledit Garamont avait promis de fondre et de tailler pour l'impression des livres grecs destinés aux bibliothèques du Roi. « Ce trait de la munificence de François Ier à l'égard de Robert Estienne n'a rien qui doive surprendre, dit M. Leroux de Lincy; mais il prouve que les caractères grecs dont se servait Estienne étaient bien sa propriété, et qu'il avait parfaitement le droit de les emporter avec lui en 1551, quand il crut devoir quitter la France, où sa liberté, sinon sa vie, lui semblait menacée. » Nous allons reproduire;

16

d'après le journal *l'Amateur de livres*, qui l'a seul consignée jusqu'ici, grâce à la communication de M. Leroux de Lincy, cette pièce si victorieusement justificative pour Robert Estienne, et dont l'original fait partie de la bibliothèque du Louvre.

1er Octobre 1541.

« Françoys, par la grâce de Dieu, roy de France, à nostre amé et féal conseiller et trésorier de nostre espargne maistre Jéhan Duval, salut et dilection. Nous voulons et vous mandons que, des deniers de nostre espargne, vous paiez, baillez et delivrez comptants à notre cher et bien amé *Robert Estienne*, nostre imprimeur, demourant à Paris, la somme de deux cent vingt-cinq livres tournois que lui avons ordonnée, ordonnons par ces présentes et voulons estre par vous mise en ses mains, pour icelle delivrer à Claude Garamon, tailleur et fondeur de lettres, aussi demourant audit Paris, sur et en déduction du paiement des poinçons de lettres grecques qu'il a entrepris et promis tailler, et mettre es mains dudit Estienne a mesme qu'il les fera pour servir à imprimer livres en grec pour mectre en noz librayrie; et par rapportant es dicte présente signées de nostre main, avec quictance sur ce suffisante dudit Robert Estienne. Seulement nous voulons ladite somme de IIe xxv livres estre passée et allouée en la despence de vos comptes, et rabaptue de vostre recepte, et de nostre dicte espargne par nos amez et feaulx les gens de noz comptes, auxquels nous mandons ainsi le faire sans aucune difficulté, et sans ce que de la délivrance que ledit Estienne aura faicte d'icelle somme audit tailleur, ne de la taille, fourniture et valleur desdits poinçons, vous soiez tenu de faire autrement aparoir, ne en rapporter autre certification, ne enseignement dont nous avons relevés et relevons de grâce espéciale par cesdictes présentes, car tel est nostre plaisir, nonobstant quelzconques ordonnances, restrictions, mandements ou deffences à ce contraires.

» Donné à Bourg en Bresse, le premier jour d'octobre l'an de grâce mil cinq cent quarante et ung, de nostre regne le vingt septième.

» FRANÇOYS.

» *Par le Roy,*

» BAYARD. »

Les rois de France, et François Ier lui-même, n'avaient pas toujours été aussi bienveillants pour l'Imprimerie, leurs actes envers cet art, trop utile au progrès et à l'émancipation de l'esprit pour ne pas être souvent un instrument de révolte, une arme redoutée des puissances, n'avaient pas toujours été des actes de protection et de bienfaisance. En de nombreuses circonstances, une rigueur même excessive avait pris la place de ces mesures libérales qui avaient aidé et fait fleurir la presse naissante, des édits de répression avaient formulé la volonté royale, bien plus souvent encore que des décrets protecteurs. Pour bien marquer dans quelles occasions et en faveur de quelle raison d'État ces ordonnances sévères se reproduisirent et vinrent témoigner si étrangement des fluctuations qui s'opéraient à l'égard de l'Imprimerie dans l'esprit de ces princes, tantôt bienfaisants, tantôt répresseurs, nous allons retracer en un petit nombre de pages quels furent les rapports de l'Imprimerie avec la puissance publique sous Louis XI, Charles VIII, Louis XII et François Ier, et à ce propos revenir sur des faits et sur des édits que nous n'avons fait que citer légèrement jusqu'ici.

Ces rapports de la royauté et de l'Imprimerie, deux puissances qui devaient plus tard aller d'égal à égal et engager de si longues luttes, commencèrent par la bienveillance et le plus parfait accord. Louis XI au mois de février 1474 octroie des lettres de naturalité aux trois premiers imprimeurs parisiens, Michel Friburgier, Uldric Gering et Martin Grantz, « natifz du pays d'Allemaigne, venuz demourer en nostre royaume, puis aucun temps en ça pour l'exercice de leurs arts et métiers, de faire livres de plusieurs manières d'escriptures, en mosle et autrement, et de les vendre, etc. » Bien plus, le 21 avril 1475, d'autres lettres portant exemption de droit d'aubaine et témoignant ainsi d'une protection spéciale pour les typographes étrangers, les seuls qui pussent naturaliser l'Imprimerie chez nous, avaient été accordées par le même Louis XI à Conrad Hanequis et Pierre Schœffer de Mayence. Le préambule de cet édit si hospitalier nous montre ces bons Mayençais exposant « qu'ils ont occupé grant partie de leur temps à l'industrie, art et usage de l'impression d'escriture, de laquelle, par leur cure et diligence, ils ont fait faire plusieurs beaux livres singuliers et exquis tant d'histoires que de diverses sciences, dont ils ont envoyé en plusieurs et divers lieux, et mesmement en nostre ville et cité de Paris, tant à cause de la notable université qui y est que aussi pour ce que c'est la ville capitale de nostre royaume, et ont commis plusieurs gentz pour iceulx livres vendre et distribuer, et entr'autres depuis certains temps, en ce commirent et ordonnèrent pour eux un nommé Hermann de Stathoen, natif du diocèze de Munster en Allemagne, etc. » Puis les mêmes lettres nous apprennent que, ce Stathoen étant mort sans avoir rendu ses comptes, tous ses biens, en sa qualité d'étranger et en vertu du droit d'aubaine, devaient appartenir au roi ; mais que celui-ci, se désistant de son droit, ordonne qu'on restitue à Hannequis et à Schœffer, qu'aurait si fort lésés cette confiscation des marchandises de Stathoen leur mandataire, deux mille quatre cent vingt-cinq escus et trois sous tournois ; et cela, dit un article où se formule tout le bon vouloir de Louis XI pour l'Imprimerie, en considération *de la peine et labeur que lesdits exposants ont prins pour ledit art et industrie de l'impression, et au profit et utilité qui en vient et peut en venir à toute la chose publique, tant pour l'augmentation de la science que autrement...*

Charles VIII continua aux imprimeurs et libraires le patronage éclairé que leur avait accordé son père : on en a la preuve par la seule déclaration qu'il rendit les concernant. Elle est du mois d'avril 1485, et porte que les vingt-quatre libraires de l'Université seront tenus francs et quittes des tailles , quand bien même, faute de trouver *ouvrouer à vendre livres*, ils cumuleraient avec leur commerce les fonctions de notaires, praticiens ou autres. Détails curieux qui nous montrent que dans ces premiers temps le commerce des livres imprimés n'excluait pas plus que celui des livres manuscrits, pour le marchand qui le faisait, la pratique d'un autre métier.

Nous voyons par ce même acte que pour le nombre des libraires rien n'était changé non plus, ils étaient toujours vingt-quatre comme avant la grande découverte. En 1513 ce nombre n'avait pas varié davantage. Nous en sommes instruits par une déclaration que Louis XII rendit le 9 avril de cette année-là, et dont ce détail sur le nombre des libraires en exercice à Paris n'est pas l'unique intérêt. Cet acte royal, en effet, confirme, étend les priviléges de ces mêmes libraires, des relieurs, et aussi ceux des écrivains et des enlumineurs, que nous aurions déjà pu croire à jamais disparus devant la grande invention qui a si vite distancé les lentes ressources, les chétifs moyens de leur industrie, et de plus, tout en voulant prémunir ces métiers aux abois des empiétements de l'Imprimerie, lui rend en ces termes le plus éclatant témoignage : « L'invention de laquelle semble estre plus divine que humaine ; laquelle, grâce à Dieu, a esté inventée et trouvée de nostre temps par le moyen et industrie desdits libraires, par laquelle nostre saincte foy catholique a esté grandement augmentée et corroborée, la justice mieux entendue et administrée, et le divin service plus honorablement et plus curieusement faict, dict et célébré. »

Cette déclaration de 1513 fut confirmée par celle que François Iᵉʳ rendit le 20 octobre 1516 ; le jeune roi ne pouvait mieux commencer son règne tout litté-raire que par un édit conciliant les intérêts de l'art passé et de l'industrie présente. Le 31 août 1539 parut un autre édit statuant sur des différends qui s'étaient élevés entre les maîtres imprimeurs de Paris, leurs compagnons et apprentis, et réglementant la profession d'imprimeur dans la plupart de ses parties. Cet édit de 1539, spécial d'abord pour les imprimeurs de Paris, fut rendu obligatoire pour ceux de Lyon par la déclaration du 28 décembre 1541. C'est de celle-ci que nous allons reproduire les principaux articles, « lesquels, y est-il dit, ont été tirés et extraicts de mot à mot, mué ce qui faisait à muer, des lettres patentes par nous sur ce octroyées et concédées à ceux dudit Paris.

« ..... Depuis trois ans en ça aucuns serviteurs, compagnons imprimeurs mal vivants ont suborné et mustiné la plupart des autres compagnons, et se sont bandez ensemble pour contraindre les maistres imprimeurs de leur fournir plus gros gages et nourriture plus opulente, que par la coustume ancienne ils n'ont jamais eu davantage, ils ne veulent point souffrir aucun apprentif besogner audit art, affin qu'eux se trouvant en petit nombre aux ouvrages pressez et hastez, ils soient cherchez et requis desdits maistres : et par ce moyen leursditz gages et

nourriture augmentez à leur discrétion et volonté ou autrement ils ne besongne-
ront point.

» Sur lesquelles nouvelletez, dissentions et monopoles suscitez, ainsi que dict
est, par lesditz serviteurs et compagnons après plusieurs procédures, certains
arretz seraient ensuyviz en nostre cour de parlement à Paris, à la poursuite desquels lesditz maistres ont fait telle despense et lesditz compaignons d'autres
costés se sont si bien desbauchez que pour ce jourd'hui ledit art d'Imprimerie
à cause de ce est entièrement cessé et discontinué en ladite ville de Lyon, et
quasi delaté et transporté d'icelle en austres pays desquels il avoit esté autrefois
tiré, dont s'ensuist un trop gros interest, prejudice et dommage à ladicte ville,
et conséquemment à la chose publique de notre royaume.

» Nous supplions et requerons lesdits consuls et eschevins, manans et habi-
tans, et lesdits maistres imprimeurs de nostre ville de Lyon que pour faire cesser
lesditz desbaux, dissentions et monopoles et y obvier pour l'advenir, nous veuil-
lions ainsi qu'en semblable nous avons fait pour ceux de nostre bonne ville et
cité de Paris, où aussi les serviteurs et compagnons imprimeurs faisoient tout de
mesme que ceux-ci, s'estant elevez contre les maistres, avec telles occasions que
dessus : faire rediger et mettre par escrit en forme d'ordonnance, et edict sa
manière de vivre ancienne accoustumée en l'art de l'Imprimerie, pour estre gar-
dée, observée et entretenüe selon le contenu ès articles qui s'ensuyvent ci-après :

» ..... Premièrement que lesditz compagnons et apprentifs d'iceluy estat d'Imprimerie n'ayent à faire aucun serment monopole et n'avoir aucun capitaine
entre eux, lieutenant, chefs de bande ou autres, ne bannieres, ne enseignes, ne
assembles hors les maisons et poisles de leurs maistres, n'ailleurs en plus grand
nombre que de cinq, sans congé et authorité de justice, sus peine d'être empri-
sonnez, bannis et punis comme monopoleurs, et autres amendes arbitraires.

» Qu'iceux compagnons ne porteront aucunes espées, poignards, ne batons
invasibles es maisons de leur susdit maistre en Imprimerie, ne par la ville de
Lyon, et ne feront aucune sedition sus peine que dessus.

» Que lesdicts maistres facent et puissent faire et prendre autant d'apprentifs
que bon leur semblera.

» Et que lesdits compagnons ne puissent battre, ne menacer lesditz apprentifs,
ains les laisser besongner à la volonté et discrétion de leurs maistres et lesditz
compagnons avec lesdits apprentifs pour le bien dudit metier à la peine que
dessus.

» Lesdits compagnons et apprentifs ne feront aucun banquet soit pour entrée,
issüe d'apprentissage, n'autrement pour raison dudit mestier, sus les peines que
dessus.

» Ne feront aucune confrerie, ne celebrer messe aux despens communs des-
dicts compagnons et apprentifs. Ne pourront choisir n'avoir lieu particulier ne
destiné, n'exiger argent pour faire bourse commune, comme ils ont fait par

ci-devant, pour fournir aux despens de ladite confrairie, messes et banquets, ne pour faire autre conspiration, sur les peines que dessus.

» Lesdits campagnons continueront l'œuvre en commencé, et ne le lairront qu'il ne soit parachevé, et ne feront aucun *tric*, qui est le mot pour lequel ils laissent l'œuvre, et ne feront jour pour jour, ains continueront, et s'ils font perdre forme ou journées aux maistres par leurs faultes et coulpe, seront tenuz de satisfaire lesditz maistres.

» Si le marchand à qui sera l'ouvrage veut avoir plus hastivement l'œuvre, qui ne se pourroit faire par ceux qui l'auroient commencé, ledict maistre ne pourra laisser partie à d'autres imprimeurs : et neantmoins lesditz compagnons ne lairront iceluy œuvre, qu'il ne soit parachevé par eux, ou lesdits autres, et pourront lesditz maistres assortir lesditz compagnons en leur ouvrage, ainsi qu'ils verront estre utile et nécessaire.

» Que lesdits compagnons feront et parachevront les journées aux vigiles des festes, ausquels jours lesdits imprimeurs ne seront tenus ouvrir imprimerie pour besongner, si n'estoit quelque chose preparative et legère pour le lendemain.

» Iceux compagnons ne feront autres festes que celles qui sont commandées par l'Eglise.

» Que lesdits maistres fourniront auxdits compagnons les gages et salaires pour chascun mois respectivement, et les nourriront et leur fourniront la dépense de bourse raisonnablement et suffisamment selon leurs qualitez, en pain, vin et pitance comme on fait de coustume loüable.

» S'il y a aucune plainte de pain, vin ou pitance, lesdits compagnons pourront avoir recours au sénéchal de Lyon ou son lieutenant pour y pourvoir sommairement. Et sera ce qui en sera ordonné, exécuté inclusivement, nonobstant appel, comme de matière d'aliment.

» Lesdits gages et despens desdits compagnons commenceront quand la presse commencera à besongner, et finiront quand ladite presse cessera.

» S'il prend vouloir à un compagnon de s'en aller après l'ouvrage achevé, il sera tenu d'en advertir le maistre huict jours devant, afin que durant ledit temps ledit maistre et les compagnons besongnants avec luy se pussent pourvoir.

» Si un compagnon se trouve mutin, de mauvaise vie, blasphémateur du nom de Dieu ou qu'il ne face son devoir, le maistre en pourra mettre un austre au lieu de luy sans que pour ce les autres compagnons puissent laisser l'œuvre encommencé.

» Que lesdits maistres ne pourront soustraire, ne malicieusement retirer à eux les apprentifs, compagnons ou fondeurs, ne correcteurs l'un de l'autre, sur peine des intérests et dommages de celuy qui aura faict la fraude.

» Ne pourront prendre les maistres imprimeurs et libraires les marques les uns des autres, ains chacun en aura une à part soy différentes les unes des autres, en manière que les achepteurs des livres puissent facilement cognoistre en quelle officine les livres auront esté imprimés et lesquels livres se vendront auxdites officines et non ailleurs.

» Si les maistrés imprimeurs des livres en latin ne sont savants ne suffisans pour corriger les livres qu'ils imprimeront, seront tenuz avoir correcteurs suffisans, sur peine d'amende arbitraire. Et seront tenus lesdits correcteurs de bien et soigneusement corriger les livres, rendre leurs corrections aux heures accoutumées d'ancienneté, et en tout faire leur devoir, autrement seront tenus aux intérêts et dommages qui seraient encourus par leur faulte et coulpe.

» Et pour ce que le métier des fondeurs de lettres est connexe à l'art de l'imprimeur, et que les fondeurs ne se disent imprimeurs, ne les imprimeurs ne se disent fondeurs, lesdicts articles et ordonnances auront lieu quant aux commandements, inhibitions et deffences, es peines dessus dictes aux compagnons et apprentifs fondeurs, ainsi qu'en compagnons et apprentifs imprimeurs, lesquels oultre les choses dessus dictes seront tenus d'achever la fonte des lettres par eux commencée et les rendre bonnes et valables.

» Autrement seront tenus aux intérêts et dommages des maistres et commenceront à besongner par chascun jour à cinq heures du matin et pourront desailler à huict heures du soir, qui sont les heures accoutumées d'ancienneté.

» Nous humblement requérans lesdits supplians pour l'observance des choses, manutentions et commodité audit estat sur ce pourvoir de nostre grâce.

» Scavoir faisons que nous, les choses dessus dictes considérées, et d'autant que surtout avons toujours de tout nostre cœur desiré de voir nostre temps les bonnes lettres florir et reluire en nostre royaume, pour iceluy estre accompagné et muny de gens doctes et scavants en toutes professions et sciences à la loüange de Dieu nostre Créateur, exaltation de son sainct nom, de nostre saincte foy et religion chrestienne et édification des bons et nobles espritz qui ne peuvent avoir la communication et intelligence des lettres, sinon par le moyen des bons, utiles et nécessaires livres qui sont mis et produits en lumière par cest art de l'impression duquel nous desirons singulièrement la commodité, continuation et conservation.

» Pour ces causes et autres à ce nous mouvans, et après que nous avons encore fait voir, et visiter et entendre lesdicts articles par aucuns de nostre conseil, avons dit, déclaré et ordonné, disons, déclarons et ordonnons, voulons et nous plaist que lesdicts articles dessus escrits, soient tenus, entretenus, gardez et observez par lesdits maistres, serviteurs, compagnons et apprentifs dudit art de l'Imprimerie, qui sont ou seront cy-après dans nostredicte ville de Lyon.

» Lesquelz articles, en tant que besoin est ou seroit, avons concédez, louez, confirmez, ratifiez et approuvez, concédons, loüons, confirmons, ratifions et approuvons de nostre certaine science, pleine puissance et authorité royale, par cesdites présentes.

» Nonobstant les poursuites, procédures, sentences qui se sont ou pourraient être ensuyvis au contraire, que ne voulons, n'entendons avoir lieu, n'aucunement troubler, n'empêcher ladite forme et manière de vivre ancienne rédigée par lesdits articles dessus escrits en imposant sur ce silence ausdits serviteurs et compagnons imprimeurs, ausquels nous avons défendu et défendons par cesdites présentes, sur les peines interdites par iceluy édict, d'amende arbitraire, et d'être punis comme infracteurs de nos ordonnances, et défenses de ne plus lever d'argent en commun, ainsy qu'ils ont fait jusques icy pour plaider contre la teneur d'iceluy nostre édict, mais que doresnavent ils ayent à besongner quand ils seront requis par les maistres, en leur offrant et baillant les gages et nourritures accoustumez, vivant honnêtement en paix, amitié et accord, comme ils faisoient anciennement et qu'il est contenu par iceluy nostre édict.

» Si donnons mandement, et par le roy, maistre Lazare de Bayf, maistre des requêtes ordinaires de l'hostel présent. »

Cet édit, le même à peu de chose près, nous le répétons, que celui promulgué pour les imprimeurs de Paris le dernier août 1539, est de la plus haute importance pour l'histoire de la police du métier, et pour faire voir avec quelle sollicitude l'autorité royale s'était hâtée de réglementer le compagnonnage chez les imprimeurs, et de réprimer l'esprit de licence et d'insubordination qui y fermentait déjà. Les fraudes des maîtres y sont aussi prévues et punies, tant celles qui consisteraient dans l'embauchage d'un ouvrier ou d'un apprenti enrôlé déjà par un confrère, que celles non moins fréquentes qui auraient pour but de dérober la marque d'un autre, et constituerait ainsi mieux qu'un délit de contrefaçon, mais un véritable faux. Ce qui est plus remarquable encore, c'est l'article qui concerne les correcteurs d'imprimerie, qui les veut d'un talent suffisant, et, comme tels, les rend sous peine d'amende arbitraire obligatoires pour les maîtres imprimeurs. Rendre ainsi l'imprimeur responsable devant la loi de la correction de ses textes, considérer l'incorrection typographique comme un délit public, voilà certes des mesures aussi utiles que sages, et qui dans l'intérêt des livres auraient dû être souvent renouvelées avec toute leur rigueur. Les négligences dont l'art typographique a tant souffert, et qui l'ont si profondément altéré dans les époques récentes, rendraient cette sévérité plus nécessaire encore qu'elle ne le fut sous François Ier, alors qu'elle n'avait à frapper que quelques rares imprimeurs trop ignorants pour savoir choisir de bons correcteurs, ou, comme nous l'avons fait voir précédemment, trop avares pour les bien payer.

Ce qui, dans cet édit de 1541, concerne la police des compagnons fut confirmé et étendu sous les autres règnes par de nombreuses déclarations. Un édit de Charles IX en mai 1571 renouvela les mesures de celui-ci, et même avisa à quelques détails de discipline qu'il n'avait pas réglementés. Par l'art. 75 : le certificat du maistre dont l'ouvrier quittait l'atelier fut rendu exigible pour un nouvel embauchage du même ouvrier : « Comme aussi ne pourront les maîtres imprimeurs recevoir aucuns compagnons sans s'enquérir, premièrement les maîtres

de la maison desquels ils sortiront récentement, si iceux compagnons ont parachevé leurs labeurs, ou sans apporter lettres de leurs congés signés de leurs
anciens maîtres. » C'est là l'origine du *livret*. Des jugements rendus en présence
de la communauté, par le lieutenant civil et procureur du roi, le 14 octobre 1641,
confirmèrent pleinement cette déclaration. L'ordonnance du roi du 20 janvier
1654 l'étendit et la rendit plus sévère pour ce qui regardait les ouvriers de l'Imprimerie Royale, dirigée alors par Cramoisy : « Fait défense à tous libraires et
imprimeurs de la ville de Paris, de débaucher ni se servir aucuns imprimeurs et
autres ouvriers de l'Imprimerie Royale, qu'ils n'ayent un congé par escrit du
sieur Cramoisy, à peine de six cents livres d'amende et autres plus grandes si le
cas requiert. » L'ordonnance du Châtelet du 27 janvier 1654 ratifia les punitions
statuées contre les rassemblements d'ouvriers, etc.; un arrêt du conseil du
27 août 1731, un ordre du 2 avril 1737 ordonnèrent, pour que les maîtres ne
pussent prétexter qu'ils ignoraient d'où sortaient les compagnons ou ouvriers
qui se présentaient chez eux, « de faire exactement chaque semaine déclaration
à la chambre syndicale (alors située rue du Foin-Saint-Jacques, dans une maison attenante au couvent des Mathurins et par-derrière au palais des Thermes),
des changements qui surviendront parmi les compagnons, ouvriers et alloués,
c'est-à-dire de ceux qui quitteront ou que l'on renvoyra et des causes du renvoi;
comme aussi de ne prendre aucuns ouvriers qu'avec le congé du maître chez
lequel il aura travaillé; ni aucun alloué précédemment obligé, qu'avec le consentement ou transport de son maître registré à la chambre syndicale. Les alloués
ne pourront dorénavant être obligés que pour le temps de quatre années au
moins par brevets qui seront inscrits à ladite chambre un mois au plus tard après
leur passation. »

Toutes ces mesures de police, dont François Ier avait si sagement pris l'initia-
tive, avaient tout d'abord fait voir que le pouvoir royal, prêt à protéger l'art
typographique dans ce qu'il avait d'excellent, était disposé aussi à réprimer ce
qu'il pouvait apporter d'excès et de licence. Le premier de ces édits, dont les
autres ne furent que la conséquence et l'imitation, avait montré surtout, comme
l'a remarqué M. Taillandier, que François Ier était loin de vouloir anéantir, comme
on l'en a accusé, un art auquel Louis XI et Louis XII avait pris un si vif
intérêt.

C'est la Sorbonne, première patronne des imprimeurs par le zèle éclairé de deux
de ses docteurs mentionnés plus haut, qui donna l'exemple de la sévérité contre
l'Imprimerie et qui poussa le roi aux rigueurs. Elle n'avait pas été longtemps à s'a-
percevoir que, si l'art nouveau était, comme l'avait prévu Louis XI, un instrument,
fort utile pour la propagation de la foi, il n'était pas moins aussi une arme des plus
fatales aux mains des hérétiques, un moyen de funeste propagande pour les
sectateurs des opinions réformistes. Afin de se donner une sauvegarde contre ces
excès menaçants, la faculté de théologie se fit octroyer le droit d'examen sur les

livres de piété. Ainsi le 23 avril 1525 un acte du parlement de Paris ordonna qu'une traduction de latin en français des *Heures de Nostre Dame* faite à la requête de la duchesse de Lorraine par Pierre Grégoire, héraut d'armes, serait, avant toute permission d'imprimer, soumise à l'examen de cette faculté. Le zèle persécuteur de la Sorbonne contre les réformés et les livres qu'on soupçonnait devoir propager leurs doctrines était alors si ardent que François Ier fut contraint en plusieurs circonstances d'en réprimer le fanatisme. En 1526, il fit remettre en liberté Louis Berquin, ami d'Érasme, que le syndic de Sorbonne, Noël Bedier, avait dénoncé et fait jeter dans les prisons de l'Université, mais il ne put empêcher que ce même sectaire fût poursuivi de nouveau en 1528, et condamné à voir brûler ses livres en public, à faire amende honorable et abjuration en place de Grève, à avoir la langue percée d'un fer rouge, et enfin à être enfermé pour le reste de ses jours. L'appel que le malheureux fit au roi et au pape ne servit qu'à rendre son arrêt plus rigoureux. En vertu de sa sentence réformée, il fut brûlé vif le 23 avril 1529. L'année précédente, le même Béda, qui l'envoyait ainsi au bûcher, avait fait condamner par l'Université les Colloques d'Érasme. En 1533 il osa davantage; il fit condamner par la faculté de théologie un ouvrage de Marguerite de Navarre, parce que dans ce livre, intitulé : *Le miroir de l'âme pécheresse*, « se trouvait, dit Théodore de Bèze, plusieurs traits non accoustumez en l'Église romaine, n'y estant faict mention aucune de saintz, ny de sainctes, ny de mérites, ny d'autre purgatoire que le sang de J.-C. » Mais Marguerite était sœur du roi, elle se plaignit hautement, et l'on exila Béda ainsi que les docteurs qui avaient condamné l'ouvrage. Ils ne furent rappelés que lorsque le recteur de l'Université eut fait bonne justice de leur censure, en déclarant que l'ouvrage incriminé ne contenait aucune proposition répréhensible.

Cette conduite de François Ier censurant si vertement les censeurs, punissant sans merci ceux qui voulaient punir, n'arrêta pas la Sorbonne dans ses sévices contre les doctrines hérétiques. Le 7 juin 1533, elle présenta au roi, alors à Lyon, une requête des plus pressantes contre les livres propageant l'hérésie. Les docteurs y exposaient en termes formels que, si le roi voulait sauver la foi ébranlée dans sa base et attaquée de toutes parts, il fallait de toute nécessité abolir, par un édit sévère, sans délai, et pour toujours cet art de l'Imprimerie, qui enfantait chaque jour et faisait pulluler des livres funestes. « Ce projet de la Sorbonne, dit l'abbé Labouderie, le premier qui ait rapporté ce fait curieux, fut sur le point d'être réalisé; mais Jean du Bellay, évêque de Paris, et Guillaume Budé, parèrent heureusement le coup; ils firent entendre au zélé monarque « qu'en conser- » vant un art si précieux, il pourrait efficacement remédier aux abus dont on se » plaignait si fortement. »

L'année 1534 devait être terrible, et réaliser pour la Sorbonne toutes ces demandes de vengeance si peu écoutées de François Ier en 1533. Voici les faits qui motivèrent ce déploiement de rigueurs et poussèrent à la colère le roi jusque-là si

disposé à la clémence. Dans la nuit du 18 octobre 1534, les luthériens osèrent
afficher dans les carrefours de Paris et aux portes des églises maints placards injurieux contre la messe et la présence réelle. Un mois après, le même scandale se
renouvelait non-seulement à Paris, mais encore à Blois, où se tenait la cour :
« Environ le mois de novembre 1534, raconte Théodore de Bèze au livre Ier de
son *Histoire ecclésiastique*, quelques-uns ayant fait dresser et imprimer certains
articles d'un style fort aigre et violent contre la messe en forme de placards à
Neufchâtel en Suisse, non-seulement les plantèrent et semèrent par les carrefours et autres endroits de la ville de Paris contre l'avis des plus sages, mais en
affichèrent un à la porte de la chambre du roi, étant pour lors à Blois, ce qui le
mit en belle furie, ne laissant aussi passer cette occasion ceux qui l'épiaient
de longtemps et qui avaient son oreille, comme le grand maître (Montmorency),
depuis connétable, et le cardinal de Tournon, qu'il se détermina de tout exter-
miner s'il eût été en sa puissance. Alors estoit en office de lieutenant criminel
Jean Morin, aussi grand adversaire de la religion (réformée), fort dissolu en sa
vie, et renommé entre tous les juges de son temps pour la hardiesse qu'il avoit
de faire des captures, avec la subtilité de surprendre les criminels en leurs réponses. Celui-là donc ayant reçu commandement du roi de procéder à informer et
à mettre prisonniers tous ceux qu'il pouvoit attraper, usa de toute diligence ; de
sorte qu'en peu de temps il remplit les prisons d'hommes et de femmes de toutes
qualités. » On ne s'en tint pas à ces sévérités de Jean Morin ; le 21 janvier suivant,
c'est-à-dire dans cette même année 1534, — l'année commençant alors à
Pâques, — on fit une procession générale à laquelle assista François Ier, et qui,
partie de Notre-Dame, avait pour station la place Maubert, où était dressé un
bûcher pour six personnes *véhémentement accusées d'hérésies*. C'est le roi lui-
même qui mettait le feu, passant ensuite la torche au cardinal de Lorraine, et
les mains jointes, attendait la fin du supplice. François, dit le P. Daniel, qui
eut l'affreux courage de se faire ici son apologiste, voulut, pour attirer la bénédic-
tion du ciel sur ses armes, donner cet exemple signalé de piété et de zèle contre
la nouvelle doctrine. » Mais une rigueur plus excessive encore si c'est possible
avait, dans ce même mois de janvier, frappé l'Imprimerie. Avant de brûler le coupable, on avait voulu briser son arme. Par édit daté du 13, François Ier avait sup-
primé, sous peine de la hart, l'Imprimerie dans tout son royaume. Pendant un
mois et dix jours elle resta sous le coup de l'arrêt proscripteur ; mais enfin le 23
février la vue des supplices ayant sans doute satisfait la colère royale, il parut de
nouvelles lettres patentes par lesquelles François Ier consentait à ce que les premières furent *en suspens et surséance*. C'est sur une remontrance du parlement
que ce répit était accordé ; le 26 ce corps reçut communication des nouvelles
lettres par l'organe de l'avocat du roi, Jacques Cappel, le même qui de sa part
avait présenté les remontrances. Et aussitôt il se mit en mesure de faire exécuter l'article qui l'y concernait spécialement ; et dans lequel il était dit que le

parlement élirait vingt-quatre personnages *bien qualifiés* et *cautionnés*, dont douze seraient choisis pour pouvoir seuls imprimer à Paris « *livres approuvés et nécessaires pour le bien de la chose publique.* » Nous allons du reste vous faire connaître dans toute leur teneur, et avec la délibération du parlement qui s'y rapporte, ces lettres du 23 février, restées inédites jusqu'à ce que M. Taillandier les eût tirées des registres du conseil pour en faire l'une des pièces les plus curieuses de son histoire de l'*Introduction de l'Imprimerie à Paris;* et d'autant plus importantes à reproduire ici que l'édit du 13 janvier, dont elles sont le correctif, n'existe plus nulle part.

« Du vendredy xxvi° février MV°XXXIIII *mané.* Ce jour , maistre Jacques Cappel, advocat du roy, en la cour de céans, après avoir faict son rapport au long de ce qu'il a faict et trouvé en la charge que ladicte cour lui avait ordonnée d'aller devers le roy luy faire remonstrances touchant l'édit prohibitif des impressions, a présenté à ladicte court unes lettres patentes dudict seigneur, desquelles la teneur ensuyt :

» Françoys, par la grâce de Dieu , roy de France, à noz amez et féaulx les gens de nostre court de parlement à Paris, prevost dudict lieu et aultres, noz justiciers et officiers ou à leurs lieutenans, qu'il appartiendra, salut et dilection. Combien dès le xxiii° jour de janvier mil cinq cens trente-quatre, par aultres noz lectres patentes et pour les causes et raisons contenues en icelles, nous eussions prohibé et défendu que nulle n'eut dès lors eu avant à imprimer ou faire imprimer aulcuns livres en nostre royaulme, sur peine de la hart, toutesfois, pour aulcunes causes, raisons et occasions qui à ce nous ont depuiz muz et meuvent, nous avons voulu et ordonné, voulons et ordonnons, et nous plaict que l'exécution et accomplissement d'icelles nosdictes lectres, prohibitions et défenses soit et demeure en suspens et surcéance jusques ad ce que par nous aultrement y ait été pourveu; et cependant nous mandons et ordonnons à vous , gens de nostredicte cour de parlement de Paris, que incontinent vous ayez à eslire vingt-quatre personnages bien callifiez et cautionnez, desquelz nous en choisirons et prandrons douze qui seulz, et non aultres, imprimeront dedans nostre ville de Paris, et non aillieurs, livres aprouvez et nécessaires pour le bien de la chose publique, sans imprimer aulcune composition nouvelle, sur peine d'être pugnis, comme transgresseurs de noz ordonnances, par peine arbitraire. Les noms desquelz vingt-quatre personnages nous seront par vous, gens de nostredicte cour, envoyez par escript, ensemble vostre advis sur la forme et manière qu'il vous semblera que lesditz douze personnages, ainsi choisiz et esleuz desditz vingt-quatre, auront à tenir au faict desdictes impressions, pour en ordonner ainsi que verrons , cognoistrons estre à faire. Et jusques ad ce qu'il nous ait été satisfaict à ce que dessus, et que lesditz noms et advis nous ayent esté envoyez pour faire déclaration de nostre vouloir et plaisir, nous avons derechef prohibé et défendu, prohibons et défendons à tous imprimeurs géné-

ralement, de quelque qualité ou condition qu'ilz soient, qu'ilz n'ayent à imprimer aulcune chose, sur peyne de la hart, le tout par manière de provision et
jusques à ce que nous ayons plus amplement esté informé sur les remonstrances
qui nous ont esté faictes quant au faict desdictes impressions, et que nous aions
arresté si nous vouldrons faire recorriger lesdictes lectres d'ordonnances, prohibitions et défenses par nous, comme dict est, sur ce décernées on non.

» Si nous mandons, commandons et très expressément enjoignons, et à chascun
de vous en droit soy et si comme à luy appartiendra, que tout le contenu cy-
dessus vous entretenez, gardez et observez, faictes entretenir, garder et observer
de poinct en poinct sans enfraindre, car tel est nostre plaisir. Donné à Saint-
Germain en Laye, le xxiii⁰ jour de février, l'an de grâce mil cinq cens trente-
quatre et de nostre règne le vingt ung^{me}. Signé, par le roy, Breton, et scellées du
grand sceau sur simple queuhe.

» Lesquelles leurs a esté advisé par ladicte court que maistre Pierre Lizet,
premier président céans, Jacques de la Borde, Jehan Ruzé et Loys Roillard,
conseillers, parleront et s'enquerront cejourd'huy avecques quelques maistres
imprimeurs de ceste ville pour, suivant le commandement dudict seigneur,
nommer par ladicte court les vingt-quatre maistres imprimeurs à iceluy seigneur. »

Ainsi, on vient de le voir, il n'était que sursis à l'arrêt du 13 janvier qui frap-
pait l'Imprimerie à mort, et ce n'est que par suprême clémence, qu'en attendant
qu'on l'accablât tout à fait sous ce glaive suspendu, on se contentait de la déci-
mer, comme vous avez vu, et de lui infliger la plus impitoyable censure. Quels
furent les vingt-quatre imprimeurs choisis par le parlement? Telle est la question
que nous nous sommes posée après M. Taillandier sans pouvoir la résoudre
mieux que lui; car aucun des registres n'y répond. Mais le savant écrivain,
examen fait des listes publiées par Lacaille, par Lottin, dans son *Catalogue
chronologique des libraires et imprimeurs*, par Panzer, dans ses *Annales typo-
graphici*, pense que le chiffre de vingt-quatre mentionné dans la loi pourrait bien
être le nombre total des imprimeurs exerçant à Paris en 1534, « ainsi, dit-il
alors, ce serait la liste entière des imprimeurs de Paris que le parlement aurait
eu à présenter à François Ier, qui aurait fait perdre leur profession à la moitié
d'entre eux si les lettres patentes du 23 février 1534 eussent été exécutées. » Et
de là il prend occasion de nous donner cette liste des vingt-quatre que nous
reproduirons d'après lui, quoique nous vous ayons déjà nommé et fait connaître
les principaux. *Augereau, Josse Bade, Blaublom* (ou *Cyaneus*), *Bonnemère,
Guillaume Bossozel, Prigent Calvarin, Chevalon, Simon de Colines, Nicolas
Couteau, Robert Estienne, Gromort, François Gryphe, Higman, Denis
Janot, Kerbriant, Yolande Bonhomme,* veuve de *Thielmann Kerver, Philippe
Lenoir, Nyver, Regnault, Roigny, Pierre Sergent, Vascosan, Vidoüe,
Chrétien Wéchel.*

Nous ne savons, comme semble en douter M. Taillandier, si l'édit de 1534 fut exécuté dans toute sa rigueur, mais ce qui est certain, plusieurs autres arrêts venant en cela le confirmer et l'étendre, c'est qu'il fut exécuté en la plupart de ses points. Le 2 mars 1535 parut un arrêt du parlement qui s'étendait aux livres de médecine et à ceux traitant de prophéties et divination, et complétait la défense faite en date du 28 août 1528 de publier aucun livre de l'écriture en français sans permission du parlement et de la faculté de théologie. Ainsi, voilà la censure scientifique s'établissant après la censure ecclésiastique. Cette fois, il ne faut pas se plaindre; car une telle mesure est plutôt en faveur du progrès que contre lui. L'arrêt dit positivement qu'il est défendu à tous imprimeurs et libraires d'imprimer et mettre en vente aucun livre de médecine, s'il n'a été vu et visité par trois docteurs, et de plus de publier des livres de pronostications et almanachs, sous peine de dix marcs d'argent et de prisons, et d'autres amendes arbitraires. On n'obéissait pas toujours à ces prohibitions. Aussi les descentes de justice chez les libraires devenaient plus fréquentes en vertu de l'arrêt du 17 mars 1532 donnant commission à deux conseillers auxquels doivent s'adjoindre deux docteurs en théologie, « à l'effet d'aller visiter toutes les boutiques de libraires de Paris, et d'y saisir tous les livres de mauvaises doctrines. » Ces visites révélaient toujours un certain nombre de contrevenants. On y pourvut le 25 mars 1539; défense fut faite de vendre des livres spécifiés dans un arrêt qui les condamne « sur peine de confiscation et de *punition corporelle.* »

La censure de son côté avait marché : des livres de théologie et de science elle s'était depuis deux ans étendue à presque tous les autres. Désormais tout livre de littérature française ou étrangère dut être assujetti à son approbation préalable; c'est ce qui résulte formellement des lettres patentes datées de Montpellier 28 décembre 1537, et dont, par d'autres lettres patentes du 17 mars de la même année, il est fait une application spéciale aux imprimeurs et libraires de Paris. Les unes et les autres portent défense de vendre et imprimer aucuns livres en *langue latine, grecque, arabique, hébraïque, chaldée, italienne, espagnole, française, allemande,* soit aucuns ou modernes avant de les avoir communiqués à Mellin de Saint-Gelais, abbé de Reclus, garde de la librairie et aumônier de François Ier, sous peine de confiscation desdits livres et d'amende. Soumettre ainsi les livres à la *tenaille* de Mellin si redoutée de Ronsard, ne leur laisser prendre leur libre vol que lorsque ce poëte des épigrammes licencieuses, des odes érotiques, en a octroyé la permission! N'est-ce pas au moins étrange? Que penser de la censure sous l'ancien régime, que dire de sa moralité, quand cherchant quel fut le premier censeur royal, et quel fut l'un des derniers, on trouve d'un côté Mellin de Saint-Gelais, de l'autre Crébillon le fils, deux des hommes dont les œuvres auraient mérité le plus de passer par ce creuset légal remis en leurs mains, et qui, approvisionnant eux-mêmes les libraires de livres scandaleux, attirèrent sur la librairie qu'ils devaient régenter tant d'invectives et de foudres, depuis Louis XI jusqu'à Louis XVI, depuis le burlesque Olivier Maillart jusqu'à l'austère Bridaine : « Le pape Innocent, dit, dans le 29ᵉ sermon de son *Avent*, Maillart que nous citerons seul, a défendu d'imprimer des livres avant d'être approuvés par l'évêque, par son vicaire ou par son commissaire. O pauvres libraires! il ne suffit pas de vous damner seuls, vous voulez damner les autres en imprimant des livres obscènes qui traitent de l'art d'aimer et de luxure, et en fournissant occasion à mal faire. Allez à tous les diables! » Encore le livre à propos duquel Maillart appelait ainsi tous les feux de l'enfer n'était-il autre chose que l'innocent *Evangile des connoilz !*

Quelques années après cette promotion du licencieux Mellin à la garde et censure des livres, un homme instruit et grave, l'un de ceux qui, au seizième siècle, aient le mieux illustré la ville d'Orléans où il était né, la ville de Lyon où il exerça la profession d'imprimeur-libraire, était brûlé vif avec ses livres, sur la place Maubert, à Paris. Cet homme est Estienne Dolet, érudit profond, nous le répétons, poëte ingénieux et facile, qui, bien que toujours persécuté et errant, sut dans sa courte vie de trente-sept ans composer environ quinze volumes d'érudition et de poésies. Une première fois son esprit satirique et ses liaisons avec les calvinistes l'avaient fait inquiéter et même fait jeter en prison ; puis, sur l'accusation banale d'hérésie à l'occasion de je ne sais quels passages de Cicéron, et sur la requête du jacobin Antoine Démocharès ou de Mouchi, promoteur de l'inquisition de la foi, docteur de Sorbonne et prototype des *mouchards,* qui lui doivent, dit-on, leur nom, on l'avait condamné à être brûlé vif en octobre 1543. Près de subir sa peine, il avait été sauvé par une sublime inspiration de l'évêque de Tulle, Pierre Châtel, qui, la main sur l'Évangile, les yeux fixés sur le coupable, avait récité la parabole de la brebis égarée et provoqué ainsi la clémence des juges. Mis en liberté, Dolet, qu'on avait à cœur de trouver toujours coupable, n'avait pas tardé d'être inquiété de nouveau. Au commencement de 1544, on l'avait arrêté à Lyon, mais il s'était échappé de prison, et du Piémont, son lieu de refuge, il avait adressé à François Iᵉʳ une épître où il explique la cause de sa seconde arrestation et s'en justifie. C'est la première des neuf épîtres que contient son *Second enfer,* etc. (Lyon, 1544, in-12). Nous en reproduirons quelques vers, qui nous initient aux procédés d'espionnage employés contre les imprimeurs suspects, surtout contre ceux qu'on soupçonnait d'être les entrepositaires de ces livres de Genève si activement poursuivis par Jean Morin, comme nous l'avons fait voir, et par Démocharès. Dolet s'emporte d'abord contre ses ennemis, qui, dit-il :

> . . . . . . Non contents et saoullés
> (Roy très chrestien, seul support des foullés)
> De m'avoir jà tourmenté quinze moys,
> Se sont remis à leurs premiers abboys
> Pour me remectre en ma peine première;

. . . .
Pour m'opprimer à la fin laschement. . .

Puis il passe au détail circonstancié de son mauvais cas, des stratagèmes employés pour le perdre, et du succès qu'eurent en cela ses ennemis :

Cela conclus, sire, voicy comment
Ils ont bien sceu trouver moyens subtilz,
Et mettre aux champs instruments et outilz
Pour donner ombre à leur faict cauteleux
Et m'enroller au renc des scandaleux,
Des pertinax, obstinez et mauldicts,
Qui vont semant des livres interdicts;
Suyvant ce but, ils font dresser deux balles
De mesme marque et en grandeur esgalles
Et les envoyent à Paris par charroy.
Prend garde icy, Françoys, vertueux roy :
Car c'est le poinct qui te faira entendre
Trop clairement l'abuz de mon esclandre.

Ces deux fardeaulx furent remplis de livres :
Les uns maulvais et les aultres de livres
De ce blazon que l'on nomme *hérétique*;
Le tout conduict par grand'ruze et practicque.
Et ce fut faict affin de mieulx trouver
L'occasion de le dire et prouver
Que c'estoit moy qui les balles susdictes
Avois remply de choses interdictes.

Les livres donc de mon impression
Estoient dans l'une (ô bonne invention!),
Et l'autre balle (et c'est dont on me grève)
Remplie estoit des livres de Genesve,
Et à l'entour ou bien à chasque coing,
Estoyt escrit pour le veoir de plus loing,
Dolet en lettre assez grosse et lysable.

Qu'en dictes-vous, prince, à touts équitable?
Cela me semble un peu lourd et grossier;
Et fusse bien ung tour de patissier,
Non pas de gens qui taschent de surprendre
Les innocents pour les brusler et pendre.
Je leur demande icy en demandant,
Pour me défendre en mon droit défendant,
Eussé-je bien esté si estourdy
Si les fardeaux, qu'orendroit je te dy,
J'eusse envoyés à Paris, ce grand lieu,
Que n'eusse sceu trop mieulx jouer mon jeu,
Que de marcquer au dessus mon surnom
En grosse lettre? A mon advis que non :

Trop fin je suis, et trop fin on me tient,
Pour mon nom mettre en cela qui contient
Quelque reproche; et pas ne le feroit,
Qui de cerveau une bonne once auroit

. . . .

Pour ces fardeaulx les seigneurs de Paris,
Fort courroucés contre moy et marrys,
Sans austre égard depeschent une lettre
Pour en prison soubdain me faire mettre;
Ce qui fut faict et en prison fus mys.

O quel plaisir eurent mes ennemis!
Autant pour vray que j'eus du déplaisir,
Quand on me vint au corps ainsi saisir.

. . . .

Bref, je fus prins et en prison serré.

Suit le détail fort piquant de son évasion, qui toutefois nous intéresse moins
que le reste et que nous ne rapporterons pas.

Les huit autres épîtres contenues dans le *Second enfer* de Dolet étaient comme
celles-ci justificatives et suppliantes; elles s'adressaient au duc d'Orléans, fils du
roi, au cardinal de Lorraine, à la duchesse d'Étampes, à la reine de Navarre,
aux parlements de Paris et de Lyon, ses juges, etc. Dolet, aveuglé par l'espérance, se persuada si bien de l'effet qu'elles devaient produire en sa faveur, qu'il
se crut réellement justifié, et revint à Lyon comme s'il avait été absous. Il y fut
presque aussitôt arrêté. Aux chefs du premier procès dont il avait éludé la
sentence, on ajouta d'autres accusations aussi odieuses et plus absurdes encore.
La Sorbonne prétendit que sa traduction du dialogue de Platon, l'*Axiochus*, était
entachée d'hérésie, attendu qu'on y lisait: *Après la mort tu ne seras plus rien
du tout*, et que ces trois derniers mots *rien du tout* n'ayant pas leurs correspon-
dants dans le texte grec étaient une pure invention du traducteur. Sur cela, il fut
condamné comme athée, et après quelque temps de captivité à la Conciergerie,
où il composa un cantique pour sa *désolation et sur la consolation*, il fut brûlé
vif sur la place Maubert à Paris, le 3 août 1546. Ses livres furent jetés au feu
avec lui. Ils portaient, comme presque tous ceux qui sont sortis de ses presses,
un emblème dont ce supplice injuste rendait l'allusion plus applicable encore au
sort du malheureux Dolet. La vignette adoptée depuis par quelques bibliophiles,
notamment par M. Aimé Martin, représentait une main sortant d'un nuage et
fendant un tronc d'arbre avec une hache. Au-dessous se lisait cette prière:
« *Préservez-moy, ô Seigneur! de la calomnie des hommes.* » Or, ainsi qu'on
l'a dit déjà avec raison, la calomnie, qui frappe ses coups dans l'ombre, frappa
Dolet comme la main mystérieuse de sa devise frappe le tronc d'arbre. Il avait
donc prévu le coup qui devait le tuer, mais il n'en avait pas marché moins hardiment dans son dessein d'éclairer le monde par la pensée devenue libre, et

d'émanciper la pensée par la presse, entreprise noble, mais presque toujours fatale à ceux qui la soutenaient alors. Dans la préface de l'*Axiochus*, livre qui l'envoyait au bûcher, il la formulait ainsi, en appelant à la science *ceulx de sa nation* à qui il dédie sa traduction :

> C'est assez vescu en ténèbres !
> Acquérir fault l'intelligence
> Des bons autheurs les plus célèbres,
> Qui soyent en tout art et science.

Pendant qu'on brûlait Dolet sur la place Maubert, les confrères de la Passion jouaient sur leur théâtre le mystère de l'*Apocalypse*, composé en 1541 par Louis Chocquet, et dans lequel, allusion frappante à ces fréquents supplices d'imprimeurs et de libraires, et aux persécutions incessantes de François Ier contre la presse, on voyait Domitien faire mettre à mort par ses bourreaux Torneau et Pesart, l'écrivain Hermogène et avec lui le libraire et l'enlumineur qui avaient publié son livre. Cette scène était certainement une satire directe, et Chocquet en l'écrivant avait moins voulu reproduire ce passage du chapitre X de la *Vie de Domitien*, par Suétone, « *Item* (occidit) *Hermogenem Tarsem propter quasdam in historia figuras, librariis etiam, qui eam descripserant crucifixis,* » que faire un tableau des vengeances sanglantes exercées tous les jours contre la presse. Avec la réalité pleine d'anachronismes, mais d'autant plus saisissante des détails scéniques à cette époque, il n'y avait pas à s'y méprendre. Pour le populaire encombrant la salle, c'étaient vraiment des libraires de Paris qu'on mettait à mort. M. Sainte-Beuve qui, dans son livre de la *Poésie française au seizième siècle*, a fait ce rapprochement avant nous, a donc dit fort judicieusement : « Le libraire et l'enlumineur surtout qu'on crucifie ont des figures d'honnêtes chrétiens, et ils me font l'effet des frères *les Angeliers*, de *M. Antoine Vézard* ou de tout autre libraire, *demeurant à Paris sur le pont Notre-Dame, à l'image de saint Jean l'évangéliste, ou au premier pilier du palais, devant la chapelle où on chante la messe de messeigneurs les présidents*..... » Puis à ce même propos rappelant le supplice de Dolet si contemporain de ce mystère qu'on pourrait croire que celui-ci fut une vengeance anticipée de l'autre, il ajoute : « On comprend quel genre d'intérêt, de charme et d'émotion dés spectacles d'une vérité si présente devaient avoir pour un public d'ailleurs ignorant et peu délicat. »

Cette exécution du libraire lyonnais avait du reste été le dernier sévice exercé par François Ier contre la presse. Il était mort l'année suivante. Le premier soin de Henri II son fils fut de se montrer fidèle à cette tradition de persécuteur, si bien qu'entre les actes de son père frappant l'Imprimerie et les siens, il n'y eut pour ainsi dire pas de discontinuité. L'un des premiers édits du nouveau règne fut de cette nature. Il est du 11 décembre 1547. Renchérissant sur les défenses exprimées aux édits précédents d'imprimer aucun livre sans permission et visites préalables, il « ordonne que le nom et le surnom de celui qui a fait un livre soit exprimé et apposé au commencement du livre, et aussi celui de l'imprimeur avec l'enseigne de son domicile. » Et de plus il subordonne cette publication à la permission donnée « par lettres du roi expédiées sous le grand scel de la chancellerie. » La forme adoptée définitivement par les frontispices de livres, qui jusque-là ne s'étaient tous astreints à cette formalité des noms de l'auteur, de l'imprimeur et du libraire, date réellement de cet édit de 1547, que renouvelèrent du reste les *ordonnances d'Orléans* du mois de janvier 1560, article 26; *de Moulins* (février 1566, art. 78); et de Blois (mars 1580, art. 36). L'ordonnance de Moulins généralisa même ces différentes dispositions en défendant d'imprimer aucuns livres ou traités sans permission du roi et lettres de priviléges expédiées sous le grand scel.

En 1551 nouveaux édits de répression non moins sévères. Le 12 février, par acte consigné dans les *registres manuscrits* du parlement, il est fait défense à ce corps d'octroyer désormais « priviléges pour livres, que premièrement ils n'ayent esté examinez par gens bien capables qui signeront la minute et pourront en respondre. » L'édit donné à Châteaubriant le 27 juin de la même année 1551 fut encore plus exprès et plus méticuleux dans ses défenses. On y trouve les règlements les plus rigoureux qui eussent été formulés jusque-là contre la liberté de la presse. On y prend surtout les plus grandes précautions contre les livres qui pourraient venir de Genève et autres lieux suspects. Tous les livres sortis des presses doivent être soumis à la censure de la Sorbonne, et une copie signée de tout manuscrit destiné à l'impression doit rester aux mains des censeurs. Sitôt qu'un ballot de livres arrive des provinces ou des pays étrangers, le censeur doit être requis et présider lui-même à son ouverture. — On ne prend pas plus de précaution au lazaret de Marseille pour les ballots qui peuvent apporter la peste. — Les imprimeries, les boutiques de libraire à Paris doivent être soumises annuellement à deux visites du censeur; et à Lyon, ville plus voisine du foyer calviniste et par conséquent plus redoutable, ces visites inquisitoriales se renouvelleront trois fois par an au lieu de deux. Les libraires sont entre autres obligés de tenir exposés dans leur boutique un catalogue des livres prohibés et un autre des ouvrages qu'ils ont eux-mêmes en étalage. Par l'article 14, il est défendu de faire aucune vente de bibliothèque après décès et autrement si ces bibliothèques n'ont été préalablement soumises à l'inquisition exercée dans la boutique des libraires. L'édit contient encore un article spécial contre les imprimeries clandestines, qui, par cette prohibition renouvelée plusieurs fois depuis, et maintenue enfin par l'article 14 du règlement de 1618, sont formellement interdites. Les presses secrètes des imprimeurs de profession sont même défendues. Injonction est faite à ceux-ci « de faire l'exercice et estat d'impression en bonne ville et maison ordonnées et accoutumées à ce fait, et non en lieux secrets, et que ce soit sous un maître imprimeur duquel le nom, le domicile et la marque soient mis aux livres par lui imprimés, le temps de ladite impression et le nom de l'auteur. » Enfin, il est dit plus loin : « Ne pourront les imprimeurs imprimer aucuns livres, sinon en leur nom et en leurs officines et ouvroirs. » De 1553 à 1557 les arrêts de défense sont moins dirigés contre les livres que contre les placards séditieux et incendiaires, dont le nombre et l'audace va croissant sur les murs « de Sainct Innocent et à la porte du Châtelet. » Souvent le peuple prend parti pour le placard contre la justice. Si bien que, le 28 septembre 1553, le roi, demandant qu'il fût procédé à pareille affaire, « avait offert secours d'artillerie, poudre et boulet en cas de besoin. »

En 1558, les mesures contre l'Imprimerie sont reprises. Le 27 mai sort du parlement défense d'imprimer « sans exprès commandement ou permission aucun livre concernant la religion, à peine de confiscation de corps et de biens. » Traduisez *sous peine de mort*, ajoute, après la même citation, M. Leber, qui prouve par ces seuls mots quelle connaissance il a de la façon dont la justice s'exécutait alors, et des procédés expéditifs des agents du pouvoir qui envoyaient sommairement au bûcher les coupables, auteurs, imprimeurs ou gens prenant parti pour eux, et punissables seulement de la prison. Ce qui arriva en 1560 à un pauvre marchand de Rouen, à propos du pamphlet intitulé *Espitre envoyée au tygre de la France*, et de son imprimeur condamné, en est un exemple.

On sait que le *Tygre* est l'un des plus vigoureux libelles lancés à cette époque contre le cardinal de Lorraine et les autres *Guysards*. Il parut sans lieu d'impression ni date, en petit in-8° de sept feuillets non chiffrés. Il commence ainsi en affectant, pour les exagérer encore, les formes virulentes de la première *Catilinaire* : « Tigre enragé, vipère venimeuse, sépulcre d'abomination, spectacle de malheur, jusques à quant sera-ce que tu abuseras de la jeunesse de notre roy? » Il fut saisi aussitôt que publié. L'imprimeur Martin l'Hommet fut découvert, arrêté, condamné par arrêt du parlement de Paris, du 13 juillet 1560, et vous allez savoir quel fut son sort, ainsi que celui du marchand imprudent détenteur du livre, par le passage suivant de Régnier de la Planche, qui contient un curieux et complet détail de toute l'affaire :

« Pour revenir à nostre histoire, nous avons dit que la cour du parlement faisoit de grandes perquisitions à l'encontre de ceux qui imprimoyent ou exposoyent en vente les escrits que l'on semoyt contre ceux de Guises. En quoy quelques jours se passèrent si accortement, qu'ils sceurent enfin qui avoit imprimé un certain livret fort aigré intitulé *le Tygre*. Un conseiller nommé Du Lyon en eut la charge, qu'il accepta fort volontiers, par la promesse d'un estat de président au parlement de Bourdeaux, duquel il pourroit tirer deniers, si bon luy sembloit. Ayant donc mis gens après, on trouva l'imprimeur nommé Martin l'Hommet qui en estoit saisi. Enquis qui le luy avoit baillé, il respond que c'estoit un homme inconnu, et finalement en accuse plusieurs de l'avoir veu et leu, contre lesquels poursuites furent faictes : mais ils le gagnèrent au pied. Ainsi qu'on menoit pendre cest imprimeur, il se trouva un marchant de Rouen moyennement riche et de bonne apparence, lequel voyant le peuple de Paris estre fort animé contre ce patient, leur dit seulement : « Et quoy, mes amis, ne suffit-il pas qu'il meure? Laissez faire le bourreau. Le voulez-vous davantage tourmenter que la sentence ne porte? » (Or, ne scavoit-il pourquoy on le faisoit mourir, et descendoit encore de cheval à une hostellerie prochaine.) A ceste parolle quelques prestres s'attachent à luy, l'appellent huguenot et compagnon de cest homme, et ne fust ceste question plustôt esmeuë que le peuple se jette sur sa malette et le bat outrageusement. Sur ce bruit, ceux qu'on nomme la justice approchent, et pour le rafreschir le mènent prisonnier en la conciergerie du Palais, où il ne fut pas plustost arrivé que Du Lyon l'interrogue sommairement sur le faict du *Tygre* et des propos tenus par luy au peuple. Ce pauvre marchant jure ne savoir que c'estoit, ne l'avoir jamais veu, ny ouy parler de messieurs de Guise : dit qu'il est marchant, qui se mesle seulement de ses afaires. Et quant aux propos par luy tenus, ils n'avoyent deu offencer aucun, car meu de pitié et de compassion de voir mener au supplice un homme (lequel toutefois il ne recognoissoit et n'avoit jamais veu), et voyant que le peuple le vouloit oster des mains du bourreau pour le faire mourir plus cruellement, il avoit seulement dit qu'ils laissassent faire au bourreau son office, et que là dessus il a été injurié par des gens de robbe longue, pillé, volé et outragé par le peuple, et mené prisonnier ignominieusement sans avoir jamais mesfait ne mesdit à aucun', requérant à ceste fin qu'on enquist de sa vie et conversation qu'il se soumettoit au jugement de tout le monde. Du Lyon, sans autre forme et figure de procès, fait son rapport à la cour et aux délégués, par icelle, qui le condamnent à estre pendu et estranglé en la place Maubert, et au lieu mesme où avoit esté attaché cest imprimeur. Quelques jours après, Du Lyon, se trouvant à souper en quelque grande compagnie, se mit à plaisanter de ce pauvre marchant. On lui remonstra l'iniquité du jugement par ses propos mesmes. « Que voulez-vous? dit-il, il falloit bien contenter monsieur le cardinal de quelque chose, puisque nous n'avons peu pendre l'autheur : car autrement il ne nous eut jamais donné relasche. »

Cet *autheur*, dont le cardinal de Lorraine désirait tant la mort et à la place duquel Du Lyon son séide lui sacrifiait si froidement un innocent, n'a jamais été positivement connu. Bayle, sans avoir lu le libelle, l'attribue à François Hottman, et Charles Nodier, cherchant à pénétrer cet anonyme sur l'exemplaire retrouvé par M. Techener, arrive à la même conclusion. Selon lui, François Hottman est le seul alors qui « pût s'élever dans notre langue aux hauteurs de cette véhémente éloquence. » Quoiqu'il s'appuie de preuves plausibles, la chose reste encore douteuse. Il soutient aussi, mais plus victorieusement peut-être, que le pamphlet n'a pas dû être imprimé à Paris, mais à Strasbourg ou à Bâle, par Jacques Estange en 1560. Ainsi Martin l'Hommet n'aurait pas été coupable; et Du Lyon, ne sachant sur qui faire tomber justement la vengeance du cardinal, lui aurait par provision sacrifié deux innocents.

Bien que nous ayons déjà dû trop nombreux exemples d'imprimeurs envoyés au bûcher ou au gibet, il n'y avait pourtant encore aucune loi stipulant contre eux la peine de mort pour émission de livres défendus. C'est donc, ainsi que nous l'avons dit, par abus de justice et par une trop grande ardeur à punir, que ce châtiment suprême était alors substitué par le juge à la peine de la prison. Le 17 janvier 1561, la loi se prononça enfin : par un édit daté de Saint-Germain-en-Laye, elle rendit les imprimeurs de libelles formellement justiciables des condamnations capitales qu'elle avait jusque-là réservées pour le crime d'hérésie. « Tous imprimeurs semeurs de placards ou de libelles diffamatoires seront punis pour la première fois du fouet, et de la vie en cas de récidive. » Martin l'Hommet n'avait été envoyé à l'échafaud que par anticipation sur cette loi, encore son affaire ne comportait-elle pas le cas de récidive, qui seul entraînait la peine de mort. Un arrêt réglementaire du parlement daté du 15 janvier de la même année, et qui devança ainsi de deux jours l'édit royal, étendit toutes les défenses et prohibitions précédentes aux cartes et aux peintures, et sans doute aussi, pense M. Leber, aux pièces gravées sur bois qui, venues d'Allemagne et des Pays-Bas, nos précurseurs dans cette voie de publication, faisaient depuis longtemps cause commune avec les pamphlets, et, dit encore M. Leber, étaient d'autant plus redoutables alors qu'elles mettaient les produits de la presse à la portée d'un peuple qui ne savait pas lire.

Mais contre cette fièvre de publications incendiaires, contre ce flot montant de livres et de gravures hérétiques, toutes défenses étaient vaines. « Les bûchers n'y faisaient rien... Plusieurs étaient attirés par la curiosité,... quelques-uns tentés par le danger même, » dit M. Michelet dans un intéressant passage de son *Précis de l'histoire de France*, où il nous montre que ce qui ne pouvait pas, discours et livres, se dire et se vendre dans les villes, se disait et se vendait en pleins champs, au milieu des grandes assemblées de huguenots qu'on appelait *écoles buissonnières*, et que le parlement avait inutilement défendues par arrêt du 6 août 1552. « Quelquefois, dit-il, ils s'assemblaient en plein champ, au nombre de huit ou dix mille personnes ; le ministre montait sur une charrette ou sur des arbres amoncelés, le peuple se plaçait sous le vent pour mieux recueillir la parole, et ensuite tous ensemble, hommes, femmes et enfants, entonnaient des psaumes. Ceux qui avaient des armes veillaient alentour la main sur l'épée. Puis venaient les colporteurs qui déballaient des catéchismes, de petits livres d'images contre les évêques et le pape. »

Quelles étaient ces gravures burlesques, qui par leur malice égayaient la misère de ces persécutés? De grossières images plus fines d'intention que de dessin, comme celle, par exemple, dont il est parlé au tome II des *Mémoires de Condé*, et qui représente le petit François II tenu dans un sac par le cardinal de Lorraine et tâchant de passer la tête pour respirer de temps en temps ; ou bien encore comme celle qui se vendait aux Pays-Bas, selon Schiller, et sur laquelle on voyait le cardinal Granvelle couvant des œufs d'où sortaient des évêques en rampant, tandis que le diable planait sur sa tête, et le bénissant disait : « *Voici mon fils bien-aimé.* » Par ces images, qui n'étaient pas toujours satiriques, les faits de l'histoire contemporaine se popularisaient partout, et la connaissance en parvenait jusqu'à des pays très-reculés. En 1825, un voyageur a trouvé dans une cabane du Tyrol septentrional une gravure sur bois représentant l'assassinat du duc de Guise en 1589, et faite évidemment l'année qui avait suivi. Composée d'après une eau-forte que l'on conserve encore aujourd'hui à la Bibliothèque Nationale, cette gravure était certainement venue de France dans le ballot de quelque colporteur, et elle s'était conservée chez le paysan tyrolien, grâce à l'usage où l'on est dans ce pays, comme dans nos campagnes, de coller au mur les vieilles images.

C'est cette transmission active de livres et d'images qui se faisait entre les divers pays travaillés par l'hérésie que les lois voulaient et ne pouvaient empêcher.

Par leur multiplicité même et leur violence, les édits prouvaient combien ils étaient impuissants ; en renouvelant sans cesse les mêmes menaces contre les mêmes délits et en augmentant toujours la somme des peines, ils ne servaient qu'à montrer combien il était difficile d'atteindre les coupables.

Le 16 août 1561, c'est encore sur nouvelles plaintes qui lui sont adressées, un nouveau règlement du parlement sur la police de l'Imprimerie, de la librairie et du colportage. La cour, lit-on dans les *Mémoires de Condé*, « advertie de ce que, au contempt et mespris des édicts du roy et arrêtz d'icelle sur ce intervenuz, l'on imprime ordinairement en ceste ville plusieurs et divers livres pleins de scandales, opprobres et contumélies contre l'honneur de Dieu et les plus grands personnaiges de ce royaulme ; et aussi, suivant les lettres escriptes par le roy à ladicte cour, pour y pourveoir ; et oy le procureur général dudict seigneur a ordonné et ordonne que itératives défenses seront faites de par le roy et ladicte cour, à tous imprimeurs et libraires porte-paniers, et autres sans aucun excepter, d'imprimer ou faire imprimer et exposer en vente aucunes œuvres, livres, épistres, compositions ou traictez sans permission et congé du roy ou de ladicte cour, après avoir veu lesdictz livres, traictez et choses que l'on voudra faire imprimer ; et ce sur peine de la hart. Et sera le présent arrest leu et publié à son de trompe, et cry publicq, par les carrefours de cest ville et forsbourgs, et aostres lieux accoustumez à faire cris et proclamations publiques, à ce que aucun n'en puisse prétendre cause d'ignorance : enjoinct aux commissaires du Chastelet de Paris de s'enquérir contre les contrevenans à ceste présente ordonnance ; et au bailly du palais d'icelle faire garder et observer pour le regard des libraires, vendeurs, porte-paniers et autres qui viennent au palais, en sorte que la cour n'en ayt aucune plainte. »

Mais cela ne suffisait pas encore; deux ans après, le 10 décembre 1563, parut une ordonnance datée de Mantes que M. Leber a extraite du *Recueil de Fontanon*, et qui, selon lui, résume toutes les autres dans leurs plus grandes rigueurs.

« Faisons défense à toutes personnes de quelque estat et condition qu'elles soient, de publier, imprimer, faire imprimer aucun livre, lettres, harangues ou autre écrit, soit en rythme ou en prose, faire semer libelles diffamatoires, attacher placards, mettre en évidence aucune composition, et à tous les libraires d'en imprimer aucuns sans permission dudit seigneur roy, sur peine d'estre pendus et estranglez, et que ceux qui se trouveront attachans ou avoir attaché, ou semé aucuns placards seront punis de semblables peines. »

Cet édit de Mantes n'était qu'un acheminement vers l'ordonnance définitive sur la réforme de la justice qui fut donnée à Moulins au mois de février 1566, et dont toutes celles qui suivirent jusqu'à la révolution ne furent qu'un renouvellement.

Voici quelques fragments de cette loi fondamentale à la rédaction de laquelle concoururent les députés de tous les parlements du royaume réunis aux conseils du roi.

Art. 78. Défendons très-étroitement à tous nos sujets d'écrire, imprimer, exposer en vente aucuns livres, libelles ou escrits diffamatoires et convicieux contre l'honneur et renommée des personnes, sous quelque prétexte et occasion que ce soit. Et déclarons dès à présent tels scripteurs, imprimeurs et vendeurs, et chacun d'eux, infracteurs de paix, perturbateurs du repos public, et comme tels voulons estre punis des peines contenues en nos édits. Enjoignons à nos sujets qui ont tels livres ou écrits, de les brusler de dans trois mois, sur les peines de nosdits édits.

« Défendons aussi à toutes personnes que ce soit d'imprimer ou faire imprimer aucuns livres ou traictez sans nottre congé et permission, et lettres de privilége expédiées sous nostre grand scel : auquel cas aussi enjoignons à l'imprimeur d'y mettre et insérer son nom et le lieu de sa demeurance, ensemble ledit congé et privilége, et ce sur peine de perdition de biens et punition corporelle. »

Le règne de Charles IX ne nous fournit guère, en outre de cet édit sur l'Imprimerie, qu'une déclaration donnée à Paris le 4 octobre 1570, et un autre datée de Gaillon en mai 1571, qui réglait la police des ouvriers imprimeurs et la taxe des livres. « Les maistres imprimeurs qui sont de présent en la ville de Paris, est-il dit dans cette ordonnance qui reproduit celle de février 1534, esliront par chacun an deux d'entre eux, avec deux des vingt-quatre maistres libraires jurez pour ladite année, l'office desquels sera de regarder qu'il ne s'imprime aucun livre ou libelle diffamatoire ou hérétique... sur peine à ceux qui y auront contrevenu de deux cents livres d'amende pour la première fois, et pour la seconde de punition corporelle, et autre amende arbitraire, selon que lesdits juges verront estre équitable. »

Henri III ne se montra pas moins sévère que Charles IX contre les délits de presse. On trouve sous son règne mêmes défenses, mêmes injonctions dans les actes législatifs ou réglementaires, mêmes châtiments portés par les arrêts des cours; ainsi celui du 2 juin 1581, qui fait défenses d'imprimer des livres diffamatoires sur peine de la vie; et celui du 23 juin 1587, défendant à toutes personnes de copier ni transporter un libelle, à peine de punition corporelle et de mille écus d'amende. « Et tout cela, dit M. Leber, sans tarir la source des libelles. »

Dans cette impuissance, Henri III s'arma des plus grandes rigueurs, il frappa les libellistes de tous les partis; mais cette persécution ne fut qu'un aiguillon nouveau pour la verve des pamphlétaires. Alors, dit l'Estoile, « s'anima la plume des mieux escrivans tant d'un parti que d'autre; de telle façon qu'on n'oïoit parler d'autre chose à Paris et en cour, que de nouveaux libelles, contenans les raisons et deffences et pareillement les accusations de chaque parti. »

En 1586, on fit justice exemplaire d'un avocat du parlement qui avait dérogé à ses hautes fonctions de juge pour se faire pamphlétaire; on comprit dans le même arrêt Gilles de Carroy, l'imprimeur, et chose assez rare, qui prouve que l'ouvrier avait aussi parfois sa part de responsabilité, on saisit aussi le correcteur d'imprimerie, nommé Gilles Martin, selon un mémoire publié au tome VII de la *Revue rétrospective.*

« Le samedi 22 novembre 1586, dit l'Estoile, dans les *Mémoires* duquel cette affaire est détaillée, aussi bien que dans ceux de P. Cayet, maistre François le Breton, avocat au parlement, natif de Poictiers, par arrest de la cour du parlement de Paris, fut déclaré atteint et convaincu du crime de lèze-majesté et comme séditieux et perturbateurs du repos public, pendu et estranglé en la cour du palais. Et ce, à raison d'un livre qu'il avoit composé et fait imprimer à Paris, auquel il avoit inséré plusieurs propos injurieux contre le roy, le chancelier, les présidents et conseillers de la cour, dont les copies furent prises chez Gilles de Carroy, imprimeur, et lui et son correcteur faits prisonniers, fustigés au cul de la charrette et bannis pour neuf ans du roiaume de France. Lesdits livres brûlés sous la potence, et tous les biens dudit le Breton acquis et confisqués au roy. »

Ce Gilles du Carroy, selon M. Leber, était la providence des libellistes. Si on le punissait cette fois, ce n'était pas seulement pour le pamphlet présent, mais pour une foule d'autres sortis de ses presses et restés sans châtiment. Il demeurait, comme la plupart de ses confrères du seizième et du dix-septième siècle, au Mont-Saint-Hilaire, rue d'Écosse. C'est lui qui n'avait pas craint de se faire l'éditeur d'un libelle, première apologie du régicide et prélude du crime de Jacques Clément. Il avait imprimé et annoncé publiquement sous sa responsabilité personnelle : « *Les horribles torments de Balthazar Gérard Bourguignon, vrai martyr, souffertz en l'exécution de sa glorieuse et mémorable mort. Pour avoir tué Guillaume de Nanssau, prince d'Orenge, ennemy de son roy et de l'Église catholique.* » Quand il eut subi la peine d'exil que portait sa sentence, il revint à Paris, où nous le retrouvons en 1610 faisant toujours métier et marchandise de la sédition par petits libelles diffamatoires. Il a près de quatre-vingts ans, et force est pourtant au lieutenant criminel de l'inquiéter encore pour émission de livres prohibés ; si on lui fait grâce, c'est par considération de son grand âge et par pitié pour sa famille nécessiteuse.

« Le samedi 4 décembre 1610, dit l'Estoile, M. le lieutenant criminel saisit en l'imprimerie du Carroy (qui aiiant ouï le vent s'estoit absenté) tous ces petits libelles diffamatoires qui couroient, entr' autres l'*Anti-Coton* et le *Tocsin*, la copie d'une lettre des Pays-Bas, qui n'estoit encore achevée d'imprimer, et austres semblables fadèzes. Il laissa garnison en la maison de ce pauvre homme aagé de près de quatre-vingts ans, qui estoit suffisante de ruiner en peu de jours une famille nécessiteuse comme la sienne. Après il le fist trompeter, lui et son fils par la ville, et leur fist ledit lieutenant du pis qu'il peust, nonobstant les prières et sollicitations de beaucoup d'honnestes gens qui s'en meslèrent pour eux. Finalement, il y eust interdiction au lieutenant criminel d'en connoistre : duquel on disoit que la balance n'estoit pas bien juste en justice, à cause de l'avarice de cest homme. »

La rigueur, on le voit, était un peu relâchée. Mais depuis plusieurs années déjà, depuis 1591 environ, on avait vu poindre quelques sentiments d'indulgence. Avant d'être punis, les imprimeurs soupçonnés avaient été prévenus et simplement admonestés : « 15 février 1591 — remontrances à des imprimeurs en faute mandés par la cour, et injonctions à eux prénses d'observer les arretz ci-devant donnez, sur peine de la vie. »

Pendant la Ligue, les moyens de compression furent plus doux encore.

Un cordelier de Laval, par exemple, qui s'était permis en 1591 un petit libelle contre les Espagnols en fut quitte à bon marché. Il avait fait imprimer une légère remontrance à Henri IV pour qu'il se fît catholique, et à la fin du volume il avait ajouté « une petite légende abrégée des faits et gestes plus mémorables de messieurs les Espagnols perpétrés par eux à Paris et aux environs avec un petit sommaire abrégé de leur foy, vie et religion..... Quand ceux de la Ligue eurent veu ceste remonstrance avec l'addition hespagnole qui gastoit tout le mistère, ils firent emprisonner l'aucteur et l'imprimeur, faisant faire audit imprimeur amende honorable ; et quant à l'aucteur, qui estoit nostre maistre Yves Magistré, ordonnèrent qu'il feroit une rétractation de ce qu'il avoit escrit contre les Hespagnols, laquelle seroit imprimée au bout de la remonstrance. »

L'année suivante, un libelle resté fameux et souvent réimprimé, *le Dialogue du maheustre et du manant,* fut l'occasion de violents débats entre ceux qui voulaient le prohiber et ceux qui le défendaient ; le corps universitaire tout entier était parmi ces derniers. Ainsi les arrêts n'étaient plus comme autrefois implacables et aveugles. Avant que les personnes incriminées en fussent frappées, on les discutait, et un verdict d'indulgence couronnait souvent ces discussions : dans ce pamphlet, selon l'Estoile, « les principaux de Paris, principalement ceux qu'on appelait *politiques*, et surtout le duc de Mayenne, estoient nommés et déchiffrés de toutes façons..... Le lundi 13 décembre, la recherche de ce livre aiant été commandée, la Bruière, lieutenant civil, fist sceller dès le matin toutes les imprimeries; qui est une vraie procédure pour ne rien trouver, comme scavent ceux qui sont du mestier. Aussi dès l'après dînée, Haudière, Nivelle et Rollin-Thierri, contre lequel y avoit de grandes conjectures qu'il en estoit l'imprimeur, eurent mainlevée. » Mais peu de jours après, soit qu'on eût des soupçons plus certains, soit qu'on eût acquis des preuves que ces premières mesures de rigueur et cette maladroite apposition des scellés sur les ateliers d'imprimerie et les boutiques d'imprimeur n'avaient pu procurer, on appréhenda au corps l'imprimeur Thierry, déjà inquiété tout à l'heure, et Lyon Cavelat, l'un de ses confrères. Ce fut un grand scandale, car tous deux, loin de donner jusquelà dans le parti contraire à la Ligue, étaient ses privilégiés, comme imprimeurs en titre de la sainte-union. Ils trouvèrent donc des défenseurs même parmi les guisards, les gens de l'hôtel de ville et toutes les chambres du parlement. C'est ce qui fit croire que l'auteur anonyme était membre de l'un de ces grands corps. Selon ceux-ci, c'était l'un des Seize; selon ceux-là, c'était Louis Morin, dit Cromé, conseiller au grand conseil, ou Nicolas Rolland, conseiller à la cour des monnaies. Les prédicateurs eux-mêmes prirent parti dans la querelle pour défendre le pamphlet, et crier du haut de la chaire que si on le condamnait il n'y avait plus de justice. Enfin, comme nous l'avons dit, l'Université en corps et l'aumônier du duc de Guise daignèrent intervenir : « L'Université en corps fist prière pour les libraires; l'ausmonier du duc de Guise dit tout haut que c'estoit grande pitié de rechercher tant de pauvres gens sur le subject d'un livre imprimé qui ne contenoit que la vérité. » Tout ce bruit d'attaques d'une part, de supplications de l'autre, fait autour du libelle, le recommandait cependant et le faisait vendre. Le premier jour on n'avait osé le lire, le second on se l'arracha, le troisième on ne put l'avoir qu'à prix d'or. Nous le savons positivement par l'Estoile. Il l'avait acheté un écu, somme assez forte déjà pour ce mince livret. Il le revendit pour trois le lendemain à une veuve, « qui le revendit le lendemain six écus à un homme pour porter à Saint-Denis : dont on eust eu dix escus d'un nommé Debacq, trois jours après ayant esté envoyé exprès du roy à Paris, pour luy en recouvrir un à quelque prix que ce fust. »

Si la profession de libraire, marchand de pamphlets, était dangereuse, elle était donc aussi assez lucrative; pour une fois qu'on courait risque d'être pris, on avait dix chances de ne l'être pas et de s'enrichir par la vente du livre clandestin. Les imprimeurs et les libraires ne furent pas, on le voit, aussi malheureux qu'on pourrait le croire à ces époques où tant d'édits proscripteurs furent déchaînés contre eux.

Le gain les consolait des persécutions. Il faut ajouter aussi que, dans l'intervalle de ces lois fatales à la presse, on en vit paraître quelques-unes qui lui étaient favorables, et que presque toutes du reste, même en frappant les abus de l'imprimerie, sauvegardaient sa dignité. En 1583, on revient sur une déclaration des temps antérieurs, pour raviver en faveur des typographes le privilége octroyé aux copistes leurs devanciers, et il est déclaré que les imprimeurs, etc... ne sont pas gens de métier, mais suppôts universitaires. Et de règlements en règlements, aussi bien dans celui du conseil d'État de 1594 que dans ceux du 20 février 1595, du 9 avril 1611, de 1618, 1649, 1651, 1686 et 1703, cette prescription se confirme et se perpétue. Le règlement de 1618 dit en termes formels : « Les libraires et imprimeurs seront toujours censés suppôts de nostre fille aînée l'Université de Paris, du tout distingués et séparés des arts mécaniques. »

M. Leber a justement exalté cette déférence du pouvoir royal pour l'art de l'imprimeur et le commerce du libraire, même aux époques où ils étaient le plus rigoureusement atteints par les édits. Le mauvais livre est frappé et puni, mais le bon est protégé : « L'histoire et la jurisprudence, dit-il, nous offrent plus d'un exemple de la propension naturelle de nos rois à favoriser le commerce de la librairie, à protéger les livres contre les exactions du fisc ou d'inutiles rigueurs. On voit en quelque sorte les produits de cette industrie, que l'un d'eux appelait divine, se confondre dans leur pensée avec les choses sacrées, comme s'ils en eussent fait l'objet d'un culte particulier. » Et M. Leber cite pour exemple l'article 23 de l'ordonnance d'Orléans de janvier 1560, qui permet d'exécuter toutes personnes ecclésiastiques en leurs meubles, hormis leurs ornements d'église et *leurs bibliothèques*. Il relève aussi avec raison la sagesse des mesures de Henri II dans sa déclaration du 23 septembre 1553 sur les franchises de la librairie, et par laquelle le commerce des livres est déclaré exempt d'un impôt commun à toutes les marchandises. M. Leber voit là « l'appréciation la plus sage et la plus libérale que la philosophie ait pu faire des avantages de la presse et le désir sincère d'en protéger les mouvements et les produits. »

Henri III voulut en 1587 faire subir aux livres cet impôt que son aïeul leur avait épargné. Heureusement, dit Mayer dans sa *Galerie du seizième siècle*, une cause si belle trouva un habile orateur. Le célèbre Marion gagna sa cause, et l'immunité des livres fut aussi assurée sous ce règne que celle du clergé et des prêtres.

Quelques ordonnances avaient eu pour but spécial la perfection de l'art typographique et la beauté du livre. Celle de 1571 avait autorisé les syndics à saisir tous les livres imprimés sur de mauvais papier; et pour donner à la correction typographique plus de garanties, on y avait encore stipulé qu'il ne serait plus permis d'être reçu libraire et imprimeur qu'à celui qui aurait fait un certain temps d'apprentissage et de compagnonnage; ce devait être de trois ans au moins. De plus on se rappelle l'édit déjà cité, par lequel tout imprimeur est tenu, sous peine

d'amende, d'avoir de bons correcteurs et déclaré responsable de leurs fautes ;
mais cette ordonnance était déjà ancienne, et ce passage du *Perroniana*, qui se
plaint bien fort de l'inhabileté des imprimeurs de son temps, nous ferait croire
volontiers que ses prescriptions étaient tombées en désuétude : « Il faut mettre
ordre aux imprimeurs, dit le cardinal du Perron, ils font tant de fautes que c'est
une pitié : ils ont fait la plus grande faute en cette édition de Ronsard, et en ma
harangue, ils m'ont fait dire une chose à laquelle je ne pensay jamais, ni ne l'ay
pu penser ; ils ont imprimé les *barbares Grecs* au lieu des *barbares Gètes*, ils
appellent *barbares* la plus jolie nation qui ait jamais été. Il faut un jour remédier au désordre qui se commet en l'imprimerie, car indifféremment tous les
livres s'impriment, et plus de mauvais que de bons qui tombent entre les mains
des écoliers, et il leur en demeure de mauvaises impressions. »

Les ordonnances réglementaires de l'intérieur des imprimeries et de la conduite que les ouvriers devaient y tenir étaient alors de la plus grande urgence, et
rien n'importait plus pour la tranquillité des villes que la manière dont elles seraient exécutées. Les imprimeurs en effet étaient, les maîtres aussi bien que les
ouvriers, des gens assez difficiles à manier. Si le maître était dangereux pour l'État
par les livres qui sortaient de ses presses, l'ouvrier ne l'était pas moins comme
soldat de l'émeute qu'avait pu soulever le pamphlet révolutionnaire. Tout ce qui
était pouvoir était l'ennemi-né de l'ouvrier imprimeur, pouvoir du prévôt, pouvoir de l'échevin, mais celui du maître surtout.

Contre le maître il y avait toujours quelque conspiration tramée dans l'atelier,
conspiration de fainéantise, de révolte ou de procès. Pour les complots de la
première espèce, ils étaient merveilleusement servis par les jours de repos ou
journées blanches, dont ils multipliaient et augmentaient le nombre à plaisir, bien
que le calendrier n'eût cependant pas épargné alors les pieux chômages. L'article 6 de l'ordonnance de mai 1571 dut même statuer contre ces licences de fainéantise et régler le nombre des fêtes dont l'observance serait obligée. Mais il
est bien entendu qu'on n'en tint pas compte, non plus que des prescriptions du
même article qui, ayant trait aux rébellions et aux *grèves* déjà organisées dans
les ateliers, défendaient que les ouvriers se donnassent des mots d'ordre et de
ralliement pour cesser le travail au premier signal et frapper ainsi d'interdit, et
partant de ruine, le maître dont ils voulaient tirer vengeance. Le législateur bien
instruit va jusqu'à nous dire quel était ce signal qui « arrêtait au même instant
toutes les mains des compositeurs, écrit Monteil, toutes les mains des pressiers,
quelquefois dans la maison seulement, mais quelquefois aussi dans tout le quartier, dans toute la ville. » C'était le fameux cri de *tric*, clameur franc-maçonni-
que qui tant de fois, à ces jours difficiles, fit déserter les ateliers et fut en même
temps un appel pour l'émeute.

Ce n'est pas arbitrairement que je fais ici allusion à la franc-maçonnerie, les
imprimeurs avaient la leur, organisée surtout, bien entendu, pour le désordre.

Chez eux, comme dans les autres corps de métiers, avec lesquels pourtant ils avaient tant de fois demandé de n'être pas confondus, chez eux, dis-je, si l'on retrouvait le compagnonnage, c'était comme organisation de trouble, comme recrutement de rebelles. A quoi leur servait, sinon pour déployer une force d'intimidation brutale, de s'en aller par bandes dans les rues, le capitaine de la corporation en tête et l'enseigne au vent? Pourquoi, si ce n'est pour faire les matamores au profit de leur haine contre les maîtres et contre l'ordre, les ouvriers marchaient-ils toujours la brette au côté, tout prêts à guerroyer? L'ordonnance citée tout à l'heure comprit si bien le but de ce déploiement et de cet attirail guerrier, que par son article 10 elle défendit aux imprimeurs le port de l'épée et les promenades militaires.

Ce qu'on permit toujours aux imprimeurs de Paris et à ceux des autres villes de France, ce fut de se réunir aux jours de fêtes religieuses et solennelles sous la bannière de leur placide patron saint Jean-Porte-Latine. A ce patron dévot et sérieux les imprimeurs de Lyon en joignaient un burlesque, dont ils célébraient non moins exactement la fête, c'était le *momon* ou mannequin bizarre qu'ils appelaient le seigneur de la Coquille et qui n'était sans doute autre chose que la très-étrange personnification des fautes typographiques ou *coquilles*. S'il en était ainsi, l'impénitence des imprimeurs à l'endroit des erreurs de leur métier aurait été bien complète, puisqu'ils en riaient au lieu de s'en corriger. Sur la bannière ou guidon de ce patron carnavalesque se trouvaient les fameux *V V verds* qui, plus tard, je ne sais par suite de quelle coïncidence, serviront de rubrique à la première édition des *OEconomies royalles* de Sully. Voici ce qu'on lit dans une pièce rarissime de ce temps-là, ainsi intitulée : *Recueil faict au vray de la Chevauchée de l'Asne, faicte en la ville de Lyon : et commencée le premier jour du moys de septembre, mil cinq cens soixante-six : avec tout l'ordre tenu en icelles. Lyon, Guillaume Testefort.* — « Un drôle ou masque tenoit une lance en main où estoit le guidon du seigneur de la Coquille, estant iceluy de taffetas rouge et au milieu d'iceluy un grand V verd ; et audedans d'iceluy V estoit escrit en lettres d'or *espoir de mieux*. » C'est, comme je l'ai dit, la raillerie, l'impénitence narquoise après la faute. Quant à la présence du V sur cette bannière du patron des bourdes typographiques, par préférence à toute autre lettre, il faut, comme l'a fort bien remarqué le rédacteur du catalogue de la *Bibliothèque Soleinne,* l'attribuer à ce que cette lettre, qui était alors notre *u* actuel, pouvant aisément être retournée et passer ainsi pour un *n*, se trouvait être de toutes celles de l'alphabet la plus favorable aux *coquilles.*

Cette mascarade solennelle se maintint longtemps à Lyon. Chaque année elle revenait avec des rites nouveaux, des chants burlesques et des discours à l'avenant dont le seigneur de la Coquille faisait naturellement les frais d'impression. Il arrivait souvent toutefois que ces lazzis d'imprimeurs en gaieté restaient manuscrits, à la grande honte de la *coquille* protectrice. Il est vrai que la faute d'orthographe en tenait lieu. Voici quelques unes de ces pièces uniques, qui se trouvaient chez M. de Solcinne : « *Les plaisants devis des suppots du seigneur de la Coquille, recitez publiquement le deuxième may l'an mil cinq cent huictante-un. — Les plaisants devis en forme de coq à l'asne rescitez par les supposts du seigneur de la Coquille, en l'an* 1589. *— Les plaisants devis... extraits la plupart des Oct. de A. Z, recitez publiquem. le* 19ᵉ *de febvrier, l'an mil cinq cent huictante quatre. — Autres... recitez... le* 8ᵉ *mars* 1593. *— Autres le dimanche* 6 *mars* 1594. » — Cette dernière pièce est imprimée « *à Lyon, par le seigneur de la Coquille.* » On y lit ce passage très-intéressant qui prouve la perpétuité de ces fêtes ou tout au moins l'ardeur qu'on mettait à les renouveler quand d'aventure on les avait laissé tomber en désuétude pendant quelques années. « Les suppots dé la Coquille, y est-il dit, ou pour parler nuement de l'Imprimerie, voulurent renouveller leurs anciennes et dé tout tems immémorial observées coustumes de donner quelque allégresse au peuple lyonnois, par une joyeuse reveue qu'ils souloient faire à pied et à cheval environ le commencement de caresme, en laquelle ils prononcoyent certains plaisans devis en forme de coq à l'asne, avec une honneste liberté... à l'exemple des jeux qui souloyent presque en mesme saison estre représentez et tollerez naguères plus licencieusement à Paris et ailleurs en France. » Dix ans après, par suite d'une interruption que les malheurs du temps avaient sans doute rendue nécessaire, la fête se relève encore, et une nouvelle brochure signale sa résurrection. Elle a pour titre *Colloque des trois suppôts des seigneurs de la Coquille : où le char triomphant de monseigneur le dauphin est représenté par plusieurs personnages, figures, emblesmes, énigmes,* etc. La dédicace en est à M. d'Halincourt, gouverneur du Lyonnais, et c'est là que pour expliquer comment cette *montre* n'avait pas eu lieu depuis dix ans, il est dit : « Dix ans sont passez que nostre chere muse sommeilloit dans le sein du repos : quelques harpies s'efforcoient d'abaisser sa gloire, l'empeschant de paroistre sur le throsne de l'honneur. »

Une cérémonie plus sérieuse et dont rien jusqu'à la révolution ne troubla le retour annuel, c'est la fête de mai. Partout elle était célébrée avec pompe et allégresse, mais c'est à Lyon encore, dans cette ville si complétement hospitalière à l'imprimerie, à ses plus beaux travaux comme à ses joies, qu'il faut la chercher pour la retrouver dans toute sa splendeur.

M. de Landine, dans son livre *De la Milice et de la garde bourgeoise de Lyon,* nous a fait le récit de celle de l'année 1529, la même qui fut l'occasion d'un hommage public rendu au maréchal de Trivulce, et le prétexte de quelques jolis vers de Clément Marot.

« Les imprimeurs de Lyon, dit donc M. de Landine, faisaient ordinairement planter un mai devant l'hôtel du gouverneur; et le plus célèbre, parce qu'il fut consacré à un homme distingué par ses services, est celui qu'ils plantèrent en 1529 devant la porte de Théodore Trivulce. Ce guerrier recommandable, après avoir donné des preuves éclatantes de sa valeur dans les batailles d'Aignadel, de Ravenne, et au siége de Parme, obtint successivement les gouvernements de Milan et de Gênes. François Ier, qui savait connaître et employer les hommes utiles, le fit maréchal de France après la mort du maréchal de La Palice, le rappela près de lui, et lui donna le gouvernement de Lyon. Ce fut avec la plus grande pompe qu'on planta un mai à l'entrée de son palais, et le célèbre Clément Marot fit pour cette fête les vers que voici :

> Au ciel n'y a ni planète ni signe
> Qui si à point sait gouverner l'année,
> Comme est Lyon, la cité gouvernée
> Par toy Trivulce, homme cher et insigne ;
> Tu nous adonc la liberté donnée,
> La liberté, des trésors le plus digne ;
> Heureux vieillard, les gros tambours tonnans,
> Le Mai planté, et les fifres sonnans
> T'en ont loué et t'en ont rendu grace. »

Toutes ces fêtes prennent une bien plus grande importance, et rayonnent d'un bien plus vif éclat quand on se remet en mémoire le rôle que joua l'imprimerie dans l'histoire industrielle de la grande cité lyonnaise et l'influence qu'elle eut sur l'accroissement de son importance politique et littéraire et sur sa richesse commerciale.

Depuis 1473, année de l'introduction du grand art dans l'active cité, jusqu'à la fin du dix-huitième siècle, les presses lyonnaises n'eurent presque pas de moment de relâche. Lyon commence par être le centre, l'entrepôt typographique de tout le midi de la France. La Provence tout entière va s'y faire imprimer, le parlement d'Aix y envoie ses édits à mettre sous presse, les évêques y font rééditer les livres d'office de leur diocèse. « Des priviléges, lisons-nous dans un très-curieux travail qui fait partie des *Mélanges biographiques et littéraires*, publiés à Lyon en 1828, in-8e ; des priviléges, furent accordés à quelques-uns des libraires d'Aix en 1539 et 1545 par François Ier, qui avait donné en 1536 à Antoine Vincent, imprimeur à Lyon, la permission pour trois ans d'imprimer les ordonnances du pays de Provence...

« En 1547, le 18 juillet, l'archevêque d'Arles et le chanoine Cazaphilète, au nom du chapitre, autorisèrent, par acte reçu par Antoine Suriau, notaire à Saint-Chamas, Vas Cavallier, libraire d'Aix, à publier une nouvelle édition du Bréviaire de leur église. Ce libraire chargea de l'impression Thibeaud Payen, imprimeur de Lyon. *Lugduni excudebat Theobaldus Paganus, 1549, venundantur Aquis, in palatio regali, per Vas Cavallis, bibliopolam.*

» Les chanoines de l'église métropolitaine d'Aix firent aussi imprimer à Lyon leur Bréviaire en 1499 et en 1520, leurs Missels en 1527, leur Diurnal en 1533.

C'est également à Lyon que l'Église de Marseille en 1526, celle d'Arles en 1501 et 1549, celle de Grasse en 1528, celle de Fréjus en 1530, et celle d'Apt en 1532, durent l'impression de leurs Bréviaires. »

Aix attendit jusqu'en 1575 pour se donner un imprimeur qui pût suffire à ses besoins littéraires, ou plutôt liturgiques, les plus pressants. Marseille fut plus en retard encore. C'est dix ans seulement après Aix, c'est-à-dire en 1595, que l'imprimeur Pierre Paul eut *licence* de s'y établir, ce dont il remercie fort les magistrats marseillais, en tête du premier livre qui soit sorti de ses presses, et qui n'est autre chose qu'un fatras en patois. Il les félicite d'avoir *moyenné* dans leur ville l'établissement d'un imprimeur.

Ce fait d'une ville aussi importante que Marseille n'admettant l'Imprimerie que plus d'un siècle et demi après son introduction en France est un fait certainement très-curieux, mais non pas un fait unique. Ce que nous avons dit à propos de la ville d'Aix, ce que nous pourrions dire à propos de Bordeaux, qui ne se donna une imprimerie, celle de Millanger, qu'en 1572, nous prouve que les grandes villes du Midi furent généralement peu empressées à se montrer hospitalières pour l'art civilisateur. Était-ce donc qu'elles en faisaient fi? Je ne le crois pas; c'est bien plutôt parce que les presses infatigables de Lyon, plus actives, plus fécondes alors que celles même de Paris, Monteil a fort bien fait de le constater, suffisaient par leurs produits à la consommation intellectuelle de toute cette partie de la France. Lyon monopolisait la presse avec toutes ses puissances, et je ne sache guère que Toulouse, dont la première imprimerie date de 1488, Angoulême, où l'on imprimait en 1498, et Vienne en Dauphiné, déjà pourvue dix ans avant cette dernière date, qui se fussent affranchies du joug de cette production dévorante.

Dans le Nord, où les villes s'étaient tenues plus dépendantes des presses parisiennes, les imprimeries importantes s'étaient multipliées bien plus vite. Peut-être aussi que le voisinage des villes d'Allemagne et de Flandre, ces grandes patries de l'art typographique, était pour beaucoup dans cet établissement plus hâtif. Ainsi Metz possédait une imprimerie en 1471, c'est-à-dire un an après Paris et deux ans avant la ville de Lyon elle-même. Abbeville ne se faisait pas attendre : dès 1486 on y imprimait. Caen et Rennes avaient été encore plus empressées : l'une en 1480, l'autre en 1484, avaient leurs presses agissantes. Enfin, dans toute la France d'outre Loire, comme à Angers, par exemple, où l'on imprimait dès 1477, et comme en Bourgogne aussi, où la présence d'une imprimerie dans la petite ville de Chablis, dès 1478, est la preuve de l'accueil ardent et universel que nos provinces septentrionales avaient fait à l'invention de Guttemberg, on opposait un grand contraste d'activité à l'espèce d'indifférence des villes du Midi pour la presse. Puisque nous avons nommé Chablis, cette petite localité vinicole qui, dotée d'une presse au quatorzième siècle, n'en a peut-être plus au dix-neuvième, j'ajouterai que ce n'est pas le seul endroit où il serait possible de constater cette singularité, tout à l'avantage du passé contre le présent. Pelletier disait à ce propos, dans une des curieuses notes de son mauvais poëme *la Typographie*, après avoir parlé de l'exécution des grands atlas de Lesage et de Mancy : « Dans les seizième et dix-septième siècles, des ouvrages aussi difficultueux étaient établis dans des villes où l'on ne trouve aujourd'hui que de chétifs ateliers; des cités même où il n'y a pas d'imprimerie maintenant en possédaient alors. Chambéry a donné plusieurs beaux ouvrages très-corrects à l'époque dont je parle. Quel relief offre la typographie aujourd'hui dans ce pays-là ? »

L'abondance des travaux qui faisait mettre en mouvement toutes les presses des petites comme des grandes villes n'empêchait pas qu'il se trouvât encore des imprimeurs français pour porter les progrès de notre art typographique agrandi dans les États voisins. Ce fut souvent par suite de ces émigrations que les pays nos émules en industrie et en savoir parvinrent à se recruter de bons imprimeurs, capables de rivaliser avec ceux qui n'avaient pas quitté la France. Pour ne citer que quelques-uns de ces transfuges, à qui la patrie doit toutefois encore une reconnaissance pour l'illustration qu'ils jetèrent sur un nom français dans les contrées étrangères, je rappellerai d'abord Commeling, de Douai, qui porta ses presses à Heidelberg, en 1594; Crespin, d'Arras, qui, près d'un demi-siècle avant celui-ci, s'était de même établi à Genève; enfin, en remontant vers les premiers temps, je mentionnerai l'un des contemporains de notre Janson, que l'exil volontaire avait fait l'un des meilleurs typographes de Venise : je parle du Français Jacques de Rouges, dont le nom latinisé, puis italianisé, s'était changé en celui de *de Rubeis* et de *Rossi*. Il s'était fait, lui aussi, imprimeur dans la ville des doges, et l'on cite parmi ses meilleures éditions celle d'une Histoire de Florence de Léonard d'Arezzo, donnée en 1476; une autre de Pogge, la même année; un Ovide, de 1474; un Virgile, de 1475.

L'Angleterre, plus qu'aucun pays, ne s'était d'abord peuplée d'imprimeurs que grâce à l'émigration de quelques-uns des nôtres. Qu'était-ce, en effet, que Richard Pynson, le successeur de Caxton? Un Français. Il était un jour venu de Normandie pour prendre la direction de l'atelier du grand typographe; à sa mort, en 1527, rien n'y avait déchu de la prospérité primitive. Guillaume Faguer, l'un des bons imprimeurs de Londres, qui y mourut en 1511, était aussi de Normandie; il avait appris son métier à Rouen, chez Jean Lebourgeois, c'est-à-dire à la source même de ces bonnes traditions typographiques que Morin, le premier des imprimeurs de haute Normandie, y avait si vigoureusement implantées : « Lequel (Morin), écrit Taillepied en son livre des *Antiquités de la ville de Rouen,* fit les premiers caractères pour imprimer, et de fait imprima plusieurs livres en ceste ville de Roüen, où depuis ce temps l'Imprimerie a tellement fleuri jusques à ce jour, par la bonne diligence des libraires et des imprimeurs, qui y sont en bon nombre, que nul autre imprimeur ne surpasse aujourd'hui celle de Roüen en beauté de caractères : de sorte que ceux de Paris y envoyent le plus soüvent leurs livres pour les y faire imprimer comme l'on fait de présent. »

Si de Paris on faisait imprimer à Rouen, à plus forte raison de Londres. Quand d'aventure les imprimeurs anglais ne recouraient pas à nous de cette sorte, ils nous mettaient à contribution de la manière que nous avons dite, c'est-à-dire en *débauchant* et *embauchant* nos meilleurs ouvriers, ou bien, procédé plus licite, en venant acheter chez nous les types excellents dus à nos graveurs et à nos fondeurs, et les papiers supérieurs sortis de nos usines d'Angoulême, les mêmes où les Elzeviers se fournirent si longtemps. Puisque nous parlons des types, il est constant que ceux fondus par Guillaume Faguer furent les plus parfaits dont on fit usage en Angleterre à la fin du quinzième siècle, et nous ne nous étonnons pas qu'en raison de leur supériorité Wynkin de Wordes se hâta de les acheter après la mort de Faguer, en 1511, pour en perpétuer l'usage et le modèle.

Nous sommes alors au seizième siècle. Et ne pensez pas qu'en s'enrichissant ainsi peu à peu des progrès de notre industrie, les Anglais se soient mis à même de n'avoir plus besoin de nos presses pour leurs impressions; point du tout. En 1516, pour l'impression de leurs livres les plus nationaux, comme leurs recueils de lois, par exemple, c'est encore aux ateliers français qu'ils avaient recours, et cela au moment même où, comme nous venons de le dire, les types de Faguer éternisaient la beauté du caractère français à Londres; au moment aussi où Julien le Notaire, dont le nom s'était anglisé en celui de Notary, transportait à Temple-Bar l'atelier tout français qu'il avait d'abord établi à Westminster en compagnie de Jean Barbier, son compatriote. Il n'est pas besoin d'en dire davantage pour prouver que, soit par leur fabrication à Paris, soit par la naissance des ouvriers qui les imprimaient à Londres et par l'origine des types qui étaient mis pour cela en usage, presque tous les livres anglais édités à cette époque, même par le successeur du fameux Caxton, étaient vraiment, au point de vue typographique, des œuvres exclusivement françaises. Quant au style du texte, c'est tout autre chose, et j'en donnerai pour preuve le fragment suivant de l'un des recueils dont je parlais tout à l'heure, et l'un de ceux que les libraires anglais faisaient encore fabriquer au seizième siècle dans les ateliers français. C'est le Recueil des décisions judiciaires publié en 1516 par Fitz Herbert.

Voici ce qu'on y lit entre autres choses, qui sont, du reste, stylées toutes et orthographiées de même : « La grannde Abridgement, collecte par le judge très-révérend monsieur Anthony Fitz Herbert, dernierement conserve avesque la copye escript et par ce correcte, avesque le nombre del fueil, par quel facilement poies trouer les cases cy abridges, en les livers dans novelement annoté samair devaunt imprimés. Auxi vous trouvères les residuuous de l'auter livre placés icy in ceo livre en le fine de lour apte title. »

Les plus fameuses imprimeries des Pays-Bas rendaient, comme celles de l'Angleterre, un constant hommage à la supériorité des nôtres en recourant sans cesse soit à nos graveurs en caractères, soit à nos compositeurs, soit à nos protes.

Plantin, l'illustre imprimeur d'Anvers, était un de ces transfuges de l'art français chez les Belges. On sait qu'il était de Touraine et que c'est en France qu'il avait puisé ce goût du travail parfait dont il ne se départit jamais. Ce qu'on ignore davantage, c'est que son atelier appartient à notre histoire de la typographie française non-seulement par lui et par son talent, mais encore par l'excellent artiste qui fondait tous ses types. C'est Guillaume Le Bé, le même qui avait gravé pour François Ier les caractères orientaux dont se servait Robert Estienne, et que Philippe II mit aussi en besogne pour son imprimerie de l'Escurial.

Quand Plantin voulut imprimer sa fameuse Bible, c'est à Le Bé qu'il s'adressa pour la gravure et la fonte des caractères, qu'il voulait cette fois d'une perfection irréprochable. Il fut servi à souhait. Or, ces mêmes types et d'autres aussi, sans doute, que Le Bé dut graver pour Plantin, sont encore aujourd'hui employés à Anvers. On lit en effet, au tome Ier, page 3, de l'excellent ouvrage de M. Auguste Bernard, *De l'origine et des premiers débuts de l'Imprimerie* : « M. Albert Moretus, descendant de Plantin par les femmes, s'est obstiné à conserver les instruments qu'il tient de ses aïeux, et au moyen desquels il ne peut lutter avec la typographie moderne. » Après cette phrase un peu revêche, M. Auguste Bernard ajoute : « L'obstination de M. Moretus, au reste, est pieuse et logique, car s'il change ses types et ses presses, ce ne sera plus l'atelier de Plantin qui fonctionnera chez lui, et il ne lui sera plus permis de souscrire les livres de *l'Officina Plantiniana*, si célèbre jadis. »

Il n'est pas jusqu'aux Elzeviers eux-mêmes qui ne fissent appel au talent des ouvriers français pour donner un lustre de plus à quelque partie de leur art. Nous avons dit que les fabriques d'Angoulême les fournissaient de leur meilleur papier ; ajoutons que parmi leurs compositeurs les plus excellents, même parmi leurs protes, ces premiers des ouvriers, d'une science et d'une correction si nécessaires surtout chez les Elzeviers, il se trouvait encore des Français, des Parisiens. Simon Moynet ou Moynat fut de ce nombre ; il était leur correcteur pour leurs éditions françaises, et c'est lui, selon Nodier, qui au dix-septième siècle « donna pendant quelques années à leurs presses une impulsion très-remarquable. » Ce Moynet *Parisien*, ainsi qu'il se faisait appeler, peut même être considéré comme leur successeur indirect, car lorsque Daniel Elzevier, en 1663, voulut se retirer des affaires, comme l'écrit M. Didot, il édita dans leurs ateliers plusieurs ouvrages pour son propre compte.

Pour terminer ce que nous avons dit jusqu'ici des services que la France rendit aux presses de l'étranger par l'importation de ses matériaux précieux et par l'émigration de ses ouvriers, il est juste d'ajouter qu'elle-même recourait quelquefois à l'art de ses voisins, surtout à celui des Belges, et qu'il y avait ainsi continuel échange de relations et de travaux.

Il arriva souvent que lorsque Henri Estienne n'avait pas pour une édition les caractères indispensables, il s'adressait à quelque imprimeur de Bruges ou de Louvain qu'il savait en être pourvu. Il y a à ce sujet un passage curieux dans les *Mémoires de De Thou*.

De cette manière, par une réciprocité de bons services merveilleusement en rapport avec la confraternité qui était alors de tradition dans les métiers, il y avait entente parfaite entre les ouvriers de toutes les nations ; talent, science, outils, tout était à tous ; quant au profit de ce fraternel accord, il était pour l'art, qui toujours s'en alla grandissant pendant le seizième siècle.

Par malheur, les guerres civiles, dont nous avons énuméré les péripéties violentes, — l'exil d'Henri Estienne et la mort de Dolet furent les plus douloureuses pour l'Imprimerie, — vinrent entraver ces progrès, ralentir cet élan, et cela presque coup sur coup.

Après la Ligue, quand la France, à peine reposée, tendait à rasseoir son industrie et à lui imprimer un mouvement nouveau, ce fut le tour de Richelieu, qui, blessé, comme les despotes doivent tous s'attendre à l'être, par les escarmouches de la presse, s'en vengea en la frappant de ses implacables censures. Après lui, ce fut la Fronde, où la presse, s'émancipant de plus belle, se porta à elle-même, par l'excès de ses propres licences, un coup plus terrible encore, et qui, au point de vue de l'art sérieux, dont les misérables libelles élaborés alors la firent honteusement déchoir, équivaut presque à un suicide. Les mazarinades furent sa première grande popularité comme émission gazetière ; mais par là, vu le caractère infime et violent de la plupart de ces libelles, ce fut aussi sa première honte.

Disons d'abord quelques mots des mesures répressives dont l'Imprimerie fut l'objet sous le règne de Louis XIII. La première est de 1618, et par conséquent la rigueur n'en peut être imputée à Richelieu, qui n'était rien encore, pas même du conseil du roi. Cet édit a surtout pour but d'isoler les libraires, et, en les confinant dans un quartier particulier, de les mettre tous à la fois sous la main du pouvoir. « Il est défendu, y est-il dit, à tous imprimeurs, libraires et relieurs de tenir et avoir plus d'une boutique ou imprimerie, laquelle ils tiendront en l'Université, au-dessus de Saint-Yves ou au dedans du Palais, et non ailleurs, sinon ceux qui voudraient se restreindre à ne vendre que des usages. »

« Ce sont, dit M. Didot à ce sujet, les limites les plus étroites qui aient été imposées à la librairie. Il devait, ajoute-t-il savamment, y avoir toutefois quelque tolérance, puisque Antoine Vérard demeurait sur le pont Notre-Dame, et Guillaume Merlin au faubourg Saint-Marcel, d'autres, rue Neuve-Sainte-Geneviève, sur le pont au Change, vis-à-vis l'horloge du Palais. Jean David, qui imprimait pour Jérôme Marnef, avait son imprimerie au faubourg. Jean Carcain (Carcagni) avait aussi sa boutique sur le pont Saint-Michel. »

En 1629, Richelieu est arrivé au ministère; il est tout-puissant, il est roi; l'Imprimerie a donc à subir cette année-là une ordonnance où la main du maître se fait sentir. Les mesures jusque-là prises ne sont pas suffisantes, il faut agir avec plus d'énergie, ainsi parle l'ordonnance, et l'on reconnaît bien là le ton de Richelieu. On est donc résolu à apporter un remède puissant, « encore que la force des lois consiste plus en la vigilance des magistrats sur l'observation et exécution d'icelles qu'en ce qu'elles contiennent; c'est pourquoi nous défendons d'imprimer, de vendre et débiter aucuns livres ni écrits qui ne portent le nom de l'auteur et de l'imprimeur, et sans notre permission par lettre de notre grand sceau, » etc. On dirait que cette ordonnance a vraiment été faite en prévention de la Fronde, qui éclatera quinze ans plus tard et qui se fera surtout un jeu de ce qui est ici défendu. Alors tout le monde écrit, tout le monde imprime. Chacun se donne, de par sa haine contre le Mazarin, privilége de pamphlétaire et dispense d'imprimer. Malheur à ceux qui, tenant réellement boutique, se lancent dans l'industrie périlleuse de ces publications! C'est sur eux qu'on fait d'abord main basse, et leur affaire est bientôt faite, si l'on trouve dans leur maison la moindre mazarinade. « Un petit libraire, grand vendeur de pièces mazarinesques depuis notre guerre, écrit Gui-Patin à Lyon en 1649, a été surpris distribuant contre le surintendant d'Emery. Il a été mis au Châtelet, où il a été condamné aux galères pour cinq ans; le pauvre malheureux se nomme Vivenet. »

Cette année 1649 est celle des grandes émissions mazarinesques, comme dirait le même Gui-Patin, et celle aussi des énergiques mesures. On lit dans une lettre de Saintot jointe aux Mémoires du cardinal de Retz, que dans ce temps-là le lieutenant civil fit chez lui une assemblée des principaux libraires « pour une seconde chasse à ces échoppes de libraires et colporteurs, lesquels ne vendent plus rien que bien secrètement. » Mesure vaine; comment pouvoir saisir ce qui était insaisissable, et d'un autre côté comment mettre un frein et une digue à ce qui débordait partout? encore une fois, tout le monde écrivait, voire imprimait alors, depuis Mézeray, qui est fortement accusé d'une très-verte mazarinade, jusqu'au crocheteur du coin, jusqu'à la laveuse d'écuelles, comme dit G. Naudé, et même le colporteur auquel, dans une de ces mêmes mazarinades : *le Burlesque remercîment des imprimeurs et colporteurs aux auteurs de ce temps,* on fait chanter ce couplet :

> Six deniers pour quatre feuillets
> Entrent dans mon gousset tout nets.
> L'imprimeur payé de sa feuille.....
> Nous sommes huit cents, voire mille,
> Nous avons aussi triste mine
> Que le pain à la Mazarine.....
> Contentez-vous d'un imprimeur
> Qui ne fut jamais grand rimeur.

La librairie sérieuse a, je l'ai dit, fort à souffrir alors; Gui-Patin, bien que sa haine soit flattée de ce déchaînement contre Mazarin, en arrive à se féliciter que des libraires d'Allemagne viennent de temps en temps à Paris pour le fournir de ces bons livres que nos imprimeurs n'ont plus le loisir de fabriquer.

Enfin tout rentre peu à peu dans l'ordre. En 1649, l'année des grands troubles, on y travaille déjà : un édit du jeune roi, rendu à l'intention de la Librairie et de l'Imprimerie, en est un acheminement. La route n'a plus qu'à être aplanie, et le grand règne s'en chargera. Pour les bons auteurs qui vont venir, il faut de bonnes éditions : l'édit tâche de pourvoir à ce qu'on n'en ait plus d'autres. « On imprime à Paris si peu de bons livres, y est-il dit, et ce qui s'en imprime paroît si manifestement négligé pour le mauvais papier qu'on y emploie et pour le peu de correction qu'on y apporte, que nous pouvons dire que c'est une espèce de honte, et reconnaître que c'est un grand dommage à notre Estat ; et davantage ceux de nos sujets qui embrassent la profession des lettres n'en ressentent pas un petit préjudice, quand ils sont obligés de rechercher les anciennes impressions avec une dépense très-notable. »

Dans une partie de cette sage ordonnance, il est parlé de la contrefaçon et des dommages qui en résultent pour la corporation privilégiée et pour les auteurs. « Les étrangers... pour mieux faire... attirent chez eux le négoce, même se portent plus avant et ont des boutiques dans nos bonnes villes, au moyen de quoi, sous des noms empruntés, ils emportent l'argent du royaume, où, au contraire, ils avaient coutume de prendre de nous non-seulement des papiers blancs (dont ils ne sauraient se passer), mais aussi toutes sortes de livres qui s'imprimoient en nostre royaume d'une façon plus agréable et plus correcte qu'elle ne se faisoit en nulle autre part. » Mais ces bons temps, que le jeune roi regrette dans son édit, il va lui-même, en grandissant et en relevant tout de sa main souveraine, les faire revivre mieux que jamais.

Les grands libraires, les grands imprimeurs du quinzième et du seizième siècle vont avoir leurs dignes successeurs. Ici ce sera Sébastien Mabre, qui succédera à son aïeul Cramoisy dans les fonctions de directeur de cette Imprimerie royale établie au Louvre en 1640, aux frais alors énormes de 360,000 livres par an ; là, ce seront les Thierry, puis tous ceux dont Boileau et Molière ont immortalisé le nom par le ridicule ou par l'éloge ; Barbin, le classique libraire, dont la guerroyante boutique s'étageait sur les marches de la Sainte-Chapelle ; Louis Bibaine, qui, succédant à son père et à son aïeul, cumulait, avec le titre d'imprimeur, celui de lettré, puisqu'il composait lui-même ses préfaces et ses épîtres dédicatoires ; Jean de la Caille, qui a fait sur l'*Imprimerie* et son *Histoire* un livre justement estimé, quoiqu'il soit inférieur à celui de Chevillier ; les Coignard, Mariette ; Courbé, le libraire des romanciers, avec son rival Sommerville ; Quinet, dont la boutique était le marquisat du pauvre Scarron ; Jacques Collombat ; Saugrain, autre historien de sa corporation, célèbre par son *Code du Libraire ;*

enfin le premier Barbou, qui, en vient à Paris et qui s'y fait recevoir libraire en 1704 pour y faire refleurir, par des mérites différents, mais avec un éclat presque égal, les merveilles de l'art classique des Elzeviers.

Sous Louis XV, à partir de la régence, l'art sérieux tend à disparaître de nouveau et l'art scandaleux arrive, élégant, fin, délicat, mais pernicieux par ses prestiges mêmes. Nous avons Coustellier, qui, de secrétaire de la Fillon, se fait éditeur, et qui, à force d'intelligence, parvient, en dépit de ses penchants graveleux, à donner de jolis livres, presque corrects et utiles, surtout ses réimpressions. C'est encore le temps de Quillau, de Saillant, de Leclerc, de Desprez, de Tillard, ce premier venu de la grande famille des Debure et leur initiateur; l'infatigable Prault est aussi sur la brèche alors; mais ce règne-là, à cause des grandes querelles du jansénisme, à cause de l'Encyclopédie et des polémiques défendues que soulèvent ces grandes affaires de religion et de philosophie, est surtout l'époque des imprimeries clandestines, l'époque des ventes sous le manteau. C'est la propagande de la Fronde, plus amère, plus violente : l'une ne tendait qu'à une émeute, celle-ci marche à une révolution; elle en allume déjà les brandons. On imprime partout, comme du temps de Mazarin; en cherchant bien, la police trouverait des presses clandestines jusqu'au milieu des piles de bois qui encombrent le quai de l'École et le port Saint-Nicolas. C'est là notamment que s'impriment les *Nouvelles ecclésiastiques*. Le pouvoir est aussi rigoureusement proscripteur que la presse militante est active et féconde; mais, par bonheur pour celle-ci, le philosophisme a gagné même ceux qui sont les ministres des rigueurs royales. Ainsi, dans l'affaire de l'Encyclopédie, nous trouvons Malherbe, qui frappe d'une main et protége de l'autre. Surintendant de la librairie, il fait saisir l'Encyclopédie; philosophe, il en renvoie les exemplaires à Diderot.

Ainsi tout marche à la révolution imminente. L'art typographique, menacé à l'époque de la Fronde, gâté par la trop grande production à laquelle il est obligé de pourvoir, peut cette fois, le péril est bien plus grand, perdre tout ce qu'il a de noblesse et d'élégance; mais des gardiens sont là qui veillent; j'en pourrais citer beaucoup parmi les plus habiles et les plus ardents; c'est le nombre seul qui m'embarrasse. Qu'il me suffise donc de dire que chez ces typographes du dix-neuvième siècle, que l'avenir appellera grands et illustres, personne ne s'est départi de l'antique tradition de l'art, et que ce respect du passé n'exclut en rien pour eux, loin de là, le progrès réclamé par le présent et par l'avenir.

PARIS. — TYPOGRAPHIE PLON FRÈRES,
RUE GARANCIÈRE, 8.

H. Soltau del.   A. Bisson et Collard esc.

FEUILLET D'UN LIVRE D'HEURES, IMPRIMÉ SUR VÉLIN PAR SIMON VOSTRE. — 1512.

F. Séré direxit.

A. Cabasson del.

A. Lavieille sc.

1. LE PAPETIER. — *2* L'IMPRIMEUR-TYPOGRAPHE.

Fac-simile de planches dessinées et gravées sur bois, par J. Ammon

F. Seré direxit.

A. Cabasson del.

A. Lavieille sc.

1. L'ENLUMINEUR. — 2. LE RELIEUR.

Fac-simile de planches dessinées et gravées sur bois, par J. Ammou.

F. Seré direxit.

Bedeaux des Facultés de Théologie, de Jurisprudence et de Médecine; — Bacheliers et Professeurs des Facultés de Théologie, de Jurisprudence et de Médecine de l'Université de Pont-à-Mousson, en costume de cérémonie.

Tirés des Funérailles de Henri, duc de Lorraine, par Claude de la Ruelle. Gravure du xvie siècle. (Bibl. Nat. de Paris. — Cab. des Estampes.

F. Sere direxit.

Blason de la Communauté des Imprimeurs et Libraires

D'azur, à un livre ouvert d'argent, accompagné de trois fleurs de lis d'or, deux en chef et une en pointe.

Blason de la Communauté des Imprimeurs.

D'azur, à une presse d'imprimerie d'or.

Blason des Écrivains et Maîtres d'École.

D'azur, à une main de carnation parée d'argent, mouvante du flanc senestre et tenant une plume d'oie d'argent avec laquelle elle va écrire un A d'or.

Blason de la Communauté des Maîtres Parcheminiers.

D'azur, à une main de carnation vêtue d'argent tenant un fer de parchemin aussi d'argent emmanché d'or

ROUEN.

*La Communauté des Imprimeurs
et Libraires.*

« De sable à un livre ouvert d'argent, accompagné de trois fleurs de lis d'or, l'une en chef et les deux autres aux flancs. »

BREST.

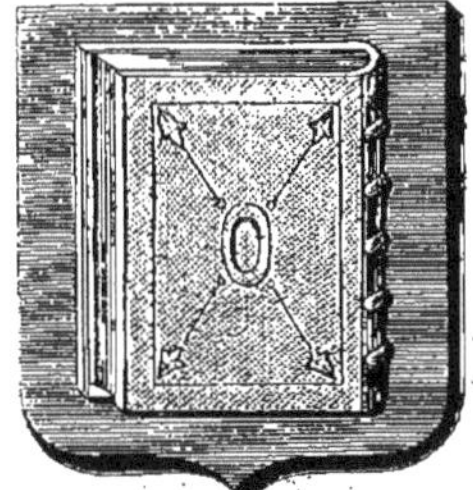

*La Communauté des Imprimeurs
et Libraires,
réunie à celle des Papetiers.*

« D'azur à une Bible fermée d'or. »

CLERMONT - FERRAND.

*La Communauté des Imprimeurs
et Libraires.*

« De sable à un livre ouvert d'or bordé de gueules. »

LYON.

La Communauté des Imprimeurs.

« D'argent à un chevron d'azur, chargé d'une molette d'or. »

CAEN.

*La Communauté des Imprimeurs
et Libraires.*

« De sable à un livre ouvert d'argent. »

LE MANS.

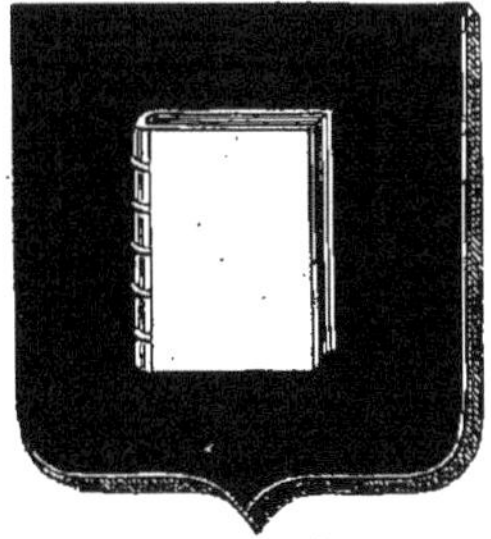

La Communauté des Imprimeurs et Libraires, réunie à celle des Graveurs.

« De sable à un livre fermé, relié d'argent »

F. Sere direxit.

Pl. I.

ANGERS.

La Communauté des Imprimeurs
et Libraires.

« D'azur à un livre fermé relié d'or, accosté
de deux fleurs de lis de même. »

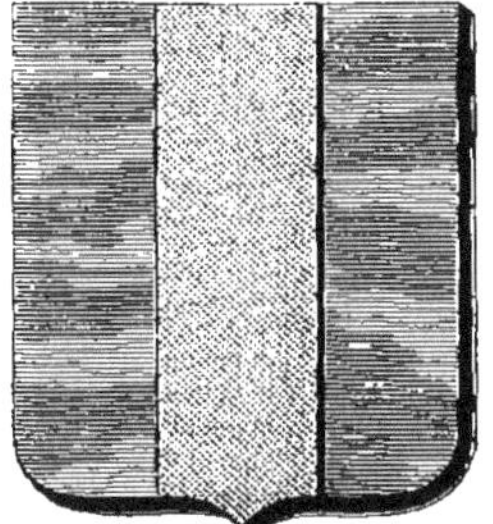

LIMOGES.

La Communauté des Imprimeurs et Libraires, réunis à celles des Selliers, Bâtiers,
Peintres et Éperonniers.

« D'azur à un pal d'or. »

LYON.

La Communauté des Libraires, réunie à
celle des Relieurs.

« D'or à un chevron de sable, chargé d'une
molette d'or. »

TOURS.

La Communauté des Imprimeurs
et Libraires.

« D'azur à un livre ouvert d'argent, accosté
de deux fleurs de lis d'or. »

RENNES.

La Communauté des Imprimeurs
et Libraires.

« De gueules à une comète chevelée d'argent en bande, à un quartier palé d'argent et
de sable de six pièces, et un chef d'argent
chargé de quatre mouchetures d'hermine. »

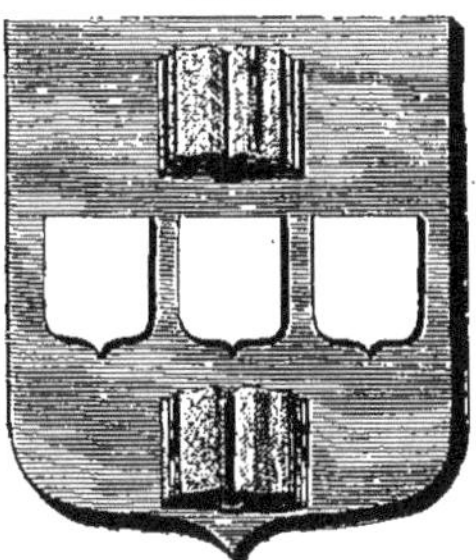

NANTES.

La Communauté des Imprimeurs et Libraires, réunie à celle des Relieurs.

« D'azur à trois écussons d'argent, rangés
en fasce et accompagnés de deux livres ouverts
d'or, l'un en chef et l'autre en pointe. »

F. Seré direxit.

H. Soltau del.   A. Bisson exc.

SAINT PIERRE, par HANS BALDUNG dit GRUN. — 1519.

F. Seré direxit.

Ferdinand Seré del.   Bisson et Cottard exc.

LES NEUF PREUX.

Hector de Troye, — le roi Alexandre, — Jules César, — Josué, — le roi David, — Judeus Macchabées, — le roi Artus, Charles-le-Grand et Godefroy de Bouillon.

Réduction d'anciennes gravures sur bois, qui paraissent être du xve siècle. — Ces estampes qui sont coloriées se trouvent en tête d'un ms. du Fonds de Colbert. (Bibl. Nat. de Paris.)

Rivaud et Racinet del.

A. Hisson et Collard exc.

IXe SIÈCLE. — ART GREC ANTIQUE. — Miniature extraite des *Commentaires de Grégoire de Nazianze.*
Ms. grand in-folio (Gr. Nº 510) de la Bibl. Nat. de Paris.

F. Serré direxit.

A. Bizard del.

Rissn et Cottard gra.

Ve SIÈCLE. — ANGLO-SAXON. — Fragments extraits d'un ÉVANGÉLIAIRE LATIN.
Ms. N° 693, S. L. — Bibl. Nat. de Paris.

F. Sèré direxit.

9 782019 719678